김대중 · 이희호 대통령님 부부

탄생 100주년을 맞아

이 책을 두 분의 영전에 바칩니다.

- 최성 -

시크릿 노트 :
절망에서 성공하는 비결

ⓒ 최성 2023

인쇄일 2023년 3월 23일
발행일 2023년 3월 31일

지은이 최성
펴낸이 백은숙
편집 최성
디자인 그래픽웨일
펴낸곳 K-크리에이터
등록번호 제 2019-000192호
주소 서울시 영등포구 국회대로 800, 724호(여의도동, 파라곤)
전화 02-932-0001 **팩스** 050-7075-9057 **이메일** secretnote@kpei.or.kr

ISBN 979-11-971622-6-8 (04190)

시크릿
노트

김대중-이희호
대통령 부부

탄생 100주년
기념 전기(傳記)

최성 지음

절망에서
성공하는
비결

<집필상의 몇 가지 원칙>

김대중·이희호 대통령 부부 탄생 100주년을 기념하는 전기(傳記)의 성격을 지닌
<시크릿 노트>를 읽기 전에 참고할 사항을 사전에 알려 드립니다.

1. 김대중 대통령과 이희호 여사와 관련된 서술에 있어서는 주로 《김대중 자서전》과 《김대중 전집》
   그리고 《이희호 자서전 동행》을 주로 참고하였으며, 가급적 본인들이 직접 쓰거나 말씀하신 내용
   을 중심으로 집필하였습니다.

2. 두 분의 호칭은 서술 당시의 직함을 주로 사용하였으며, 가능하면 특별한 직함을 사용하지 않고
   '김대중' 혹은 '이희호'와 같은 형태로 서술하였습니다. 이는 시기적으로 호칭이 계속 바뀌기 때
   문에 독자분들에게 혼란을 줄 수 있다는 판단 때문입니다. 하느님과 하나님 등의 표현은 두 분의
   종교적 특성을 감안하여 당시에 사용했던 표현을 그대로 사용하였습니다. 또한 김대중 대통령께
   서 구수한 사투리로 말씀하신 부분은 대화체에서는 그대로 살려서 표현하였습니다.

3. 김대중·이희호 대통령 부부의 서거 이후에도 김대중 사상의 계승을 둘러싼 정치 상황의 전개에
   대해서도 비중있게 다루었으며, 이 과정에서 저자의 특별한 경험 역시 김대중 사상의 계승 발전
   을 위해서 함께 소통할 수 있는 소재를 중심으로 서술하였습니다.

4. <시크릿 노트>는 텀블벅 크라우드 펀딩 프로젝트와 연계되서 추진되는 만큼, <시크릿 노트> 시
   리즈 2권 《김대중 잠언집: 배움》과 3권 《특별한 1%의 행복한 부자노트》와 종합적으로 연계된 프
   로젝트인 만큼 함께 읽어 주시면 김대중 사상의 계승 발전을 위해서도 다소 도움이 되리라 판단
   됩니다. (* 편집자 주)

《시크릿 노트: 절망에서 성공하는 비결》을 펴내며

　김대중은 '대한민국 대통령'이라는 정치인의 영역에 가둘 수 없는 인물이다. 그는 5번이나 죽을 고비를 넘기며 글로벌 민주주의 사상을 실천한 '사상가'이자 목숨을 걸고 한반도 평화정착과 세계 평화를 이루려 한 '평화운동가'이다. 나아가 김대중·이희호 부부는 지구상의 남녀 차별을 해소하고 사회적 약자를 위해 헌신한 '세계에서 가장 아름다운 부부'라 할 수 있다.

　김대중 탄생 100주년(2024.1.6.)이 다가오고 있다. 이 시점에서 6년여에 이르는 옥중생활 동안 나눈 아름다운 러브레터에서는 '인간 김대중'의 참모습과 신앙적 대화와 평등한 부부로서의 애정을 엿볼 수 있다. 포스트 코로나 시대 지구촌 모든 인류의 귀감이 되는 감동적인 드라마로 평해도 손색이 없을 정도다.

　나는 《시크릿 노트: 절망에서 성공하는 비결》에서 '인간 김대중의 뒷이야기', '김대중과 이희호의, 세상에서 가장 아름다운 시크릿 노트'를 통해 김대중 대통령 탄생 100주년을 돌아보려 한다. 나아가 앞으로 올 100년을 내다보는 지혜를 찾고자 한다.

　즉, <시크릿 노트>는 김대중·이희호라는 전직 대통령 부부의 삶을 조망하며 한국 현대사 100년을 성찰하고 반성하는 데에서 시작한다. 더불어 오늘날 한국 사회와 글로벌 공동체가 겪는 '글로벌 민주주의와 사회정의, 세계 평화를 향한 미래 100년의 새로운 가치와 비전'의 발견을 목표로 한다. 특히 시크릿 노트 형태로 공개하는 김대중·이희호 부부의 '생활 속 지혜'는 힘든 시기를 겪고 있는 청년들이 절망 속에서 희망을 찾는 비결을 제공하는 '글로벌 멘토'의 역할을 할 것으로 기대한다.

　이를 위해 김대중·이희호 부부의 100년사에 사실적으로 접근하는 동시에 두 분의 <시크릿 레터>와 <시크릿 노트>를 처음으로 세상에 내놓으려 한다. 이는 '인간 김대중의 철학과 비전', '평등한 부부로서 김대중·이희호가 공유한 사랑과 동지애'를 엿볼 수 있을 것이다.
　이 과정에서 저자가 직접 수집한 방대한 자료들을 <시크릿 노트> 형태로 이번 책에 포함하였다. 김대중과 이희호의 자서전과 30권에 달하는 김대중 전집, 김대중 도서관 소장 비공개 영상 및 자료, 국내외의 각종 사료(史料)와 인터뷰 및 증언, 김대중과 이희호의 100년 여로(旅路)를 집대성한 각종 문서와 영상, 저자가 직접 촬영한 북한 비공개 영상, 하의도-동교동-일산 시절의 각종 비공개 정보 등이다.

　<시크릿 노트>의 출간 결정은 향후 국내 출간은 물론 해외 번역본 출간, 다큐멘터리, 웹툰 소설, 영화, 드라마, 뮤지컬 등의 원작으로 활용하기 위한 결정이었다. 김대중 대통령 탄생 100주년에 즈음해 이러한 후속 프로그램을 이어가기 위해서는 가급적 늦지 않게 <시크릿 노트>를 출간해야 한다고 판단한 것이다. <시크릿 노트>는 김대중 대통령 부부의

100주년 기념사업의 원작이자 출발점의 성격을 지닌다.

김대중 대통령 서거 13주년, 이희호 여사 서거 4주년을 맞은 2023년의 대한민국과 국제사회 현실은 정치, 경제, 사회, 문화, 국제관계에서 최악의 상황으로 치닫고 있다. 극단에 있는 이념 간의 정치적 대립, 코로나19의 대유행 속에 더욱 커진 빈부격차, 한 치 앞을 내다볼 수 없는 대한민국 정치권의 총성 없는 전쟁 등 우리는 각종 위기에 직면해 있다. 국제적으로는 러시아의 우크라이나 침공, 북한의 핵개발 가속화로 인한 세계 평화 위협, 환경과 생태계 파괴로 인한 인류 공동체의 위기 등도 미래의 불확실성을 재촉하는 실정이다.

이러한 상황이기에 조국 분단의 현실과 걷잡을 수 없이 확산하는 보수와 진보의 이념 갈등 속에서 인류를 위해 '민주적이고 평화로운 공동체를 위해 행동하는 양심을 보여줄 글로벌 멘토'가 절실하다. 여기에 가장 부합하는 인물이 바로 김대중·이희호 부부이며, 이들의 100년 인생을 재조명하는 것이 충분한 가치가 있을 것으로 확신한다.

필자는 30여 년 동안 가까이서 김대중 대통령을 정책적으로 보좌하며 정치 인생을 함께했다. 때로는 인간적인 대화를 나누면서 나름의 <시크릿 노트>를 정리하기도 했다. 이제는 이 기록을 세상에 공개해야 한다는 절박함을 통감하고 있다.

김대중·이희호 부부는 민주주의와 사회정의, 인권, 평화라는 거대한

담론에만 몰두하지 않았다. 죽음과 같은 절망 속에서 희망을 찾는 비결, 행복한 부부의 길, 훌륭한 자녀로 키우기 위한 교육 비법, 성공과 행복으로 가는 길 등 인생에 필요한 지혜를 두루 갖추고 있었다. 필자는 이 역시도 이번 책에서 공개하기로 했다.

이는 <시크릿 노트>가 김대중 대통령 개인의 100년 정치사에 국한되지 않는다는 것을 의미한다. 오늘의 김대중을 만든 이희호 여사의 철학과 비전, 삶의 지혜 역시 '동등한 부부'의 시각에서 재조명했다. 그렇기에 이 책은 김대중·이희호 내외의 100년 인생을 관통하는 사상 최초의 전기가 될 것이라 자부한다. 이제 우리는 '김대중 대통령이 살아 계신다면 어떤 가르침을 주실까?'라는 중대한 질문에 직면했고, 그 답을 시크릿 노트에서 찾았다.

<시크릿 노트> 출판에 가장 결정적인 도움을 주신 분은 두말할 나위 없이 김대중·이희호 대통령 내외분이다. 30대 중반의 청년 통일문제 전문가를 발탁해 커다란 가르침을 주시며 배움의 길로 인도하셨다. 그렇게 나는 30여 년 동안 시대정신과 소명을 고민하며 행동하는 양심으로 살아갈 수 있게 되었다. 그 덕분에 청와대, 국회, 지방정부, 대학, 민간연구소에서 나름의 전문성과 정책역량을 키울 수 있었다.

더불어 '텀블벅' 크라우드펀딩 프로젝트에 참여해 주신 여러 깨어있는 시민들의 적극적인 후원에도 감사드린다. 김대중 대통령 탄생 100주년 기념사업의 추진과 관련하여 깊이 있는 자문과 협의를 해주신 영화제

시크릿노트를 펴내며

작자, 다큐 감독, 웹툰 작가, 뮤지컬 감독분 등에게도 깊은 감사의 말씀을 드린다. 이분들의 도움이 없었다면 세 권의 <시크릿 노트> 시리즈는 세상에 나올 수 없었을 것이다.

김대중·이희호 부부 탄생 100주년을 기념하는 전기(傳記)가 <시크릿 노트> 시리즈 1권이라면 《김대중 잠언집: 배움》(전면개정판)은 시리즈 2권으로서 '절망에서 성공하는 비결'을 담은 김대중 대통령의 잠언집이다. 이 책은 이미 15년 전에 출간하여 초판 17쇄에 4만부 이상 판매된 베스트셀러이다. 이번 기회에 새로운 내용을 대폭 보강하였다. 끝으로 <시크릿 노트> 시리즈 3권은 《특별한 1%의 행복한 부자노트》로서, 김대중 대통령을 포함하여 동서고금의 특별한 1% 부자들이 경험했고 시크릿 노트로 간직하고 있는 '행복한 부자의 길'을 제시하고 있다. 143%가 넘는 펀딩 목표액 달성 외에도 책이 최종 나오기까지 <최성TV> 구독자는 물론 온·오프라인 소통을 통해 다양한 의견을 개진해 주신 독자분들 역시 어떤 면에서는 이 책의 공동 집필자이다.

김대중 대통령의 당선에 결정적으로 공헌한 (사)한반도평화경제연구원은 출범 26주년을 맞았다. 동시에 김대중 대통령 탄생 100주년 사업을 추진하는 과정에서 무한한 신뢰를 보내주시며 상임고문직을 흔쾌히 수락해 주신 이낙연 전 국무총리, 권노갑 김대중재단 이사장, 김홍업 김대중평화센터 이사장, 정태익 김대중 정부 청와대 외교안보수석께도 지면을 빌려 깊은 감사를 드린다. 이분들의 전폭적인 지지가 없었다면

<시크릿 노트>와 관련한 글로벌 프로젝트는 첫 삽을 뜨기도 쉽지 않았을 것이다.

<시크릿 노트>를 집필하는 과정에서 자료수집부터 현장 답사에 이르기까지 함께 헌신해 주신 문대열 팀블벅 프로젝트 매니저, 이철희 (사)한반도평화경제연구원 미주지부장, 글의 완성도를 높이기 위해 교정 교열과 윤문에 심혈을 기울여 주신 김현창 트라이앤글(Try&글) 대표, 책의 품격을 높여 주신 이승현 디자인 실장께도 진심으로 감사드린다.

<시크릿 노트> 프로젝트를 위해 국내 하의도부터 전국 방방곡곡을 누비고, 나아가 워싱턴 DC, 뉴욕, LA 등 미국 각지를 방문하며 예산을 투자하는 남편을 녹록지 않은 경제 여건 속에서도 전폭적으로 성원해 준 사랑하는 아내에게도 고마움과 미안함을 전한다. 더불어 빈번하게 자리를 비우는 아버지의 바쁜 일정을 이해하고 바르게 자라 준 아들과 딸에게도 대견하다고 말해주고 싶다.

끝으로, 받아들이기 어려웠던 두 번의 공천학살에도 불구하고 흔들림 없이 배움의 길을 걸으며 두 번째 박사학위 논문을 마치고 변함없이 김대중 사상의 계승발전을 위해 열정을 다하는 나 자신에게도 각별한 위로와 응원의 말을 해주고 싶다. 더불어 청렴성과 성실성, 그리고 끝없는 배움의 열정을 보여주신 아버님의 영전에도 이 책을 바치고 싶다.

2023년 3월
김대중 대통령의 생가가 있는 하의도에서
최성

차례

생애 마지막 고향 방문

하의도를 방문한 지 14년 세월이 흐른 2009년, 김대중 전 대통령의 건강이 하루가 다르게 악화하던 어느 봄날이었다. 웬일인지 을씨년스러운 봄비가 촉촉이 내리고 있었다. 김 대통령 내외는 하의3도 농민운동기념관 개관식에 참석해 최하림 시인의 '삼백삼십삼년 뒤에 부르는 노래'라는 시비를 읽으며 감동적인 시간을 보냈다. 이 자리에서 김 대통령은 '하의3도 농민 운동가들에게 드리는 헌사'를 주제로 마지막일지 모르는 인사말을 건넸다.

자신이 태어나고 유년 시절 큰 꿈을 주었던 곳.
그리고 대한민국 최고(最古)의, 300년이 넘는 농민운동 역사를 지닌 곳.

마지막이 될지도 모를 김 대통령의 고향 방문은 하의도 주민의 한과 눈물, 그리고 자신에게 주어진 십자가의 무게감을 안고 하의3도 농민운동기념관 개관식에서 시작했다. 선산에서 배례한 뒤 어릴 적 1년 동안 초암 선생에게 한문을 배운 하의대리 덕봉서원도 방문했다. 이어 하의초등학교에 들른 김 대통령은 활달한 어린이들의 환한 표정에 크게 감동했다. 김 대통령은 자신이 태어나고 자란 생가에서 주민들과 그 어느 장소보다도 많은 시간을 보냈다. 어쩌면 이곳, 하의도에서 '제2의 김대중'이 나오기를 바란 것은 아니었을까? 흥미롭게도 최근 새로 선출된 전남교육감의 이름도 '김대중'이다.

하의도를 둘러보는 동안 계속 이슬비가 내렸다. 위험할 수 있다고 비서들이 만류했음에도, 김 대통령은 '큰 바위 섬을 보면 큰 인물이 된다.'라는 전설을 품고 있는 큰바위얼굴 등 하의도 곳곳을 세심히 둘러보았다. 고향 하의도에 있는 큰바위얼굴 앞에 선 김대중·이희호 부부는 자신들의 인생을 돌아보며 참 파란만장했다고 생각했을지도 모른다. 그리고 하의도와 육지를 마지막으로 잇는 연도교라 할 수 있는 '국민통합대교(가칭)'가 하루빨리 완공되어 하의도가 고립되고 외로운 섬이 아니라 글로벌 평화의 섬으로 자리매김하기를 간절히 기도했을 것이다. 국민통합대교는 김 대통령뿐 아니라 하의도 주민의 간절한 염원이기도 하다.

김 대통령이 처음 정계에 입문한 뒤 국회의사당에 입성하기까지는 9년이 걸렸다. 그리고 1970년 대통령 후보로 선출된 후 대통령에 당선되기까지는 무려 27년이 걸렸다. 그동안 그는 다섯 번의 죽을 고비를 넘겼고 6년 동안 감옥에 있었다. 게다가 수십 년 동안 망명과 연금 생활을 하기도 했다. 대통령 후보, 야당 총재, 국가 반란 수괴, 사형수, 망명객, 용공분자 등 그의 호칭이 바뀔 때마다 대한민국 정치사에는 굵직한 사건들이 발생했다.

그 한가운데에 김대중 대통령이 있었다.

평생 끊임없이 공부한 사람.

숱한 시련과 실패 속에서도 내일을 준비한 사람.

죽음이라는 위기 속에서도 절망하지 않은 사람.

두려워 울면서도 미래를 설계한 사람.

민족과 조국에 투신할 날을 기다린 사람.

'사형수'와 '대통령'은 김 대통령의 삶을 상징하는 단어다. 사형수가 대통령이 된 것은 기적과도 같은 일이었다. 하지만 그 기적은 김대중 개인의 것이라기보다는 국민이 함께 일군 현대사의 기적이라고, 김대중·이희호 부부는 생각했다.

유년 시절 낙지를 잡아먹던, 그토록 광활해 보였던 갯벌이 이제는 매우 작아 보였다. 빗속에서도 하의도민의 환영 열기는 뜨거웠고, 행복한 고향 방문이었다. 하지만 언제 또 올지 모르는 고향 방문이기도 했다.

하의도 생가에서 발견한 <시크릿 노트>

김대중 대통령의 생애 마지막 하의도 방문에서 가장 오래 머문 곳은 당연히 당신의 생가였다. 나는 김 대통령이 서거하신 뒤에도 그 생가를 자주 방문했다. 그러던 어느 날, 김대중 대통령 생가 입구 특별전시관에서 특별한 책 한 권을 발견했다.

내가 김 대통령 생전에 직접 들은 여러 가르침을 담아 출간한 《김대중 잠언집: 배움》이었다. 대통령 내외가 직접 쓰고 주고받은 옥중서신도 함께 있었다. 김 대통령이 서거한 뒤 《김대중 잠언집: 배움》은 당신이 직접 집필한 어떤 책보다도 많은 대중의 사랑을 받았다. 2007년 5·18 민주화 운동 27주년 기념일에 출간된 이 책은 당시 17쇄에 4만 부가 넘게 판매되었다.

나는 이 책의 인세 일부를 김대중 도서관 등에 기부했고, 남은 돈은 고양시장 선거 출마 자금으로 활용해 지역민에게 8년 동안 봉사하는 기회를 얻었다. 바로 그 책이 나의 열정과 노력이 담긴 다른 저서와 함께 김대중 대통령 생가에 전시되어 있었다.

고양시는 당시 세 번이나 낙선한 김대중 후보를 결국 대통령으로 만들어 준 '제2의 고향'이었다. 이런 인연 때문에 나는 김대중 대통령과 만난 것이 운명이었다고 받아들이고 있다. 이후로도 나는 이희호 여사께서 고양에 방문할 때마다 찾아뵙는 것은 물론, 김대중 사상의 계승발전을 위한 국회토론회를 개최하는 등 다양한 노력을 기울여 왔다.

김대중 대통령이 아태평화재단 이사장으로 재직할 때 나는 30대 초반의 젊은 '북한학' 박사이자 통일문제 전문가였다. 당시 김 이사장은 친필 메모로 '김대중의 3단계 통일방안'과 '햇볕정책의 체계화 작업'을 특별히 지시했다. 내가 작성한 기본구상에 김 이사장이 특유의 꼼꼼한 메모로 핵심 개념을 정리하는 방식이었다. 그렇게 출간한 《김대중의 3단계 통일론》 역시 감개무량하게도 아태평화재단 시절부터 청와대 재직 시절까지 김 이사장과 함께 집필한 세 권의 책과 함께 전시되어 있었다.

내 시크릿 노트에는 우리가 이룩하고자 하는 통일국가의 모습, 통일방법, 구체적인 3단계 통일방안 내용 등에 관한 김 이사장의 구상이 적혔다. 계속 수정을 거듭하면서 완성도를 높였다. 이후로도 나는 김 이사장과 독

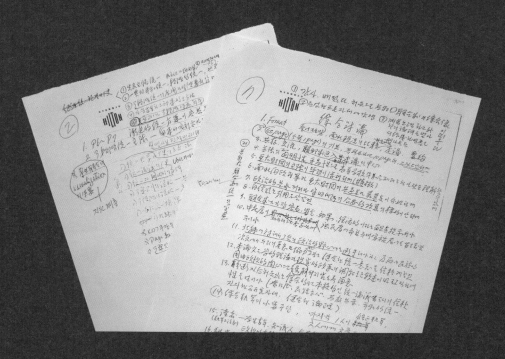

김대중 이사장으로부터 직접 받은 친필 메모

하의도 생가에서 발견한 <시크릿 노트>는 내가 김대중 당시 아태평화재단 이사
장님으로부터 직접 받은 두 장의 친필 메모에서 시작된《김대중의 3단계 통일론》
저서였다. 여기에는 김대중 이사장의 통일 철학과 구체적인 방법론이 정리된 것
이었다. 나는 아태평화재단의 책임연구위원으로서 <김대중의 시크릿 노트>를
토대로《김대중의 3단계 통일론》의 핵심 사상과 구체적인 체계화 작업을 수행하
였다. 최종적으로는 김대중 이사장의 종합적인 입장이 담긴 친필 메모를 또다시
받아 지금의《김대중의 3단계 통일론》은 완성되었다. 물론 전체적인 책임 집필
은 김대중 이사장과 임동원 사무총장에 의해서 이루어졌다.

대하며 다양한 현안에 대해 심도 있는 대화를 나누었다.

그때마다 당신은 항상 가슴에 품고 다니는 수첩의 뒷장에 수감 시절과 같은 작은 글씨로 핵심 내용을 메모하곤 했다.

내가 보고하는 내내 직접 수첩과 펜으로 앞으로의 활동 방안을 정리하고 때로는 기존의 메모를 지우거나 수정하는 모습이 너무도 인상적이었다. 지금까지 많은 정치인과 시민들을 만나고 소통했지만, 당시 김대중 이사장만큼 나의 말과 보고서를 세심히 살피고 실천에 옮긴 분을 찾아보기는 어려웠기 때문이다.

김대중 대통령 생가에는 이희호 여사의 자서전과 옥중서신도 전시되어 있었다. 특히 옥중서신은 이 여사가 청주교도소에서 남편을 면회하며 나눈 대화의 요점이 메모 형태로 꼼꼼히 정리되어 있었다. 할 말은 많고 시간은 짧았을 테니 돌아설 때 늘 아쉬움이 남았을 것을 쉬이 짐작할 수 있었다. 때로 이 여사는 예쁜 꽃이 그려진 편지지에 나팔 부는 천사 그림이나 귀여운 강아지 사진을 붙이기도 했다. 삭막한 교도소에서 생활하는 남편을 위한 배려였을 것이다.

김대중·이희호 부부의 마지막 하의도 방문은 다섯 번의 죽을 고비를 겪은 파란만장한 삶을 정리하는 뜻깊은 방문이었다. 김 대통령의 서거 이후 생가를 방문했던 경험은 김 대통령의 시크릿 노트와 못으로 새긴 비밀스러운 메모를 떠올리게 했다. 결국, 나와 김대중·이희호 부부의 운명적 만남이 된《김대중 잠언집: 배움》이 지금의 나에게 '김대중·이희호의 새로운 부활'이 된 셈이다.

1막

출생의 비밀
그리고
사랑에서
결혼까지

김대중 이희호 대통령 부부
탄생 100주년 기념
전기(傳記)

바다가 놀이터였던 섬마을 소년

섬마을 소년 김대중은 바다만 바라보면 가슴이 뛰었다. 바다 너머에 어떤 세상이 있을지 상상하는 것만으로도 설렘이 멈추지 않았다. 그런 바다는 동경의 대상인 동시에 놀이터이기도 했다. 대중은 아이들과 어울려 온갖 놀이를 즐겼다. 여름에는 벌거벗은 채 수영을 했고, 창피한 줄도 모른 채 바다에서 씨름도 했다.

갯벌에 구멍을 파고 낙지를 잡아 산 채로 씹어 먹기도 했다. 산낙지를 먹을 때는 요령이 필요했다. 무턱대고 입에 넣으면 꿈틀대는 낙지 발이 코로 들어가 질식할 위험이 있기 때문이었다. 그래서 낙지 발을 손으로 훑어 힘을 뺀 뒤 머리부터 씹어 먹어야 안전했다. 때로는 낚시로 잡은 문저리(망둥이)를 내장만 제거해 날로 먹기도 했다.

이렇게 즐거운 유년 시절과 미래를 향한 꿈을 키웠던 대중은 1924년 1월 6일 전남 신안군 하의도에서 태어났다. 1924년은 이의준 등 8인의 열사가 당시 조선 총독이었던 사이토 마코토를 저격한 사건이 발생한 시기였다. 이의준 열사는 김창균과 함께 만주에서 무장독립운동에 참여했다. 그러다 일본군 해군 대장 출신으로 2회 조선 총독을 역임한 사이토 총독 일행의 선박을 습격했지만, 실패로 돌아갔다. 이의준 열사는 같은 해 밀정 한일룡과 장길성을 사살했고, 1926년 말 만주에서 일본 경찰에 붙잡혀 1928년 사형이 확정되었다.

한편, 1924년은 일본 히로히토 황태자와 나가코 여왕이 결혼식을 올리며 제국주의가 한창 기승을 떨치던 시기이기도 했다. 이러한 일제 강점기에 하의도 바다가 놀이터였던 섬마을 소년은 바다 너머에 있을 다른 세상의 모습을 상상하며 나름의 큰 꿈을 키우기 시작했다.

대중의 아버지는 두 부인을 두었고, 그의 어머니는 둘째 부인이었다. 즉, 대중은 어머니에게는 장남이었으나 아버지에게는 차남이었다. 대중은 오랫동안 정치 활동을 하면서도 자신의 출생과 어머니에 관한 내용은 일절 입 밖에 내지 않았다. 훗날 치열한 대선 과정에서 "김대중은 첩의 자식이다."라는 인신공격성 비난을 받았음에도 그는 묵묵히 감내했다. 그리고 자서전을 통해 솔직한 심정을 토로했다.

"많은 공격과 시달림을 받았지만 침묵했다. 당시에는 남자가 둘째, 셋째 부인을 두는 경우가 많았지만, 평생 작은댁으로 사신 어머니의 명예를 대중은 지켜드리고 싶었기 때문이다."

하지만 어린 시절부터 특별한 사랑과 헌신을 베푼 어머니를 향한 애틋한 마음은 계속해서 가슴에 품고 있었다. 대중의 어머니는 자식을 향한 욕심이 많았으며, 특히 대중에게는 헌신적이었다. 한번은 아버지를 설득하는 어머니의 목소리를 잠결에 들은 적도 있었다.

"우리 대중이가 공부를 썩 잘 항께 여그 하의도 섬 구석에 썩히지 말고 목포로 이사를 가붑시다잉. 이것저것 정리해 불면, 장사 밑천은 쪼까 될 것 같응께 그렇게 결심해붑시다잉."

대여섯 살 때는 싸리나무 회초리로 맞아 피멍이 들도록 혼난 일도 있었다. 엿장수가 잠든 사이 친구들과 함께 담뱃대를 집어 든 것이다.

"뒤꼭지에 피도 안 마른 놈이 도둑질부터 배웠으야.
대체 커서 뭐가 돼불라고 그냐."

훗날 대중은 어린 시절 어머니로부터 받은 사랑의 매가 아니었다면 지
금의 자신은 없었을 것이라고 회상했다. 정직과 진실이 가장 큰 힘이라
는 것을 어머니에게 배운 것이었다.

대중의 아버지는 부드러운 분이었다. 남에게 싫은 소리를 하지 못했고,
자식들에게도 다정다감했다. 음악적 재능도 뛰어났는데, 특히 판소리 실
력이 출중했으며 춤에도 능했다. 대중의 아버지가 부르는 <쑥대머리>는
언제 들어도 걸쭉하고 흥겨웠다. 당시 아버지가 즐겨 부르던 판소리 <춘
향가> 중 <옥중가>의 한 대목을 보자.

낡은 길 힘없이 걷고 있네
작아진 나의 두 손 감싸주오.
너의 눈빛 앞에
왠지 모르게
너의 한 마디에
왠지 모르게 작아지네
아, 아무도 없다.
이제 혼자라고

훗날 김대중이 옥중에서 <내 마음의 눈물>이라는 시를 쓸 때의 심경
이 이와 같지 않았을까. 때로는 따라 불러보기도 했다. 그 영향일까, 김대

중은 생전에도 가장 감동적인 영화로 <서편제>를, 가장 인상적인 공연 장면으로 임방울 명창의 <쑥대머리>를 꼽았다.

김대중이 판소리에 추임새를 넣거나 꽹과리, 장구, 북 연주를 흉내라도 낼 수 있었던 배경에는 아버지가 있었다. 남에게 모진 말을 못 하고 부드러우며, 자식들에게는 자애로웠던 아버지의 모습은 장성한 대중의 내면과도 꼭 닮은 부분이었다.

하의도의 한(恨)과 정명공주 그리고 붕알바위

하의도의 역사를 보면 조선 14대 왕 인조가 선조의 맏딸 정명공주를 홍주원에게 시집보내며 하의3도의 개간된 땅을 하사하여 4대손까지 세미(稅米)를 받도록 윤허했다고 한다. '조선 역대 최고의 부자'라는 평가부터 고귀하지만 축복받지 못한 출생까지 정명공주를 둘러싼 이야기는 흥미롭다.

정명공주의 아버지 선조는 아들을 기대했다. 하지만 정비소생의 첫째이자 유일한 적녀이자 늦둥이로 태어난 정명공주를 유달리 귀여워했다. 성별로 인해 왕위 계승 경쟁자가 될 수 없었기 때문인지 아버지와 딸뻘로 나이 차가 많이 나는 이복오빠 광해군도 정명공주를 어여삐 여겼다.

계축일기에 따르면 정명공주와 영창대군이 어렸을 때, 인목왕후를 문안드린 광해군이 공주를 가까이하며 쓰다듬어주는 등 칭찬했다고 한다. 하지만 함께 자리하고 있던 영창대군은 본 체도 하지 않아, 영창대군이 울며 "나도 누님처럼 여자로 태어났어야 했다"라며 푸념하기도 했다고 전해진다.

정명공주는 서궁에 갇혀 10대 시절을 보냈으며, 유폐 시절보다 불안하게 30대와 40대를 보냈다. 하지만 남편 홍주원 집안의 재력과 인조의 시혜 덕분에 수많은 부동산과 재물을 모을 수 있었다.

하의도 토지분쟁은 정명공주의 혼인에서 시작되었다. 선조의 맏딸 정명공주와 결혼한 홍주원의 4대손까지 하의3도 땅 20결에 대한 세미를 받도록 한 것이다. 그런데 홍씨 가문이 8대손에 이르도록 토지를 반환하지 않다가 국권침탈 시기에 일본인에게 몰래 팔아넘긴 것이다. 당연히 농민들이 크게 반발했고, 이것이 불씨가 되어 '하의도 농민운동'이라는 길고 긴 투쟁이 시작되었다.

이러한 역사적 배경으로, 대중이 자랄 때 하의도는 섬 전체가 일본인에게 넘어가 도쿠다(德田) 농장이라는 소작지가 되어 있었다. 땅을 되찾으려는 사람들의 한이 서리기는 했지만, 하의도는 아름다웠고 주민들의 인심은 넉넉했다. 한때 붕알바위라고 불렸던 양세바위 안내 표지판에는 이렇게 기록되어 있다.

"(남자의 성기를 닮은) 바위 모양으로 인해 붕알바위라고 불렸는데, 그 이면에는 300년 넘게 이어진 하의도 농민전쟁의 역사가 숨어 있다. 조선 후기 국가와 홍씨 가문에 이중으로 세를 바쳐야 했던 농민들이 '일토양세(一土兩稅)'를 외치며 저항했고, 1956년이 되어서야 불하 방식으로 농민의 품에 돌아갔다. 오림리를 기점으로 하의도 농민항쟁이 증폭되었다는 사실이 밝혀지면서 '일토양세'라는 농민의 구호가 양세바위라고 부르는 계기가 되었다."

대중이 소년이던 시절, 일본은 만주사변을 일으켜 중국을 짓밟기 시작했다. 식민지 조선에서는 3.1 운동 이후 이른바 '문화 정치'를 표방하고 있었다. 하지만 1926년 시작된 쇼와 천황 시대의 정당 정치는 시늉에 불과했다. 군부가 쿠데타를 일으키고 정치인을 살해했으며, 일본 국내 권력을 장악한 이들 세력은 아시아로 눈을 돌렸다.

일본 군국주의의 시작이었다. 한반도에서는 민족주의자와 사회주의자가 결성한 신간회가 일본의 강압에 못 이겨 1931년 해산했다. 독립운동가들은 해외로, 지하로 숨어들었다. 일제의 정보 차단으로 국민은 한 치 앞도 예측할 수 없었고, 민족의 앞날도 불투명한 암흑기였다.

이런 가운데 섬마을 소년 대중은 하의도에서 큰 꿈을 키워가고 있었다.

하의도에는 보통학교가 없었기에 대중은 일곱 살 때부터 서당에 다녔다. 당시 훈장이었던 초암 김연 선생은 남도에서 명성이 자자했는데, 대중이 없는 자리에서 "김대중은 크게 될 인물이다."라고 여러 번 언급했다고 한다.

대중은 어린 시절부터 정치에 관심이 많았다. 보통학교 3~4학년 때는 일본 내각 개편 발표 기사를 베껴서 가지고 다닐 정도였다. 대중이 임금이 되겠다는 꿈을 가진 것도 이맘때였다. 점쟁이가 이웃 마을에서 태어난 아기가 장차 임금이 될 것이라고 말했다는 소문에 화를 내기도 할 정도였다.

형제 중 제일 겁이 많은 것도 대중이었다. 옛날이야기에 도깨비가 등장하기라도 하면 그렇게 무서워했다. 숨바꼭질할 때 술래가 되기라도 하면 동생 대의를 비롯한 친구들은 섬 속의 섬이나 기암괴석 뒤, 혹은 잡초

시크릿 노트 : 절망에서 성공하는 비결

가 무성한 큰바위얼굴 인근 수풀에 숨곤 했다. 지금은 인동초의 집과 모래구미 해수욕장이 되었지만, 저녁노을이 지고 땅거미가 어둑하게 내리면 도망치고 싶어 벌벌 떨었던 것을 또렷이 기억했다.

목포에서 학창시절을 보낼 때는 유달산에 올라 바다를 내려다보았지만, 고소공포증으로 정상에는 오르지 못한 채 중턱에 멈추곤 했다. 한밤중에 공동묘지를 가는 담력훈련을 할 때도 있었다.

이렇게 겁이 많던 대중은 어른이 된 뒤에도 어려운 사람을 만나는 자리만 있으면 이미 가슴이 두근거리곤 했다. 하지만 많은 시련을 겪는 동안 실천적 행동으로 두려움을 극복했다. 겁은 많았지만 가야 한다면, 피하지 않는 대중이었다. 대중은 '행동하는 양심'을 역설하며 이런 명언을 남겼다.

"두렵지 않기 때문에 행동하는 것이 아니다.
두려워도 올바른 길이어서 행동하는 것이다."

"das"라는 별명을 지닌 "희희호호"라는 소녀

희호는 1922년 9월 21일, 대중보다 2년 앞서 서울 종로구 수송동 외가에서 태어났다. 대중이 태어났을 때와 마찬가지로 조국은 일본 제국주의의 날카로운 발톱 아래서 신음하고 있었다. 해외에서는 무솔리니가 이탈리아에 파시즘 정부를 수립했고, 레닌이 러시아에서 볼셰비키 혁명을 성공시킨 시기였다.

희호의 아버지는 세브란스 의전을 나온 의사였지만, 특권의식은 전혀 없었다. 그는 매우 청렴했는데, 그에게 돈이란 돌도, 황금도 아닌 그저 세균 덩어리에 불과했을 정도였다. 희호는 부지불식간에 그런 아버지의 영향을 많이 받았을 것이다.

1929년, 희호가 7살 되던 해 가족은 충남 서산으로 이사했다. 이후 1936년 희호는 홀로 상경해 감리교 미션스쿨인 이화고등여학교에 입학했다. 희호는 연극을 좋아했으며, 잘한다고 칭찬도 들었다. 그즈음 일제는 특히 기독교를 탄압했으며, 1938년에는 조선어 사용을 금지해 모국어가 제2외국어로 전락하는 수모를 당하기도 했다.

이화고녀(이화여고) 동창 이규임이 《내가 만난 이희호》에 기고한 글에서 당시 희호의 모습을 엿볼 수 있다.

"남들이 꺼리는 냄새나는 아이, 이 가는 아이들을 묵묵히 감싸주며 방을 같이 쓰고, 갑작스럽게 새 기숙사생이 들어오면 자신의 침대에서 재워주고 근로봉사를 가서도 꾀를 안 부리고 땀 뻘뻘 흘리며 끝까지 해내는 직심(直心)스러운 친구였다. 쉽게 표현해서, 친구를 위해 희생하고 배려심이 깊은, 착하디착한 소녀였다."

희호의 어머니는 신앙심이 깊어 감리교 수양회에 적극적으로 참여했으며, 서울 사람이나 의사 부인 티를 내지 않았다. 희호가 서산에서 '공주병' 없이 모나지 않게 성장한 데에는 어머니의 성품이 큰 영향을 미쳤을 것이다. 70년이 훌쩍 넘은 지금도 기숙사 친구들은 희호의 어머니를 '단정하고 고상한 미인'으로 기억하고 있다.

1940년 3월, 희호의 어머니는 1년 동안 원인을 알 수 없는 병을 앓은 뒤 47세의 나이로 사망하셨다. 희호는 고작 18살의 사춘기 소녀였고, 그만큼 충격도 컸다.

하지만 가까운 이들과의 사별이 처음은 아니었다. 9살이 되던 해 특히 사랑했던 남동생이 사망했다. 희호는 온종일 골방에서 <다뉴브강의 물결>에 가사를 붙인 윤심덕의 <사의 찬미>를 부르며 슬픔을 달랬다.

"광막한 광야에 달리는 인생아
너의 가는 곳 그 어데이냐.
쓸쓸한 세상, 험악한 고해에
너는 무엇을 찾으려 하느냐?"

여학교 재학 중에는 다정했던 작은 외삼촌이 사망했다. 이처럼 남동생과 작은 외삼촌, 어머니를 사별한 경험은 사춘기의 희호가 삶과 죽음의 문제를 진지하게 고민하는 결정적 계기가 되었다. 대중과 마찬가지로 조숙한 정신세계를 갖게 된 것이다.

특히 어머니의 죽음은 앞으로의 삶이 평탄치 않을 것이라는 불안한 예감이 들게 했다. 그래서 희호는 몇 번이나 스스로와 약속하고 다짐했다. 그것이 어머니의 뜻을 이루는 길이라고 믿었기 때문이다.

'결혼하지 않는다.'
'건강해야 한다.'
'공부를 많이 하자.'

당시 상황이 1940년대 일제 식민지 시대였음을 감안하면 희호는 요즘 신세대 MZ 세대들이 가지고 있는 '결혼하지 않고, 자신의 좋아하는 일에 모든 열정을 다 바치는' 신세대 인식을 일찍부터 하고 있었다. 그런 희호가 훗날 대한민국 최초의 아이돌 정치 스타 김대중과의 운명적 만남을 하게 된다.

하지만 강력한 후원자를 잃은 상실감은 오랫동안 희호를 외롭고 고단하게 만들었다. 어머니를 잃은 희호는 서울 큰 오빠 집에서 기거하며 시험을 준비했고, 1942년 이화여전 문과에 합격했다. 대중과의 운명적 만남 이후 깊은 신앙심을 바탕으로 한 정치적 내조에는 희호의 문학적 감수성과 소질이 큰 자양분이 되었다.

주위에서는 아버지가 의사이며 세 오빠가 은행원, 의사, 회사 간부 등 번듯한 직업을 가진 만큼 희호가 편하게 학업을 했을 것이라 짐작했다. 물론 어머니가 살아계셨다면 물 만난 고기와도 같았겠지만, 희호의 현실은 녹록지 않았다. 2학기가 끝나갈 즈음 희호는 아버지에게 청천벽력 같은 말을 들었다.

"동생들도 많으니 내년에는 학교를 그만두면 좋겠다."

희호는 자신이 '딸'이었기에 아버지께서 자퇴를 권고한다고 판단했을 것이다. 항상 자신의 편을 들어주던 어머니가 더욱 그리웠고, 남녀평등의 절박성을 더욱 가슴에 새기는 계기가 되었다.

1940년 일제는 창씨개명을 강요했고, 1941년 12월 8일 일요일 새벽에는 진주만 공습을 강행했다. 이화여전을 비롯한 사립대학은 일본 황국신민을 키워내는 '여자청년연성소 지도원 양성과'를 설립했다. 희호가 이화여전에 입학한 1942년은 태평양 전쟁을 일으킨 일본이 한반도에서 물자와 인적자원을 마구 수탈한 시기다.

희호는 당시 스무 살이 넘은 성인이었음에도 전혀 저항하지 못했다고 자책했다. 오히려 여자청년연성소 지도원 양성과에 들어갔고, 이를 두고 남편이 자신을 친일파라고 놀렸다고 자서전에 썼다.

"당신은 해방 후 친일파 척결과 민주화 운동에 줄곧 앞장서 왔는데 어떻게 일제 강점기에는 황국신민을 교육하는 지도원 양성 과정에 들어갈 수 있었단 말이오?"

이런 이야기를 자서전에서 솔직하게 고백하는 이희호 여사의 담대함이 놀라울 따름이다. 언급하지 않아도 될 부끄러운 과거를 담담하게 서술하는 이희호 여사의 모습은 영부인으로서의 특별한 장점이라고도 할 수 있을 것이다.

1944년 4월, 희호는 연고지인 충남의 예산 삽교공립초등학교 부설 여자청년연성소 지도원으로 부임했다. 당시 희호는 젊은이들의 사명감이기도 했던 농촌 계몽운동을 한다는 자세로 잘 적응했다. 해방 1년 후인 1946년 4월, 희호는 궁리 끝에 모교인 이화여자대학교(1945년 종합대학으로 승격)로 편입하려 했으나 여의치 않았다. 그래서 1946년 9월 국립종합대학 서울대 사범대학 영문과에 새로이 시험을 쳐서 합격했고, 3학년 때는 교육학과로 전공을 바꾸었다. 훗날 희호는 자서전에서 젊은 시절을 회고하며 이렇게 언급했다.

"내 삶의 큰 행운은 이화여대에 복학하지 못하고 서울대 사범대학에 진학한 것이다. 나는 결코 학구파가 아니었다. 당시 나는 연극에 몰두해 있었다."

서영훈 전 대한적십자사 총재가 희호의 장남 홍일에게 들려준 흥미로운 일화가 있다.

"연극이 <이수일과 심순애>였는데, 이수일 역이 자네 모친인 이희호 서울대 사대 학생이었어. 아, 참 대사며 연기 좋았지. 모두 다 배꼽을 빼고 웃었어."

이희호가 사각모를 쓴 가난한 고학생 이수일로 분장한 모습이 상상이 가는가? 남자 같은 목소리로 사랑하는 심순애를 발로 차며 이런 대사를 내뱉는 것은 또 어떤가?

"순애! 어찌 그럴 수 있다는 말이오. 아무리 돈이 좋다지만 물질에 눈이 어두워 이 수일이를 버리고 장안 최고의 갑부의 아들 김중배의 품에 안길 수 있단 말이오!"

연기 선이 굵었던 희호는 남자 역을 많이 맡았는데, 이희호 주연의 <이수일과 심순애>는 다른 무대에도 여러 차례 올랐다. 즉, <이수일과 심순애>는 '연극인' 이희호의 대표작 중 하나였던 셈이다.

민족청년단은 중국에서 독립운동을 하던 광복군 참모장 출신 이범석이 1946년 귀국해 만든 민족주의 청년운동단체였다. 근엄하고 잘 웃지 않기로 유명했던 이범석조차 이희호의 연기를 보고는 참지 못하고 폭소를 터트렸다고 한다.

사범대학생 희호의 별명은 중성 명사 앞에 붙는 독일어 관사인 '다스(das)'였다. 남성 명사에는 der, 여성 명사에는 die를 사용한다. 이 관사가 별명이었다는 것이 재미있다. 희호는 대학 시절 자신의 이미지를 '여성적 매력과는 무관한, 남녀평등을 위한 전사'로 묘사했다.

희호가 이런 우스꽝스러운 별명을 떳떳이 밝힌다는 것은 그만큼 기꺼이 받아들였음을 의미한다. 남존여비, 여성차별이 만연했던 당시 정치 상황 속에서 이분법적인 성구분을 거부하고자 했던 당찬 도전의식이라고도 볼 수 있을 것이다.

다만 희호는 친화력 있고 온건한 방법을 통해 여학생이 남학생과 동등한 처우와 권리를 누릴 것을 주장하고 관철하려 했다. 그래서인지 남자들에게 큰 저항감을 불러일으키지는 않았던 듯하다. 의식은 개혁적이었지만, 방법은 온유했던 셈이다.

기독교계의 대부격이었던 강원용 목사를 만난 것도 이맘때였다. 희호는 강 목사의 강연 후 대화 모임에서 평소처럼 '희희호호'하며 크게 웃은 뒤 자신을 '이희호'라고 소개했다.

김남조 시인은 《내가 만난 이희호》에서 선배 희호를 이렇게 추억한다.

"미행을 염려하며 방문하여 갈 때까지 한시도 손에서 뜨개질 거리를 놓지 않는 일이 내 앞에서 보여준 '이희호'의 모습이었다. 뜨개질한 보라

1막 _ 출생의 비밀 그리고 사랑에서 결혼까지

색 숄을 팔아서 연고자 없는 수감 대학생들의 영치금으로 쓴다고 했다.”

　희호는 한참 뒤에야 남조가 자신 때문에 정보부에 불려가 신문을 받았다는 사실을 알게 되었다. 1970년대 유신정권의 핍박을 받을 당시 희호와 남조는 마음을 나누는 벗이 되었다. 특히 남편 대중이 옥중에 있을 때는 서울 용산구 효창동에 있는 남조의 집을 찾아가 많은 위로를 받곤 했다.

　1948년 12월, 33명의 대학생이 이화고녀 강당에서 면학동지회를 결성했다. 이후 희호 일행은 김구 선생의 경교장을 예방했다. 1949년 6월 26일 경교장에서 김구 선생이 안두희에게 암살당하자 희호는 매우 슬퍼했다.

　하지만 한편으로는 언젠가 통일의 역사를 쓰게 되는 날이면 당대에 좌절당한 김구의 꿈이 다시 시작되리라 믿기도 했다. 사범대 동문이기도 한 박익수 씨가 《내가 만난 이희호》에서 서술한 내용을 보면 젊은 시절 면학동지회 회원인 희호의 모습이 충분히 연상된다.

　“나는 가끔 그가 결혼하지 않고 그대로 사회 활동을 했으면 김활란 박사와 같은 훌륭한 교육가, 아니면 마더 테레사와 같은 기독교 사회복지 사업가가 되었을 것으로 생각한다.”

　그야말로 극찬이며, 대학생 시절 희호의 품성과 면면을 잘 엿볼 수 있는 표현이다. 어쩌면 김구 선생과 만난 것이 희호의 운명을 송두리째 바꾼 계기가 된 것일지도 모른다.

면학동지회는 전쟁으로 후배를 선발하지 못했고, 이후 피란지인 부산에서 20여 명이 모여 '면우회'로 명칭을 바꾸고 문호를 열었다. 미완의 열정이라고도 할 수 있는 이 면우회에서 희호는 미래의 남편 김대중을 만난다. 젊은 시절 이희호의 지적 갈구는 김구 선생과의 만남, 그리고 한국전쟁을 거쳐 면우회에서 우연적 만남이 아니라 필연적 동지애로 김대중을 만나기에 이른다.

두 청년 남녀는 한국전쟁 와중에도 분단된 조국의 민주주의와 평화적 통일을 위해 치열하게 배움을 갈구했다. 이 정신은 결국 여러모로 불가능해 보였던 김대중과 이희호의 운명적 만남으로 이어졌다. 전쟁과 사랑, 그 속에서 꽃핀 대중과 희호의 끝없는 도전이 본격적으로 시작된 것이다.

신혼여행도 가지 못한 첫 아내

보통학교 6학년이었던 13살 대중에게는 마음에 둔 여학생이 있었다. 하지만 그녀는 처음에 대중의 마음을 눈치채지 못했다가 나중에야 이를 알게 된다. 상업학교 졸업 후 극장에 딱 한 번 간 것이 그녀와의 유일한 데이트였고, 첫 부인인 차용애를 만나며 대중의 마음이 돌아섰다.

대중은 자서전에서 그 여학생이 자신의 첫사랑이었으며, 청혼했다면 결혼까지 갈 수 있었을 것이라고 고백했다. '첫사랑은 이루어지지 않는다.'라는 속설처럼 대중의 짝사랑은 그렇게 끝났다. 얼굴 한 번 보겠다고 멀리 돌아 등교하던 그 길이 대중에게는 선명하게 아로새겨져 있었다. 손목 한 번 잡아보지 못했지만, 그녀의 모습과 표정이 잊히지 않는다고 자서전을 통해 고백했다. 보통학교 6학년 시절부터 이성에 눈을 뜬 만큼 소년 대중은 정치만큼이나 사랑에도 상당히 조숙했다.

나 역시 청년 김대중의 순진한 모습을 보며 대학원에 다니던 20대 후반 시절 지금의 아내를 만난 이후의 행동이 떠올랐다. 초등학교 때부터 대학 시절까지 친구로 지냈던 몇몇 이성 친구들에게 '새로운 사랑을 위해 절교를 선언'한 바보 같은 순간이었다.

하의 공립보통학교 시절 대중은 공부를 썩 잘했다. 하지만 음악, 미술, 체육만큼은 '을(乙)'의 성적을 받았다. 대중이 14살이던 1936년, 가족은 하의도에서 목포로 이사했고, 어머니는 여관을 운영했다. 대중의 공부방은 목포항과 삼학도가 보이는 곳에 있었다.

1944년 여름, 청년 대중이 본 예비신부 용애의 모습은 정말 아름다웠다. 여름 햇살보다 그녀가 더 눈부셨고, 얼마나 예쁜지 눈이 번쩍 띄었다. 첫눈에 반한 것이다. 하얀 피부에 머리는 단정히 빗어 넘겼고 하얀 원피스 차림이었던 것으로 그는 회고했다.

대중이 수소문한 결과 상업학교 동급생이었던 차원식의 누이동생, 차용애라는 것을 알게 되었다. 당시 용애의 아버지는 대중과의 결혼을 크게 반대했다. 하지만 늘 수줍고 다소곳하던 그녀가 아버지의 반대 앞에서만큼은 단호했다.

"저는 대중 씨한테 시집 못 가면 바다에 빠져 죽어볼라요."

그렇게 결론이 났다. 1945년 4월 9일 해방을 몇 달 앞둔 꽃피는 봄날 두 사람은 부부의 연을 맺었다. 세계대전 막바지였기에 신혼여행도 가지

시크릿 노트 : 절망에서 성공하는 비결

못했다.

결혼 2년 전인 1943년 12월, 대중은 목포상고를 졸업했다. 수석으로 입학해 취업반 급장까지 맡았던 대중의 성적은 164명 중 39등이었다. 대중의 목포상고 5학년 학적부의 생활기록부를 보면 "독서를 좋아하나, 사물을 비판적으로 보니 주의가 필요함"이라고 적혀 있다. 담임교사의 이 평가는 흥미로우면서도 인상적이다. 일제 치하에서 순종(順從)을 기대하던 담임교사가 보기에는 '언제든 일제의 통치를 거부할 수 있는 위험하고 똑똑한 학생'이었을 것이다.

조금 다른 이야기지만, 나의 학창시절 성적표에는 담임 선생님의 "똑똑하지만 주의가 다소 산만함"이라는 소견이 적혀 있었다. 그로 인해 어머니에게 혼나기도 했던 기억이 있다. 시장과 같은 직무를 수행할 때는 주의가 어느 정도 산만한 것도 장점이 될 수 있는데 말이다.

다시 대중의 이야기로 돌아가 보자. 청년 대중에게는 징병과 관련해 잊을 수 없는 사건이 있었다. 징병 3기로 신체검사를 받은 뒤 하의도에 예비훈련을 받으러 갔다. 대중이 다녔던 보통학교가 집결지였고 그 학교의 일본인 선생이 교육을 담당했다. 그런데 그 선생이 대중을 불러내더니 다짜고짜 두들겨 팼다고 한다.

그 일이 있고 얼마 지나지 않아 일본은 전쟁에서 패했고, 이 선생도 본국으로 돌아가야 했다. 하지만 대중은 딱히 복수나 해코지를 하지 않고 모른 척했고, 결국 그 일본인 선생은 무탈하게 바다를 건널 수 있었다. 이처럼 대중은 젊은 시절부터 정치든 일상이든 부당한 대우에 보복하기보다는 통 크게 포용하는 리더십을 갖추고 있었다.

해방 직후 정치에 입문한 대중의 첫 행보는 건국준비위원회 목포지부 가담이었다. 당시 목포지부는 이념을 가리지 않고 좌익과 우익 모두 참여했다. 대중 역시 공산당에 거부감은 없었다. 사실 일제 강점기를 겪은 대중은 민주주의와 공산주의를 정확히 알지 못했다. 해방 직후 많은 국민이 그랬다.

당시 건준 위원장은 몽양 여운형 선생이었다. 그리고 9월 14일, 이승만을 주석으로, 자신을 부주석으로 하는 내각을 발표했다. 여기에는 김구와 조만식도 포함되었다. 이후 대중은 좌우합작을 표방하는 신민당에 입당했다.

1947년 7월 19일, 좌우합작의 중심인물인 여운형은 대낮에 거리에서 총격을 받고 숨졌다. 범인은 반공주의자인 19세 청년이었다. 이는 대중에게 큰 충격이었고, 남은 구심점은 김구와 이승만뿐이었다. 훗날 미국의 비밀문서에 따르면 "여운형 암살범은 10회 테러를 시도한 경험이 있는 청년의 단독범으로 결론 났지만, 이 19세 청년의 배후에는 미 군정 시기 극우단체이자 전문 테러단체였던 백의사가 있었다."라고 한다.

백의사는 학생조직으로 1945년 11월경 월남한 청년들이 서울에서 조직했다. 당시 총사령관은 염동진으로, 송진우 암살사건의 주범인 한현우의 집에서 범죄를 모의했다.

1949년 6월에는 백범 김구 선생도 안두희에게 4발의 총탄을 맞고 사망했다. 1995년 1월 발행된 <백범 김구 선생 암살 진상 국회 조사보고서>에는 안두희의 육성 증언을 통해 다음과 같이 결론지었다.

"안두희의 직속 상관인 서북청년단 출신 장은산이 암살을 명령했다. 김창룡 특무대장이 개입했고, 일제 강점기 일본군과 만주군, 경찰 근무경력이 있는 극우 인사들의 협력과 이승만 대통령의 묵인 없이는 불가능했다."

해방정국에서 여운형과 김구의 잇따른 피살은 해방 이후 친일파 중심의 극우 조직이 민주인사를 하나씩 제거해 나가는 시작점이었다. 암울한 한국 정치사의 예고편이었던 셈이다. 그중에는 대중 역시 가장 위험한 인물로 늘 정조준되고 있었다. 대중은 국민적으로 추앙받던 김구 선생을 존경했다. 하지만 당신이 다양한 정치적 경험을 한 뒤에는 조심스럽게 다음과 같이 평했다.

"김구 선생을 감히 평한다면 길이 빛날 독립투사이자 절세의 애국자였다. 하지만 정치인으로서는 아쉬운 점이 있었다고 생각한다. '좌우합작' 논의가 있을 때 선생은 그 안에 뛰어들었어야 했다. 분단을 막고자 했다면 처음부터 적극적으로 행동에 나서야 했다. 그리고 무조건 신탁통치를 반대할 것이 아니라, 시한부 신탁통치를 수용하고 3년이나 5년 뒤에 독립을 모색했어야 했다."

청년 대중이 김구 선생을 이렇게 평가한 배경에는 자신의 확고한 정치적 소신이 자리하고 있었다. 정치인 대중은 자서전에서 이렇게 설명했다.

"정치인은 최선이 아니면 차선을 선택해야 한다. 상황이 나쁘면 차악을 택해야 할 때도 있다. 정치인이란 현실을 살펴 미래를 향한 진리를 구해야 하며, 진리만 붙들고 현실을 도외시하면 안 된다.

김구 선생은 나와 겨레가 존경하는 분이지만 정치적 행적에 아쉬움이 남는 것은 어쩔 수 없다. 냉혹한 현실을 쫓아가기에는 그의 가슴이 너무 뜨거웠는지도 모른다."

한편 이승만 박사를 향한 평가는 혹독했다.

"이승만 박사의 직접적 개입 여부는 모르겠으나, 그의 심복 부하들이 항일투쟁의 총수이자 대한민국 임시정부의 주석인 김구 선생을 살해한 것은 정통성 말살 행위의 극적인 조치였다."

김구 선생의 역할에 아쉬움을 피력한 데에는 이처럼 독창적이고 주체적인 역사해석이 기반하고 있었다. 동시에 이런 사고방식은 다섯 차례나 죽을 고비를 넘기고 끝내 대통령에 당선된 뒤 노벨평화상을 수상한 배경이 되기도 했다. 이런 현실적 역사 인식에 기반한 김대중의 인물 평가에 대한 철학은 남다르고 창의적이다.

"우리가 역사를 읽을 때 유의할 점은 이미 그 사람이나 사건의 평가가 결정되어 상식화된 것 중 상식과는 달리 재평가해야 할 일들이 의외로 많다는 것이다."

대중은 그 예로 조조를 들었다.

"삼국지의 조조도 마찬가지다. 조조가 그토록 간웅(奸雄)으로 몰린 것

시크릿 노트 : 절망에서 성공하는 비결

은 중국의 유교적 전통사상에 따라 왕족과 같은 유(劉) 씨인 촉한의 유비 현덕을 한나라의 전통 계승자로 치기 때문이다. 그에게 대항해 싸운 조조는 악인으로 몰릴 수밖에 없었다. 사실 조조를 긍정적으로 평가할 점도 충분히 있다. 적벽대전에서 패해 천하통일은 못 이루었지만, 중국의 심장부인 중원(中原) 일대에 평화와 안정을 가져왔다. 또한, 둔전(屯田) 제도 등으로 부국강병책을 써 백성의 힘을 기르기도 한 것이다."

신혼 시절 대중에게는 감당하기 힘든 불행과 고통이 연달아 닥쳐왔다. 첫 아이였던 딸은 눈에 넣어도 아프지 않을 만큼 예뻤다. 하지만 아들 홍일이 태어난 지 얼마 되지 않아 딸은 홀연 세상을 떠났다. 너무나도 슬프고 서러웠다. 차마 땅에 묻을 수도 없었다. 오랜 시간이 지난 후에도 그 아이를 떠올리면 가슴이 아팠다.

소희.
생각할수록 아려오는 딸의 이름이었다.

청년 대중의 억장을 무너트리는 일은 또 있었다. 전쟁통에 만삭인 아내가 병원은커녕 집에도 갈 수 없어 방공호에서 둘째를 낳은 것이다. 둘째 홍업은 태평양 전쟁이 한창일 때 일본군이 파 놓은 방공호 속에서 그렇게 태어났다. 가장 큰 축복을 받아야 할 시간을 일본군 방공호에서 보낸 아내, 그리고 그런 아내를 향한 대중의 심경은 감히 헤아릴 수조차 없다.

자살했다고 소문난 첫 아내를 떠나보내며

청년 대중의 고통은 여기서 끝이 아니었다. 온통 녹음이 우거진 어느 여름날, 평소 가슴앓이를 자주 하던 첫 아내 차용애 씨는 통증을 가라앉히기 위해 약을 먹었다. 하지만 뭐가 문제였는지 혼수상태에 빠졌고, 혼비백산한 대중이 의사와 함께 집에 돌아왔을 때는 이미 아내가 숨져 있었다. 부러울 것 없는 부잣집 딸을 데려와 고생만 시킨 것에 대중은 한탄했다.

세간에는 아내가 자살했다는 소문도 돌았다. 생활고와 잇따른 남편의 실패로 충격을 받아 죽음을 택했다는 것이었다. 대중에게 첫 아내와의 사별에 대한 공격이 가장 집요하게 가해졌던 것은 1997년 대선 TV토론이었다. 당시 김대중 후보에게는 '빨갱이 공산주의자'라는 이념적 공세뿐 아니라 '첩의 자식', '첫 부인의 자살', '병역기피' 등 각종 가짜뉴스와 비방이 총동원되었다.

대중이 정계에 투신하며 첫 아내 차용애는 고생길에 접어들었고 죽음에 이르렀다. 대중은 시간이 지난 후에도 미안하고 감사한 마음을 갖고 있다고 자서전에 가슴 속 깊은 곳에 있는 마음을 끄집어냈다.

"대중 씨가 아니면 죽어 버리겠다던 아내, 전쟁 중 서울에 간 남편을 기다리다 못해 방공호에서 아이를 낳은 아내, 고초를 겪을 때마다 가족 걱정은 말고 장부의 길을 가라던 내 아내, 차용애.

이승만 정권하에서 국가보안법 개악 저지 투쟁을 벌일 때도 아내는 당 간부 부인들과 광화문 등 집회 거리에 빠짐없이 참석했다."

시크릿 노트 : 절망에서 성공하는 비결

아내를 묻은 대중은 두 아들의 손을 잡고 남산에 올랐다. 팔각정에서 서울 시내를 내려다보며 아들들에게 일렀다.

"어머니가 세상에 없다고 좌절해서는 안 된다. 잘 커야 한다. 그것이 어머니가 바라는 것이다. 어머니는 좋은 분이었다. 그런 어머니를 잊어서는 안 된다. 어머니는 저세상에서 너희들을 지켜보고 계신다."

어린 아들들은 말이 없었다. 집에 돌아와 대중은 또 울었다. 실로 잔인한 세월이었다.

1950년, 한국전쟁이 한창일 때 희호는 대학교를 졸업했다. 28살의 과년한 나이였음에도 여전히 결혼이나 남자에게 흥미가 없었다. 부산 피란 시절에는 한때 결혼 생각이 있었던 사람을 떠나보냈다. 간혹 중매를 서려는 교수도 있었고 일방적으로 구애하는 남성도 있었다. '다스'라는 별명처럼 스스로 '이성적인 매력은 전혀 없는 여성'으로 생각하고 있었음에도 말이다.

그러던 중 대학을 졸업할 무렵 면학동지회 회원 중 한 명이 계훈제 씨를 소개했다. 서울대 문리대 정치학과 학생위원장이자 서북청년단 소속으로 우익 학생운동을 하던 이였다. 언제부터인지는 모르지만, 항상 흰 고무신에 작업복을 입었다. 평생 단 한 번 구두를 신었는데 바로 친구 장준하의 결혼식 날이었다.

우익 학생운동을 하던 계훈제가 김대중을 포함해 장준하, 함석헌, 문익환, 백기완 등과 진보적 민중운동에 동참한 계기는 정확히 알려지지 않았다. 하지만 희호는 갓 해방된 조국을 뜨겁게 사랑한 청춘으로서 남녀 간의 사랑이 아니더라도 동지적 결혼은 가능하다고 생각했다. 그런 와중에 계훈제가 폐결핵에 걸렸고, 희호는 결혼과 유학의 길목에서 첫사랑을 포기하고 미국 유학길에 올랐다.

희호가 계훈제와 결혼했다면 어떤 역사가 펼쳐졌을까? 반독재 민주화 운동에 관한 한국 현대사에서 김대중과 계훈제의 회동은 가끔 이루어졌다. 희호와 대중의 운명적 만남이 아니었다면 청년 김대중은 다섯 번의 죽을 고비를 넘기면서 대통령이 되고 노벨평화상을 수상할 수 있었을까? 혹은, 우익 학생운동의 기수였던 계훈제가 처한 정치 현실은 어떻게 변했을까? 흥미로운 정치적 상상이 떠오른다.

1954년 5월, 제3대 민의원 국회의원 선거 당시 희호는 민주당 박순천 캠프에서 지프를 타고 날달걀을 먹으며 열렬한 길거리 유세를 펼쳤다. 박순천 후보는 한국 정치사 최고의 여걸이자 제1야당 최고위원, 5선 국회의원을 지낸 여성 운동가이자 민주 투사였다. 그리고 이때 상대 후보는 후일 민주당의 대통령 후보가 된 윤보선이었다. 희호는 방송으로 이렇게 외쳤다.

"여성은 여성 대표를 찍읍시다!"

희호는 정치에 관심은 있었지만 직접 정치할 생각은 없었다. 그런 그녀를 운명이 이끌었다. 후에 결혼한 사람 역시 이 선거로 정치 인생을 시작한 김대중이었으니 말이다.

1956년 미국 중부 시골 지역 내슈빌에 있는 스카릿대학교(Scarritt College)에서의 사회학 석사 과정은 한결 수월했다. 희호가 미국에서 만난 이들 중 가장 기억에 남는 사람은 엘리너 루스벨트로, 1957년 12월 10일 내슈빌 방문 때 만났다.

누군가 '한국에서 엘리너 여사와 같은 영부인이 나올 수 있을까?'라고 물었다면 희호는 고개를 저었을 것이라고 회상했다. 이때 한국 여성들은 남성과 동등한, 한 사람의 인간으로 대우받는 단계에도 이르지 못했기 때문이다. 희호는 엘리너 여사를 보며 '미래 한국의 영부인상'을 떠올렸을지도 모른다.

엘리너는 어머니의 죽음, 아버지의 알코올 중독 등으로 외로운 유년기를 보냈다. 남편은 사망할 때까지 다른 여성과 함께였으며, 슬하의 4남 1녀가 비리 스캔들로 신문 1면을 장식했다. 자녀들은 총 스무 번의 결혼과 이혼을 반복하는 파란과 굴곡진 삶을 겪었다.

엘리너 못지않게 독립심이 강했던 힐러리 클린턴은 엘리너를 가장 존경하는 영부인으로 꼽았다. 힐러리는 백악관에 머무를 당시 미국의 낙후한 의료보험을 개혁하려다 부딪힌 저항과 좌절, 언론과의 불화를 겪었다. 희호는 미국에서도 엘리너 루스벨트 같은 영부인이 나오기는 쉽지 않을 것이라는 생각을 자서전에 적었다.

전쟁과 사랑, 그리고 끝없는 도전

대중에게 한국전쟁은 도전과 성공, 좌절로 점철된 시기였다. 청년 대중은 목포에서 사업을 시작하며 지프를 타는 청년 실업가가 되었다. 전쟁의 포화 속에서도 빨리 재기한 데에는 사업을 통해 세 가지 비결을 터득한 영향이 컸다.

첫째, 경제 전체의 흐름을 파악하고 그에 올라탈 것.

둘째, 적당한 모험을 할 것.

셋째, 종업원과 원만한 관계를 유지할 것.

청년 김대중이 얻은 성공의 비밀이었다. '적당한 모험'은 대중이 자신의 여건을 살피고 항상 새로운 도전을 거듭했음을 의미한다. 이런 도전은 대중을 늘 설레게 했다.

1950년 한국전쟁이 발발했고 대중은 인민위원회가 장악한 경찰서로 연행되었다. 그리고 호된 문초를 받은 뒤 목포형무소(현 목포교도소)에 수용됐다. 제대로 조사할 필요조차 없는 악질 반동분자로 여기는 듯했다.

그리고 9월 28일 오후, 인민군은 형무소 수감자 전원을 강당에 모았다. 사방에서 무슨 죄를 지어 죽이려 하냐는 처절한 외침이 들려왔다. 하지만 아무 소용이 없었다. 먼저 20명이 끌려갔고, 또 20명이 끌려갔다. 대중 역시 몇 번째로든 끌려나가 아무도 모르게 처형당할지 모른다고 생각했다.

UN군이 인천에 상륙하며 서울을 수복하던 때였다. 인민군들은 모든 수감자를 죽인 뒤 퇴각할 계획을 하고 있었다. 하지만 처형장으로 수감자를 실어 나르는 트럭 한 대가 고장 나 일정에 차질이 빚어졌다. 잠시 후 대중이 수감자들에게 말했다.

"인민군이 도망쳐 부렀응께 깜방문을 확 깨부수고 나와부쇼. 나는 밖에서 쇠문을 깨 불겄소. 모두 용기를 내 붑시다잉."

김대중의 용기 있는 행동 덕분에 남은 수감자들은 겨우 살아남을 수 있었다. 그리고 목포형무소 앞 인가에 숨어 있다가 새벽에 거리로 나섰다. 그중에는 대중의 가족도 있었다. 동생 대의는 자기가 갇혔던 방에 있던 9명 중 6명이 끌려가고 3명만 살아남았다고 했다.

장인의 생환은 더욱 기적적이었다. 처형장에 끌려갔던 100명 중 유일하게 살아남았기 때문이다. 총구가 불을 뿜자 장인은 바로 기절했다. 여전히 숨이 붙어 있음을 확인한 인민군이 발포한 두 발도 귀 옆을 스쳐 지나갔다고 했다.

그해 10월, 대중은 목포일보사를 인수했다. 일제 강점기 지방지로는 한반도 최대 규모의 신문사였다. 2년 정도 운영한 뒤 사업 거점을 부산으로 옮기면서 신문사 경영권을 종업원들에게 넘겼고, 김문옥 씨가 장기간 사장을 역임했다. 김문옥은 가수 남진의 아버지로, 훗날 목포에서 국회의원을 지낸 명사였다. 남진은 자신의 부유했던 어린 시절을 이렇게 회고했다.

"1953년 목포에는 자가용이 단 한 대뿐이었고, 그것이 아버지 차였다. 그것도 포드(Ford)사 자가용이었다."

김대중의 놀라운 경영능력과 담대한 추진력을 확인할 수 있는 대목이다. 전쟁 중인 초비상 상황에서도 언론사를 인수해 성공적으로 운영했고 이후에는 미련 없이 경영권을 종업원들에게 넘겼다. 이는 당시로써는 파격적인 행보였다. 20대 중반 청년 대중에게는 혁신적 리더십이 이미 뚜렷하게 형성되고 있었다.

대중과 가족이 생환한 것은 다행이었지만 한국전쟁은 대중의 뼈에 사무치는 기억을 남겼다. 전황이 바뀔 때마다 동족을 죽이는 살육이 되풀이되었다. 공산군이 퇴각하면 좌익세력이, 한국군이 밀리면 우익세력이 죽어야 했다. 대중은 생각했다.

무엇 때문에 싸우고, 무엇을 위해 죽어야 하는가?

사상이란 무엇인가? 무엇이기에 인간을 야수로 변하게 하는가?

개인과 민족의 행복 위에 사상이 군림해야 하는가?

그때 대중은 보았다. 그리고 공산당이 지배하는 세상이 어떤지, 얼마나 살기 어려운 세상인지를 깨달았다. 이처럼 한국전쟁은 대중이 '철저히 공산주의를 거부하는 민주주의 사상에 뿌리를 둔 열린 민족주의'를 지향하게 만드는 시발점이 되었다. 그렇게 대중은 민족의 화해와 전쟁이 없는 세상을 평생 꿈꾸게 되었다.

대중은 온갖 고난 속에서 스스로 확립한 정치철학과 이념을 '사상'이라는 올가미에 얽어매려 하지 않았다. 단 한 번도 '김대중 사상'이라는 단어에 자신의 철학과 이념을 담지 않은 이유이기도 했다.

<안기부의 내부문건>에 따르면 역대 독재정권은 이런 특별한 경험을 한 대중을 "북한의 연방제를 추종한 친북 빨갱이", "광주사태의 배후자"

로 지목했다. 하지만 1980년 CIA 공작원을 거쳐 미국 워싱턴포스트의 기자로 활동한 돈 오버도퍼는 "김대중은 결코 공산주의자가 아니었으며, 이는 안기부의 조작이었다."라고 적극적으로 해명했다.

염색한 군복을 입은 그녀를 사랑한 사람

이희호와 김대중은 1951년 부산에서 '인생과 철학과 조국의 미래'를 논하던 면우회에서 처음 만났다. 훗날에는 서로에게 생의 동지이자 반려자가 되었지만, 당시만 해도 배움에 허기진 두 젊은이에 불과했다. 희호는 대중과의 첫 만남을 이렇게 기억했다.

"운명의 힘이었던가, 아니면 지금 말로 코드가 맞았는지, 누구에게나 친절한 내가 누님 같았는지 대중은 나와 말을 곧잘 했다."

희호는 여성청년단을 한다며 염색한 군복을 입고 다녔다. 70년대와 80년대를 거치면서 민주화 운동을 하며 군복을 입고 고뇌에 차 있던 대학생들의 익숙한 모습이 여대생 희호에게서 시작된 듯싶다. 불현듯 궁금증이 생긴다. 왜 민주화를 부르짖던 대학생들은 군부정권을 거부하면서 군복을 입었던 것일까?

대중에게는 오히려 그 차림이 여성스러워 보였다. 하얀 이를 드러내며 웃는 모습이 참 예뻤다고 당시를 회고했다. 염색한 군복을 입던 여대생 희호의 차림이 여성스러워 보였다는 말이 놀라울 따름이다. 청년 대중은 이미 사랑에 눈이 멀어 콩깍지가 씌어 있었을 것이다.

희호의 눈에 비친 당시 대중은 노모와 어린 두 아들이 있는 가난한 남자일 뿐이었다. 게다가 그의 셋방에는 앓아누운 여동생도 있었고, 내일을 알 수 없는 정치 재수생이었다.

대중은 1954년 처음 정치권에 몸을 던져 3대 국회의원 선거에 출마했다. 한 번은 후보 등록이 취소되었고 세 번이나 낙선의 고배를 마셨다. 1961년 5월 13일 강원도 인제 보궐 선거에서 드디어 당선되었지만, 사흘 뒤 5·16 군사 정변으로 국회가 해산되고 말았다.

게다가 장면 내각 때 여당인 민주당 대변인을 지낸 이력으로 검거되어 두 차례에 걸쳐 3개월간 구속되기도 했다. 그야말로 억세게 불운한 남자였다. 조국의 민주주의와 통일을 위해 한 몸 바치겠다는 꿈과 열정만이 그의 전 재산이었다. 최악의 상황이었다. 이보다 더 나쁠 수는 없었다.

희호가 대중과 결혼하겠다고 하자 주변에서는 극렬히 반대했다. 가족은 물론 친지, YWCA, 여성계 선후배들도 극구 만류했다. 울며 호소하기도 했고 결혼을 저지하기 위한 작전을 짜는 등 웃지 못할 일들도 있었다. 대중과의 결혼을 작심한 희호는 대중의 청혼을 한 치의 망설임도 없이 받아들였음에도 주변에서 자기 일인 양 막아서고 나선 것이다.

객관적으로 보면 당연한 반응이었다. 대중은 두 아이가 딸린 홀아비에다 빈털터리였으며, 집에는 몸이 성치 않은 노모와 심장판막증으로 앓아누운 여동생이 있었다. 미국 유학까지 다녀와 여성계 지도자로 승승장구할 희호가 이런 궁색한 처지의 남자와 결혼하는 것은 도저히 균형이 맞지 않았다.

하지만 이런 상황에서도 대중은 당당했고 비굴하지 않았다. 희호는 그런 대중에게 손을 내밀었고, 1962년 5월 10일 부부의 연을 맺었다. 신혼여행지는 온양온천이었다. 한동안 온양온천이 신혼부부의 국내 여행지 중 하나로 부상한 것도 이쯤이 시작이 아니었을까 생각해 본다.

지금으로부터 무려 60여 년 전, 대중은 보통학교 시절 첫사랑에 실패한 뒤 연상의 연인과 사랑에 빠졌다. 슬하에 두 아들이 있는 홀아비 신분이었다. 정치든 사업이든, 심지어 연애마저도 특별했던 대중은 늘 거침이 없었고 자신감에 넘쳤다. 그리고 결국은 자기 목표를 반드시 이루고야 말았다.

범인(凡人)이라면 절망에 빠져도 이상하지 않을 위기의 순간, 김대중은 어떻게 이를 기회로 바꾸고 성공으로 이끌었을까? 나는 그 힘의 원천이 항상 궁금했다. 그리고 그 비결을 나의 자녀와 청년세대에게 전수하고 싶은 마음이 절실하다.

'누구에게나 친절한 누님 같았는지'라는 이희호 여사의 회상이 인상적이다. 흔히 사랑하는 연인 간에 있을 법한 이성적 매력을 느꼈다는 말보다 훨씬 솔직하기 때문이다. '누님'은 학창시절 희호와 남학생들의 관계를 보여주는 말이다. 강원용 목사는 당시를 이렇게 회상했다.

"학생들은 너나없이 이희호를 누님이라 불렀다. 남학생들과도 아주 가깝게 사귀었는데, 연애하는 것이 아닌가 의심이 들 정도였지만 거침없고 활기 넘치는 태도로 일마다 앞장서는 것이 누님다웠다."

두 사람이 결혼하기까지의 과정을 유심히 살펴보면 더욱 극적이다. 희호와 대중이 만난 시기는 희호가 와병 중인 사람과 유학길 사이에서 고민하고 방황하던 때였다. 그러다가 결국 미국 유학을 선택했고, 전쟁이 끝난 후 부산을 떠난 희호와 대중은 각자의 길을 걷기 시작했다. 이미 대중은 희호의 마음에 존재하지 않았다.

청년 시절 이희호는 냉정하고 단호했다. 고민하고 방황할지언정 한번 결정하면 당당히 자신의 길을 걸었다. 이성을 향한 관심은 희호의 가슴에 뿌리내릴 곳이 없었다.

두 사람의 재회는 1959년 여름 끝자락, 희호가 유학에서 돌아온 직후였다. 6년 만에 종로에서 우연히 마주쳤다. 희호는 혼자가 된 대중이 안쓰럽다고 생각했다. 당시 대중은 민주당이 압승한 선거에서 근소한 차이로 낙선했다.

그때 대중이 청혼했다. 희호는 이미 연말쯤 마음을 굳히고 있었지만, 대중의 형편이 워낙 어려워 감히 말을 꺼내지 못한다고 여겼다. 그렇게 대중이 스스로 결정하기를 조용히 기다렸다. 김대중의 저서에 따르면 희호는 "청혼도 무척 정치적이었고 논리적이었다."라며 흥미롭게 회상했다.

"당신도 알고 있듯이 나는 가진 것이라고는 아무것도 없습니다. 그러나 나에게는 원대한 꿈이 있습니다. 그것은 이 땅에 참된 민주주의를 꽃피우고 국민에게 꿈과 희망을 심어주는 것입니다. 나는 당신을 필요로 하며 나와 아이들을 돌보아주기를 바랍니다. 당신을 사랑합니다."

신랑 김대중의 당당함, 신부 이희호의 배려심이 엿보이는 멋진 장면이다. 희호는 자서전에서 대중의 청혼을 받을 당시의 마음을 이렇게 정리했다.

"그에게 정치가 꿈을 이루는 길이며 존재 이유였다면, 나에게는 남녀 평등의 조화로운 사회를 만드는 길 중의 하나였다. 남녀 간의 뜨거운 사랑보다는 서로가 공유한 꿈에 대한 신뢰가 그와 나를 동여맨 끈이 되었다.

타이밍도 작용했다. 그즈음 나는 과거의 굴레에서 벗어나고 싶었다. 전쟁 중 앓는 사람을 두고 매정하게 유학을 떠나버린 데 대한 죄책감이 나를 괴롭혔다. 다행히 병마와 싸워 기사회생한 그 사람이 같은 서울에 혼자 있어 부담스럽기도 했다. 내가 결혼한 후 그분도 혼인하여 아들을 두었다는 소식을 듣고 나서야 나는 비로소 홀가분해졌다."

이희호다운 솔직함과 소녀 시절부터 간직한 특유의 배려심을 엿볼 수 있는 부분이다. 그렇다면 대중은 희호를 아내로 맞은 1962년 5월 10일을 어떻게 기억했을까?

"내 삶의 동반자 이희호. 그녀는 서울대 사범대학을 나와 부산에서 대한여자청년단의 국제국장으로 일할 때 처음 만났다. 한국전쟁 중임에도 불구하고 당시에 나는 두려울 것도 부러울 것도 없는, 나름대로 성공한 청년 실업가였다.

그러나 휴전 직후 그녀는 미국으로 유학을 떠났다. 4년간의 유학을 마치고 귀국해서는 서울에서 YWCA 전국연합회 총무를 맡고 있었다. 나는 가장 넉넉한 시절에 부산에서 그녀를 알았고, 가장 곤궁한 때 서울에서 결혼했다."

청년 김대중이 사랑한 연인 이희호의 매력은 무엇이었을까? 50여 년의 세월 동안 동지적 결혼생활을 한 김대중은 아내 이희호를 이렇게 극찬했다.

"그녀의 매력은 은은함에 있었다. 그녀는 이지적이었고 활달했지만 교만하지 않았다. 미래가 보장된 여성 지도자였고 유복한 환경에서 자라 부러울 것이 없었지만 겸손했다. 자기주장에는 언제나 당당했지만, 마음을 열어 남을 배려했다. 서로 나이가 들어서인지 연인보다는 동지로서의 유대감이 더 강했다.."

김대중은 점차 이희호와 함께 꿈을 펼치고 싶어졌다. 함께 있으면 편했다. 그것이 바로 사랑이었다. 그날 이후 세상에서 김대중을 가장 사랑하고, 가장 이해하는, 김대중을 가장 아껴주는 내 여인, 이희호가 되었다.

반혁명죄로 열흘 만에 깨진 신혼의 단꿈

하지만 결혼 열흘 만에 신혼의 단꿈은 깨지고 말았다. 1962년 5월 20일, 김대중은 '반혁명' 죄목으로 중앙정보부에 끌려갔다. 민주당 간부들이 모여 군사정권 타도를 모의했다는 어마어마한 죄목이었다. 독재정권 시절 정치인들에게 족쇄를 채우려는 술책이었다. 사실인지는 중요하지 않았다. 그렇게 대중은 한 달 동안 갇혀 있다가 풀려났다.

대중과의 결혼은 희호에게 커다란 모험이었다. 운명은 기다렸다는 듯 희호를 거세게 몰아세웠다. 결혼을 반대하던 주변 지인들의 염려가 살을 저미는 듯했다.

대신동의 30만 원짜리 전셋집에는 한창 예민한 나이의 홍일과 홍업이 살았다. '호랑이 할머니'라는 별명이 붙은 시어머니 장수금 여사는 체구와 포부가 크며 인정 많은 여장부였다. 하의도에서 목포로 이사할 정도로 자식 교육에 열성적이었던 어머니를 대중은 극진히 모셨다. 이화여대 재학 중 심장판막증으로 투병한 시누이는 미인이었고 명석한 재원이기도 했다.

대중은 거듭 낙선하며 재산을 모두 탕진했고, 아들들의 친모와 사별한 뒤 누이마저 제대로 치료하지 못한 채 세상을 떠나보내야 했다. 이 두 여성은 대중의 가슴 속 깊은 곳에 시린 존재로 계속 살고 있었다.

피란 시절 부산 광복동의 한 다방에서 이희호는 김대중의 가족을 만났다. 대중은 반가워하며 부인을 소개했고, 희호는 당시의 상황을 또렷이 기억하고 있었다.

"그가 첫눈에 반해 결혼했다는 소문이 빈말이 아니구나 싶게 차용애 씨는 매력적이었다. 아이들은 또 얼마나 귀여웠던가. 나는 홍일, 홍업 두 형제의 어머니가 되면서 차용애 씨에게 기도했다.

'당신이 사랑한 사람들을 내가 사랑할 수 있도록 도와주세요.'"

여기서 이희호의 끝없는 포용력이 드러난다. 어떤 면에서는 불편할 수 있는 전처의 아름다움을 극찬하고, 결혼한 뒤에는 아이들을 위해 진심으로 기도했다. 그리고 인생을 마무리하는 시점에서는 당시의 짠한 순간을 아픈 추억으로 기록했다. 나는 여기서 '김대중 대통령의 영원한 반려자, 이희호 여사의 아름다운 모습'을 다시 발견할 수 있었다.

당시 홍일과 홍업은 사춘기 소년이었다. 훗날 홍일은 첫째로써 엄마와의 추억이 많았기에 새어머니에게 적응하는 것이 어려웠다고 회고했다.

"오늘의 어머니는 돌아가신 어머니와 여러 면에서 분위기가 달랐다. 돌아가신 어머니가 우리 형제들을 이끌고 외가나 중국집 나들이를 즐기셨다면, 새어머니는 주로 영어로 된 책을 읽으시고 신문도 영자지를 보셨다. 어린 나에게는 이런 것도 괜히 낯설고 불만스러웠다."

중국집을 편하게 드나들던 시골 어머니만 보다가 갑자기 영어신문을 보는 신여성 어머니를 대할 때의 낯섦과 불편함이 여실히 느껴진다. 경험해보지 않은 사람은 상상조차 되지 않을 것이다. 아마도 장남 홍일은 그 심리적 격차 때문에 새엄마가 불만스럽지 않았을까?

희호는 당신 표현처럼 '덤덤한 사람'이었기에 억지로 잘해주려 하지는 않았다. 내 아이라고 편애하지도 않았다. 그래도 관계를 구축하는 것은 어려웠다. 지금 우리 사회는 이혼이 늘면서 재혼 가정도 많아지고 있다. 희호는 경험상 이런 상황에서는 아버지의 역할이 중요하다는 것을 강조했다.

정치 활동을 다시 시작한 남편 대중이 매우 바쁘기도 했지만, 그는 아이들의 교육과 용돈 관리 등 모든 것을 아내에게 맡겼다. 아내도 바깥 활동에 분주했기에 어머니에게 살림과 양육을 일임할 법도 하지만 그러지 않았다. 남편 김대중의 현명한 처사였다. 희호는 훗날 이렇게 회고했다.

"내 일상이 늘 분주하고 피곤한 가운데서도 아이들은 새어머니와 모든 일상사를 이야기할 수밖에 없었다. 그러면서 우리는 점차 한 가족이 되어갔다."

아이들의 할머니가 친모에게는 '호랑이 시어머니'였다지만 희호와는
서로 어려워하는 사이로 비껴가며 한 지붕 아래에서 10년을 살았다. 희
호와 대중이 각자 성장한 가정환경이 그만큼 달랐기 때문일 것이다. 두
가정에 얼마나 큰 차이가 있었는지는 《이희호 자서전 동행》에 묘사된 내
용으로 가늠할 수 있다.

"내 아버지는 어머니 사후에 <클레멘타인>을 불렀는데, 그의 아버지
는 판소리 <춘향가> 중 <쑥대머리>를 애창했다. 나는 연극을 좋아했고
그는 동물과 꽃을 사랑했다. 나는 모태신앙 기독교인이며 그는 1956년
장면 박사를 대부로 세례를 받은 천주교 신자다. 나는 사회운동으로, 그
는 정치로 세상을 변화시켜야 한다고 믿었다.
　공통점은 나라를 잃은 설움과 해방, 그리고 동족상잔의 전쟁을 겪은
같은 세대이며 민주주의 가치를 신봉하는 사람이라는 것이었다. 그도 나
도 군사정권이 사라지고 민주 정부가 서는 꿈을 품은 점이 같았다."

　<쑥대머리>를 애창하는 대중의 아버지와 <클레멘타인>을 노래하는
희호의 아버지는 서로 너무도 다르고 그만큼 흥미롭다. 그런 두 아버지
의 차이만큼이나 희호와 대중의 삶도 흥미롭다.
　홍걸은 1963년 11월 12일, 희호의 나이 42세 때 태어났다. 희호는 피곤
을 모르는 체질이었고, 그에 얽힌 재미있는 일화가 있다.

　"홍걸을 임신할 당시 입덧은 살짝 지나갔고, 배도 그다지 부르지 않아
7개월이 넘어서야 시어머니가 아셨을 정도다. 남편은 임신을 크게 기뻐

하는 것 같지 않았다. 시어머니 역시 반기는 기색이 없었다. 나도 내 아이를 갖겠다는 욕심이 없어 무덤덤했지만, 주위의 무관심에는 좀 섭섭했다.

세브란스 병원에서 제왕절개로 출산할 때 주위에는 아무도 없었다. 선거 보름 전이라 남편은 목포를 떠날 수 없었다. 애초부터 알콩달콩한 행복을 바란 결혼이 아니었기에 서운함을 밀어내려고 무진 애를 썼다. 홍걸이가 처음 대면한 아버지는 국회의원 당선자였다."

셋째 홍걸과 나는 동갑내기다. 대학교 동문이기도 하다. 김대중 이사장을 모시고 미국을 방문하던 아태평화재단 시절 함께 차를 타고 다니며 이런저런 대화를 나눈 적이 있다. 당시만 해도 홍걸은 낯을 많이 가리는 내성적인 사람이었다. 하지만 훗날 국회에 진출하며 보인 공격적인 발언과 적극적인 행보에서는 아버지의 길을 적극적으로 따르려는 노력이 엿보였다.

이희호가 여성 인권 신장을 위해 본격적으로 활동한 것은 1960년대였다. 이때는 김대중의 아내가 아닌, '이희호'라는 이름으로 활동한 마지막 시기이기도 했다. YWCA 총무, 여성단체협의회 이사, 여성문제연구회 회장 등을 역임했다.

1960년대는 비밀 요정 정치 시대라고 할 수 있었다. 김대중과 이희호 부부는 서로 반대편에 있었다. 남편은 비밀 요정을 다니며 사람을 만났고, 아내는 반대 캠페인을 벌이는 형국이었다.

민주당은 7월 16일 창당대회를 열어 박순천 선생을 당수로 추대했다. 대중은 대변인이 되었다. 박순천 선생은 대중에게 이렇게 말했다.

시크릿 노트 : 절망에서 성공하는 비결

"김 대변인이 이희호와 결혼하다니……. 이제 두 날개를 달았습니다!"

이희호의 어머니는 1년여를 앓은 뒤 돌아가셨다. 그리고 희호의 아버지는 1940년 가을, 요릿집에서 일하는 여성을 새어머니로 들였다. 평소 술 한 모금 마시지 못하는 아버지의 모습을 생각하면 뜻밖이었다. 충격을 받은 희호는 아버지의 재혼을 원망하고 실망했다는 내용의 편지를 썼다. 하지만 희호의 아버지는 처복이 지독히도 없었던 인생 후반을 살았다. 이후 두 번째로 맞은 새어머니도 먼저 돌아가셨기 때문이다.

그리고 1964년 10월, 희호가 42세이던 해에 아버지마저 돌아가셨다. 공부를 너무나도 하고 싶었던 희호에게 대학을 포기하게 했던 아버지. 그리고 세 번이나 결혼했던 아버지. 그런 아버지에게 희호는 애틋하면서도 복합적인 감정을 가졌을 것이다. 그래도 늦게나마 결혼해 아들을 낳고 사위가 국회의원이 되는 모습도 보고 돌아가셨으니 큰 불효는 아니었다고 자신을 위로하곤 했다.

부모가 일찍 돌아가시기를 바라는 자식은 없을 것이다. 하지만 희호는 숱한 고난을 겪는 모습을 아버지께서 보지 못한 것을 하나님께 감사했다. 대중도 마찬가지였다. 납치, 사형선고, 망명 등 혹독한 탄압을 받는 아들을 보지 않고 돌아가신 어머니에게 이렇게 고백했다.

"어머니는 그때 돌아가신 것이 다행입니다. 늙으신 어머니를 더는 슬프게 해드리고 싶지 않기 때문입니다."

1막 _ 출생의 비밀 그리고 사랑에서 결혼까지

2막

불사조의
끝없는
도전

김대중 이희호 대통령 부부
탄생 100주년 기념
전기(傳記)

정치에 입문한 이후 맞이한 죽음의 공포

   1955년 대중은 목포를 떠났다. 하의도 섬 소년을 사로잡았던 매력적이고 역동적인 도시. 사랑을 맺고 아이를 얻은 둥지. 목포는 대중에게 제2의 고향이라 해도 과언이 아니었다.

   사공의 뱃노래 가물거리며
   삼학도 파도 깊이 스며드는데
   부두의 새악시 아롱 젖은 옷자락
   이별의 눈물이냐 목포의 설움

   삼백 년 원한 품은 노적봉 밑에
   님 자취 완연하다 애달픈 정조
   유달산 바람도 영산강을 안으니
   님 그려 우는 마음 목포의 노래

   목포의 딸 이난영이 부른 <목포의 눈물>은 가사도 구슬프지만, 노랫말도 예사롭지 않다. 특히 2절의 '삼백 년 원한 품은 노적봉'이라는 가사가 의미심장하다. 300여 년 전에는 정유재란이 있었다. 당시 이순신 장군은 짚과 섶으로 바위를 둘러쳐 군량미가 산처럼 쌓인 듯 보이게 해 왜적을 물리쳤다. 그 장소가 바로 노적봉이다. <목포의 눈물>은 단순한 유행가가 아니었다. 목포만의 노래가 아니었다. 나라 잃은 우리 겨레의 설움을 표현한 노래였다.

대중의 애국정신, 애민정신을 키운 데에는 이순신 장군도 한 역할을 했다고 볼 수 있다. 목포상업고등학교 재학 시절 대중의 집은 임진왜란 때 이순신 장군이 진을 쳤던 목포대 안에 있었다. 어느 날, 인부들이 성터를 파헤쳐 큰 돌을 실어 갔다. 이 모습을 보며 대중은 생각했다.

"조선 수군들이 여기서 숙식을 하고 나처럼 저 목포 앞바다를 바라보며 나라를 지켰겠구나!"

김대중은 우리나라의 위인 중 세종대왕, 이순신 장군, 전봉준 장군을 특히 존경했다. 그중 이순신 장군은 가장 완전하고 위대해질 수 있는 인간의 정점에 있는 인물이자 모범이라고 평가했다. 전략가이자 전투지휘자로서는 물론, 위대한 발명가이자 애민(愛民)의 지도자로서, 문인으로서, 경세가(經世家)로서 높은 경지에 이른 정신적 달인이었기 때문이다.

여기서 주목할 만한 점은 이순신을 '장군'뿐 아니라 '애민의 지도자', '경세가로서 높은 경지에 이른 정신적 달인'으로 평가한 부분이다. 이순신 장군은 대중에게 정신적 멘토였다. 사형선고를 받고 옥중에 있는 절망적인 상황 속에서도 새로운 희망을 찾고 나아갈 방향을 인도해준 인물이었다.

1954년 대중은 목포에서 정치를 시작했고, 장면 부통령과의 인연으로 1956년 9월 25일 민주당에 입당했다. 신익희, 조병옥, 장면 등이 창당한 정당이었다. 그리고 입당 후 며칠 지나지 않아 장면 부통령 저격 사건이 발생했다. 다행히 왼손에만 상처를 입었고 생명에는 지장이 없었다. 범인은 전역 군인이었다. 1960년 4·19혁명 이후 진행된 국회 진상조사단에 따르면 "이덕신을 체포한 뒤 배후를 조사해 보니 김종원의 심복인 장영복 치안국 특수정보과장 등이 개입"했다는 것이 밝혀졌다.

이 시기에 대중은 진보 정치인인 조봉암을 만나기도 했다. 진보적 사회민주주의 노선이 주목받던 시기로, 조봉암은 시대를 앞서가는 정치인으로 평가받고 있었다. 1959년 7월에는 국가변란 및 간첩죄 혐의로 조봉암을 체포해 사형을 집행한 이른바 '조봉암의 진보당 사건'이 발생했다. 현대사에서 대표적인 사법살인으로 평가되는 사건이다. 그 배후에는 자유당과 당시 집권 세력이 있었다. 2011년 1월 대법원에서는 이 사건의 피고인들에게 무죄를 선고했다.

이미 역대 독재정권의 간첩 조작 사건으로 사형이 집행되어 목숨을 잃은 뒤 나온 대법원의 무죄 선고가 무슨 의미가 있었을까. 그래도 훗날 역사에서 재평가를 받았으니, 조봉암 선생의 명예가 회복되었다는 것에서 의미와 위안을 찾을 수 있을 것이다. 최근 정치권 일각에서 특정 정치인의 사법리스크와 비교해서 국가변란 및 간첩죄 혐의로 사형이 집행되고 후일 무죄가 선고된 조봉암 선생의 '사법살인'과 비유하는 것은 너무도 큰 논리의 비약이자 아전인수식 해석이다.

이처럼 대중은 1954년 정치 입문 이후 해방정국에서 좌우익의 첨예한 투쟁 속에 암살되거나 사형, 혹은 실종된 진보진영의 민주 투사들과 인연을 맺었다. 이후 엄청난 시련이 닥칠 것은 이미 예고된 바였다. 분단과 독재의 칼날에 목숨을 잃은 여운형, 김구, 조봉암, 장준하 선생이 그렇게 희생되었다. 대중은 대한민국의 근현대사 100년을 돌아보며 '전봉준, 안중근, 윤봉길과 같이 자신의 운명을 사랑한 사람'을 높이 평가했다.

"우리 역사에서 사육신·최수운·전봉준·안중근·윤봉길·이봉창, 기독교 박해의 순교자들 모두 당대의 성공자라고는 할 수 없다. 그분들은 가난과 불우 속에서 성공을 쟁취한 삶들, 모두 그 나름대로 운명을 사랑한 사람들이다.

오늘 우리 국민 누구도 그들이 자기 당대의 최대의 성공자였던 신숙주나 이완용보다 실패한 이들이라고는 꿈에도 생각지 않는다. 그러므로 우리의 응전은 운명적으로 유한한 자기 당대에서의 성패에 결승의 깃발을 꽂는 근시안을 버려야 할 것이다."

대중의 역사관과 시대정신을 엿볼 수 있는 대목이다. 이런 역사의식이 있었기에 절망과 좌절의 순간에도 흔들림 없이 자신을 지켜낼 수 있었을 것이다. 당대에서 자신의 육체적 생명이 희생될 수는 있다. 그렇더라도 하느님의 역사, 그리고 국민을 믿고 행동하는 양심을 실천하면 반드시 성공한 인생을 살게 된다고 믿었다. 이른바 '행동하는 양심론'이다. 이러한 역사 인식 속에서 대중은 '이순신 장군은 인간이 가장 위대하게 될 수 있는 모범'이라 극찬했다. 이순신 장군이 전투를 치른 목포에서 성장하며 그의 사상을 존경해 온 결과이기도 했다.

목이 잘려나간 순교자의 세례명

1956년 6월, 대중은 독실한 가톨릭 신자였던 장면 부통령을 대부로 모시고 세례를 받았다. 세례명은 토마스 모어였다. 당시 집전한 김철규 신부님의 말씀을 대중은 생생히 기억했다.

"토마스 모어는 영국의 사상가이자 정치가입니다. 가톨릭교회에서 분리한 헨리 8세의 명을 따르지 않고 순교를 택했습니다. 이혼을 인정하라는 당시 절대 권력자의 요구를 뿌리치고 목이 잘렸습니다. 당신도 교회를 위해 이렇게 순교할 각오로 그 이름을 받으십시오."

대중은 순간 섬뜩한 기분이 들었다. 위대한 신학자 토마스 아퀴나스도 있는데 왜 하필 목이 잘린 사람의 이름을 세례명으로 주는지 의아했다. 세례명의 암시였을까? 대중은 이후 생사를 넘나드는 유달리 험난한 정치 역경을 겪는다.

정치에 입문해 본격적으로 정치 활동을 시작한 이후 '김대중'의 가장 강력한 경쟁자는 '박정희'였다. 박정희는 1940년 만주국 만주육군군관학교에 입교했고 1942년 일본 육군사관학교에 편입학했다. 그리고 해방 직전인 1945년에는 일본제국 육군 만주군 중위 신분이었다. 일본 제국주의 시절 친일파 중의 친일파였던 셈이다.

하지만 이후의 행보는 더욱 놀랍다. 1945년에는 한국광복군 중대장으로 변신했고, 1946년 12월에는 남조선로동당에 입당해 군사총책을 맡은 것이다. 이후 1948년 8월에는 남조선국방경비대 소령으로 진급했고,

1949년 1월에는 육군 소령으로 불명예제대를 하기에 이른다. '친일파 중의 친일파'가 '좌익 중의 좌익'이 된 것이다. 세계사적으로 봐도 이렇게 극단적인 변신을 시도한 인물은 없었을 것이다.

박정희가 남조선로동당에 입당한 데에는 셋째 형 박상희의 영향이 컸다. 사회주의 성향의 독립운동가였던 박상희는 대구 10월 민중항쟁 과정에서 경찰에 사살당했다. 하지만 박정희는 1948년 김창룡이 군내 좌익분자 색출을 위해 주도한 숙군 작업에서 여수-순천 반란 사건에 연루된 혐의로 체포되었다. 그리고 1심 재판에서는 불명예제대 및 무기징역을 선고받았다. 엄중한 판결이 내려질 정도로 좌익활동에 깊숙이 개입했음을 알 수 있다.

미 군정은 오랫동안 박정희의 사상을 의심하고 감시했다. 일본군 복무, 해방 이후 창군 초기 좌익 가담 등의 전력이 있기 때문이었다. 하지만 놀라운 변신을 거듭한 박정희는 당시 군 내부 사상검증 작업의 하나로 진행된 숙군 작업의 전권을 쥐고 있던 백선엽 정보국장(훗날 육군참모총장에 임명됨)에 의해 복권되었다. 그리고 1950년 6월, 한국전쟁이 한창 진행 중일 때 대한민국 육군 소령으로 복직해 1957년 3월 육군 소장으로 진급했다.

1961년 5월 16일, 박정희는 대한민국의 민주주의에 정면으로 맞서는 군부 쿠데타를 일으켰고, 국가재건최고회의를 통해 제3공화국을 출범시켰다. 박정희 군부독재의 시작이었다. 박정희는 집권 이후 중앙정보부를 이용해 진보진영의 지도급 인사를 암살하거나 사형을 집행했다. 공산주의자로 매도하며 잔혹한 고문을 일삼기도 했다. 박정희 정권 18년 동안 중앙정보부는 정권 수호의 첨병이었다. 수많은 정치인과 민주 인사들이 정보 정치에 희생됐다. 조직적 부정부패, 인권과 민주주의 말살의 총본산이었다. 5·16은 무력을 동원한 권력 탈취, 그 이상도 이하도 아니었다. 민주주의의 싹을 무력으로 잘라 버렸다. 정당 정치와 의회 민주주의를 짓밟았다. 5·16 군사쿠데타로 우리 민주주의 역사는 30년이나 후퇴했다. 해방 정국에서 좌익활동을 했던 것을 생각하면 아이러니한 행보였다.

100년의 대한민국 근현대사에서 진보의 상징적 지도자가 김대중이었다면 보수를 대표하는 지도자는 박정희였다. 그런 박정희는 친일파에서 좌익 인사로 변신했고, 군부 쿠데타를 일으켜 탈법적 권력을 쟁취하는 형태로 권력을 쥐었다. 비록 최측근에게 암살당했지만, 이후에도 5·18 광주학살과 쿠데타를 통해 전두환과 노태우로 이어지는 신군부가 정권을 쥐었다. 이런 역사 속에서 대한민국의 민주주의는 엄청난 희생을 동반할 수밖에 없었다. 50여 년의 반독재 민주화 운동 선봉에는 항상 '김대중'이 있었다.

1963년 2월, 중앙정보부의 모 국장이 대중을 만나 말했다.

"만약 우리 제안을 거절하면 앞으로 8년은 정치할 생각을 말아야 할 것입니다."

은밀한 유혹 속에 협박이 있었다. 당시 8년 동안 정치를 못 한다는 것은 정치적 사형선고와 다르지 않았다. 하지만 대중은 단호히 거절했다. 이후 '정치 활동 금지'에서 해제된 대중은 옛 동지들과 민주당을 재건했다.

1963년 치른 대선에서 박정희 후보는 경상도와 전혀 연고가 없는 전

라도에서만 승리했다. 윤보선 후보와 35만 표라는 큰 차이로 앞섰다. 김
대중은 박정희 시대를 이렇게 평가했다.

"박정희의 지역 차별정책에서 망국적인 지역감정이 비롯되었다. 박 정
권 18년간 최대의 정치적, 도덕적 과오는 지역 차별이었다. 박정희는 역
사에 죄를 지었다."

대중은 썩은 세상을 바꾸고 싶었다. 대중이 정치에 뛰어든 이유가 바
로 그것이었다. 대선 패배 이후 곧바로 치러진 국회의원 총선거가 한창
이던 1963년 11월 22일 케네디 미국 대통령이 암살당했다. 유세 중에 그
소식을 들은 김대중은 큰 충격을 받았다. 최연소 미국 대통령으로 당선
된 케네디는 김대중의 우상이었다. 비록 박정희 대통령에게 근소한 차이
로 패배했지만, 김대중의 마음은 이미 대한민국을 책임지는 최연소 대통
령의 꿈으로 성큼 다가섰다.

케네디는 당시 쿠바 미사일 위기를 맞아 소련 총리 흐루시초프와 세기
의 힘겨루기를 했다. 이를 계기로 부분적인 핵실험금지조약을 끌어냈고,
지구촌에 해빙 무드가 조성되었다. 케네디는 참다운 용기가 무엇인지를
보여 준 신비로운 인물이었다. 김대중은 썩은 세상을 바꾸고 싶었다. 그
것이 김대중이 정치에 뛰어든 이유이기도 했다.

최초의 아이돌 정치인과 40대 대통령 후보

당시 뜨거운 정국 문제 중 하나는 한일 국교 정상화였다. 윤보선 총재

를 비롯한 강경파들은 이렇게 주장했다.

"한일 국교 정상화는 매국이며, 매국에 정면으로 반대하는 것이 대안이다."

그러던 어느 날 야당에 괴이한 소문이 돌았다.

"김대중은 야당 첩자다. 사쿠라 중에서도 왕사쿠라다."

야당 의원으로 '사쿠라'라는 딱지가 붙으면 정치생명이 끝나는 시절이
었다. 김대중이 "야당의 왕사쿠라다"라는 온갖 비난을 받던 당시에, 학
교에 다니던 두 아들도 친구들에게 따돌림을 당하고 울며 돌아오기도 했
다. 신념을 지키는 어려움, 그 신념을 이해해 주지 않는 괴로움이 김대중
의 온몸을 찔렀다.

그때 김대중이 읽은 책이 케네디 대통령이 쓴 《용기있는 사람들 Profiles in
Courage》였다. 미국의 많은 정치가가 동지와 국민에게서 오해받아 파멸
직전에 이르지만, 국가를 위해 최후까지 꿋꿋이 자신의 주장을 관철한다
는 내용이었다. 케네디는 저세상에서도 김대중에게 이렇듯 좋은 선물을 주
고 있었다. 김대중은 이 책을 읽으며 주먹을 쥐어 보고 또 자신을 달랬다.

내가 하의도에서 《김대중 잠언집: 배움》과 《옥중서신》을 다시 읽으면
서 '벅찬 기쁨'과 '비장한 결단'의 마음을 가졌던 그 심정이었으리라 추
측된다. 김대중은 야권의 강경 대응이 박 정권에게 독재 강화의 빌미를
제공했다는 현실적 판단을 내렸다.

"야당의 강경파는 민심을 제대로 읽지 못했다. 국민, 특히 중산층이 고개를 돌리면 어떤 투쟁도 성공할 수 없다. 세계의 흐름, 민심의 향배를 모르고 강경 투쟁만을 부르짖던 야당은 박 정권의 독재 기반만 강화해 주었다."

김대중 의원은 또 하나의 현안이었던 독도 문제에 대해서 외무장관을 직접 다그치기도 했다.

"이웃집 놈팽이가 내 아내에게 아무 불평을 하지 않았다면 걱정할 일이 아닐 것이오. 하지만 그 놈팽이가 날마다 찾아와서 '그 여자는 당신 아내가 아니라 내 아내이니 돌려주시오. 그렇지 않으면 재판정에 갑시다.'라고 떠들고 있지 않습니까? 일본이 독도에 대해 바로 그렇게 하는 것이오."

누구나 이해할 수 있는 용어와 적절한 예시로 국민을 설득하는 대중의 연설력은 이때 이미 형성되어 있었다. 그리고 김대중의 대일 관계 해법에는 항상 확고한 역사 인식과 민족적 자존감이 투영된 실사구시적 외교 해법이 투영되어 있었다. 이를 현상적으로만 보고 국적 없는 사대주의적 외교를 하면서 DJ식 외교 해법을 운운하는 것은 자가당착인 태도이다. 최근 한일 정상회담에서 합의한 '제3자 변제를 골자로 한 일제 강제징용 배상 해법'에 대한 윤석열 정부의 자화자찬이 전형적인 예이다. 1967년, 김대중은 전쟁 같은 치열한 선거에서 이렇게 호소했다.

"나는 저 유달산에 대해서, 저 흐르는 영산강에 대해서, 삼학도에 대해서 말합니다. 내게 뜻이 있다면 목포에서 자라고 목포에서 커 이 나라를 위해 무엇인가 해보겠다는 이 김대중이를 지금 한 나라 정부가 죽이려, 잡으려 하니 넋이 있고 정신이 있고 뜻이 있으면 나를 보호해 주십시오."

이즈음 소녀들은 교복 블라우스에 김대중의 사인을 받아 입고 등교했다. 선창에서 좌판을 깔고 조개와 생선을 파는 여인들이 떼를 지어 김대중을 따라다녔다. 보다 못한 아내가 그들을 말릴 정도였다. 하지만 돌아오는 대답은 한결같았다.

"오늘 안 벌어도 먹고 살어라. 걱정 말랑께요."

내가 네 살이 되던 그해, 한국 최초의 아이돌 정치인이 탄생했다. 그전에 국내는 물론 전 세계적으로 수천, 수만 명, 때로는 수십만 명의 인파를 몰고 다니는 정치인은 없었다. 블라우스에 사인해달라는 소녀팬, 일터를 팽개치고 무리 지어 다니며 연호를 외치는 아줌마 부대를 가진 정치인도 없었다. 그토록 열광적인 지지를 받는 정치인도 없었다. 그래서 '한번 붙으면 떨어지지 않는다'라고 해서 "끈끈이"라는 재미난 별명을 당시에 얻게 되었다.

어쩌면 이미 김대중은 언젠가 대통령이 될 것으로 확신했는지도 모른다.

한편, 김형욱 중앙정보부 부장이 김대중을 자주 칭찬했다는 소문도 퍼져갔다. 정보정치를 지휘하며 민주인사들을 탄압한 정보부의 수장이 '대통령의 정적(政敵)'을 좋게 평가했다는 점이 남다르게 생각되었다.

효창운동장에서 3선 개헌 반대 시국 대연설회가 열렸다. 여기서 김대중은 "3선 개헌은 국체의 변혁"이라고 주장했다. 정국은 정확히 대중의 말처럼 흘러갔다.

원내총무 김영삼 의원은 '40대 기수론'을 주장하며 세대교체 여론을 주도하고 있었고, 대중도 여기에 동조했다. 당내에서 지목한 40대 후보는 김영삼, 이철승, 김대중 세 명이었다. 문제는 유진오 총재였다. 유 총재는 직격탄을 날리며 40대 기수론을 잠재우려 했다.

"구상유취(口尙乳臭)의 정치적 미성년자들이다."

하지만 대중은 이런 비난에도 아랑곳하지 않고 400~500km를 달리며 유세에 나섰다. 국민은 그런 대중을 철인이라고 불렀다. 장거리 유세 활동에서 가장 난처한 것은 소변을 보는 일이었다. 결국, 대중은 차 안에 요강을 비치하고 생리현상을 처리할 수밖에 없었다.

1970년 10월 16일 김대중은 대통령 후보 기자회견을 통해 '한반도 평화정착을 위한 4대국 보장, 비정치적 남북 교류 허용, 평화통일론, 예비군 폐지'를 주된 내용으로 하는 통일외교안보 정책을 공표하였다. 당시로서는 파격적인 주장이었다. 친일 세력에 뿌리를 두고 태생적으로 군부 쿠데타로 집권했기에 미국의 눈치를 보면서 친미 사대주의 외교를 펼쳐야만 했던 박정희 정권 입장에서는 김대중 후보의 민족 자존의 정책들이 눈에 가시였다. 아니 반드시 제거해야 할 정적(政敵)이었던 것이다.

대선을 앞둔 1970년 12월, 박정희는 중앙정보부장을 김계원에서 이후락으로 교체했다. 그리고 1971년 1월 27일, 김대중 후보의 집에서 폭발물이 터지는 사건이 발생했다.

당시 엄창록은 4·27 대선을 앞두고 김대중 후보의 참모 회의에 갑작스럽게 불참한 뒤 자취를 감춘다. 선거의 귀재이자 조직의 명수로 평가받으며 강원도 인제 보궐 선거 때부터 1967년 목포선거에 이르기까지 김대중을 도운 인물이 엄창록이었다.

하지만 중앙정보부장 이후락의 지시를 받은 정보부원들이 엄창록의 부인에게 "당신 남편의 생명을 보장할 수 없다."라고 협박했다. 결국, 몸이 약했던 엄창록은 여기에 굴복했고, 우리나라 선거 역사상 최고의 킹메이커로 알려진 엄창록은 이렇게 역사 속으로 사라지게 된다.

1971년 4월, 김대중 후보는 장충단공원에 모인 100만 인파 앞에서 연설했다. 그리고 중앙정보부는 선거판을 뒤집기 위한 공작을 펼쳤다. 이것이 바로 유명한 '지역감정 조작 사건'이다. 이 사건의 배후에 엄창록이 있었을 것으로 추측된다. 선거 결과는 이러했다.

박정희 6,342,828표
김대중 5,395,900표

김대중 후보는 선거에서 이겼지만, 투개표에서 패했다. 만약 이때 김대중 후보가 대통령에 당선되었다면 이후의 현대사는 어떻게 되었을까?

평생 지팡이를 들게 만든 두 번째 죽음의 위기

1971년 5월 24일, 김대중 후보가 탄 차가 왕복 2차선 국도를 달리고 있을 때였다. 맞은편에서 8t도 넘어 보이는 대형 트럭이 나타나 갑자기 직각으로 방향을 틀며 김 후보의 차로 돌진했다. 운전사가 충돌을 피하려 가속 페달을 밟았지만 결국 트럭은 트렁크 쪽을 들이받고 말았다.

택시 운전사를 포함해 2명이 즉사했고 3명이 크게 다친 사고였다. 정신을 차려보니 김 후보는 팔 동맥이 두 군데 잘렸고 다리에도 찰과상을 입었다. 권노갑 비서도 크게 다쳤다. 사고를 낸 대형 트럭의 소유자는 공교롭게도 공화당원인 변호사였다. 비례대표 8번을 받아 당선이 확실시되는 인물이었다.

한국전쟁 때 목포형무소에서 집단 학살 위기를 벗어난 김대중 후보는 21년 만에 다시 한번 죽을 고비를 넘겼다. 하지만 이 사고로 인한 깊은 후유증은 김대중 후보의 삶을 불편하게 만들었다. 처음에는 손목만 다친 줄 알고 대수롭지 않게 생각했지만, 점점 걸음이 불편해졌다. 아내 이희호는 사고 당시를 이렇게 회상했다.

"돌이켜보면 해방 공간에서 김구, 여운형 등 수많은 지도자가 암살당했다. 그런가 하면 위협적인 정적 조봉암을 공산주의자로 몰아붙여 사법 절차를 통해 합법적으로 사형시킨 이승만 독재정권의 기억이 아직 생생할 때였다. 나는 몹시 두려웠다. 남편은 박정희 독재정권의 정치적 경쟁자 1호가 아니던가."

1972년 5월 10일, 동교동 자택에서 어머니가 돌아가셨다. 김대중이 48세 되던 해였다. 어머니가 아니었다면 오늘의 김대중도 없을 터였다. 세상을 바르고 의롭게 살려 노력한 데에는 어머니의 영향이 컸다. 어머니가 가족을 설득해 목포로 이사하지 않았다면 김대중은 외딴 섬에서 평생을 살며 촌로(村老)로 늙었을지도 모른다.

그런 어머니에게 고생만 시켜 드렸고, 효도 한 번 제대로 못 했다는 생각에 김대중은 가슴이 아팠다. 선거에서도 늘 떨어졌고, 감옥에 갇히고 죽을 고비도 두 번이나 겪었다. 크나큰 불효였다.

하지만 이때 어머니께서 돌아가신 것이 다행이라고 김대중은 생각하게 된다. 이후의 삶이 더욱 험하고 고단했으니, 만약 곁에서 지켜보셨다면 마음을 졸이셨을 것이다. 고작 5개월 후에는 조국을 떠나 망명객으로 해외를 전전했으니 연로하신 어머니는 크게 슬퍼하셨을 것이다. 그렇지만 김대중에게 어머니의 빈 자리는 깊고도 넓었다.

김대중 대통령의 자서전을 다시 읽으면서 울음이 참 많다는 사실에 놀랐다. 오랜 시간을 당신과 함께하며 직접 대통령의 눈물을 접한 것은 단한 번이었다. 대통령 취임식에서 IMF 외환위기를 극복할 때 국민이 겪을 고통을 언급하며 울컥하는 장면이었다.

하지만 자서전에는 다섯 번의 죽을 고비와 수많은 고통의 순간을 지나오며 통곡하는 모습이 꽤 자주 등장했다. 울보 대통령이라고 해도 과언이 아닐 정도였다. 이희호 여사도 마찬가지였다. 이 여사는 옥중 러브레터에서 이렇게 고백했다.

"당신은 내가 눈물이 없는 사람으로 알겠지만, 나는 너무도 눈물이 많다. 성경을 보면서도 울고, 골고다 언덕에서 십자가에 못 박혀 죽은 예수님을 생각하면서 하염없이 눈물을 흘린다."

'울보 대통령'에 '울보 영부인'이었다. 다만 김대중은 해방 이후 반독재 민주화 투쟁 과정에서 가장 선봉에 서서 싸우는 야당의 민주 지도자 위치였기에 조금이라도 유약하거나 흐트러진 모습을 보이지 않기 위해서 남다른 노력을 하였다. 그런 남편 김대중에게 보이지 않는 큰 힘이 되어주고자 노력했던 이희호였기에 더욱 강인한 아내의 모습을 시종일관 보였던 것이다. 김대중 대통령을 지근거리에서 오랜 기간 보좌했지만, 단한 번도 두 분의 모습이 흐트러진 경우를 보지 못했다. 지극히 사적인 자리에서 조차...

나도 시장으로 재직하던 8년 동안 수많은 눈물을 쏟아 '울보 시장'이라는 별명을 얻었기에 더욱 동질감을 느낀다. 문득 김대중 대통령의 말씀이 가슴에 와닿는다.

"눈물을 흘리는 사람은 순수하고 진정성이 있다. 그렇기에 눈물을 흘리며 더욱 정의롭고 올바른 길을 가는 것 아니겠는가."

납치되어 바다에 수장될 순간에 만난 하느님

1973년 김대중은 미국에서 일본으로 향했다. 김대중은 동경 납치사건 당시의 긴박한 상황을 생생하게 기억했다.

11시가 넘어 그랜드 팰리스 호텔에 도착했다. 양일동 민주통일당 총재를 만나고 오후 1시 15분 무렵 호텔 방을 나섰다. 김경인 의원이 따라 나왔다. 그때 어디선가 건장한 사내 대여섯 명이 뛰쳐나왔고, 그중 두 명이 내 멱살을 잡았다. 사내들은 황급히 내 입을 틀어막고 옆방으로 끌고 가 침대 위에 내팽개쳤다. 그들이 내 코에 손수건을 대고 눌렀다. 순간 마취제일 것이라는 생각이 뇌리를 스쳤고, 한동안 정신을 잃었다.

다시 깼을 때는 의식이 몽롱했다. 사내들은 나를 다른 빌딩의 다다미 방으로 끌고 갔다. 묶고 있던 끈을 풀고 옷을 벗겼다. 입에 물린 헝겊도 뺐다. 화물을 포장하는 강력 테이프로 얼굴을 제외한 전신을 칭칭 감았다. 그리고 파도 소리가 들리는 해안으로 끌고 갔다.

보트 위에서 사내들은 보자기 같은 것을 내 머리에 씌웠다. 갑자기 시야가 깜깜해졌다. 죽음이 가까이 온 것 같았다. 죽음을 각오한 나는 묶인 손가락으로 성호를 그었다. 그 모습을 보았는지 사내 하나가 내 배를 걷어차며 욕설을 내뱉었다.

한 시간쯤 바다 위를 달렸을까. 갑판 아래 선실로 끌려갔다. 입에 나무 조각을 물린 뒤 붕대를 둘렀다. 시체에 염하는 것 같았다. 두 손목에는 돌인지 쇳덩어리인지 모를 30~40kg 정도 되는 물체를 달았다. 작업이 끝나자 자기들끼리 두런거렸다.

"이만하면 바다에 던져도 풀리지 않겠지."

"이불로 싸서 던지면 떠오르지 않는다는구면. 솜이 물을 먹어서."

나는 세례를 받은 이후 처음으로 예수님께 살려달라고 매달렸다. 그러자 순간 눈에 붉은빛이 스쳐 지나갔다. 선실에 있던 사내들이 "비행기다!"라고 외치며 갑판으로 뛰쳐나갔다.

그렇게 세 번째 죽음의 올가미에서 벗어났다. 1972년 10월 11일에 고국을 떠났으니 무려 10개월 만에 내 나라, 내 집으로 돌아온 것이다. 밤이 깊어 있었다. 대문 앞에서 문패를 올려다봤다.

'김대중'

'이희호'

문패가 물끄러미 나를 내려다보고 있었다. 한여름 밤, 나는 초인종을 눌렀다. 막 퇴근한 가장처럼.

이른바 '김대중 납치사건'이다. 이 사건은 1988년 6월 10일 미국의 비밀 문건이 공개되며 세상에 알려졌다. 여러 증언과 문건에 의하면 이후락 중앙정보부장의 지휘 아래 46명이 9개 조를 이루어 조직적으로 저지른 범행이었다. 박정희 대통령이 이후락을 불러 "김대중을 없애라."라고 지시한 것이다.

그렇기에 '김대중 납치사건'이 아니라 '김대중 살해미수사건'이라고 해야 정확한 명칭이다. 빈 배낭을 준비했던 것으로 보아 괴한들은 김대중을 살해한 뒤 시체를 토막 내어 운반할 계획을 세웠던 것 같다.

김대중의 극적인 생환은 미국의 개입이 있었기에 가능했다. 여기에는 부임한 지 한 달 남짓한 도널드 그레그 CIA 한국 책임자도 포함되어 있었다. 필립 하비브 주한 미국대사가 긴박하게 김대중의 구명을 지시한 것이다. 이희호는 이 사건 당시를 또렷하게 기억하고 있었다.

"장 보러 가는 가정부와 막내 홍걸의 등굣길, 하굣길에도 따라다녔다. 그즈음 둘째 홍업은 경남 언양에서 ROTC 장교로 복무 중이었다. 아버지 실종 소식을 듣고 특별 휴가를 신청했지만 거절당하자 영창 갈 각오를 하고 두 번째로 탈영했다."

한편, 이희호 여사는 육영수 여사를 세 번 만났다. 처음 만난 것은 결혼 전인 1961년 9월로, 여성단체협의회에서 주최한 전국여성대회 이후 김활란 등 여성 지도자들과 청와대를 방문했을 때였다. 이때 육 여사 바로 뒤에서 사진을 찍었다. 이후에는 국회의원 부인 초청 오찬에 참석해 악수했고, 1971년 대선 선거운동 때는 전주에서 뒷모습을 보았다. 이 여사는 뒷모습도 우아하고 품격이 있다고 느꼈다. 육 여사는 이 여사보다 세 살 아래였고, 두 정적의 부인으로서 비교되는 점이 여러모로 많았다.

1974년 2월 고향 하의도에서 아버지께서 돌아가셨다는 비보가 날아들었다. 동교동에 연금되어 있어 위독하다는 전갈을 받고도 문병 한 번 가지 못했다. 그리고 박정희 정권이 막아 장례식에도 참석하지 못한 불효자가 되고 말았다. 아버지는 김대중을 얼마나 애타게 기다리셨을까? 김대중에게는 천추의 한이고, 생각할 때마다 가슴이 무겁게 내려앉는 일이었다.

1975년 8월 17일에는 독립운동가이자 민주 투사였던 장준하 선생이 의문사를 당했다. 2014년 정의화 국회의장이 밝힌 내용과 훗날 <그것이 알고 싶다>에서 취재한 내용은 다음과 같다.

"2011년 8월 폭우 때문에 무덤 밖으로 나온 장준하의 두개골 사진에 따르면 타살이 분명하다. 장준하는 사건 직전부터 자신이 죽을 수도 있다는 것을 암시하는 일련의 행동을 보였다."

백운산 약사봉 계곡에서 실족사한 채로 발견된 장준하 선생은 등산길에 오르기 전 백범 김구 선생에게 받은 태극기를 박물관에 기증했다. 그리고 개신교 신자임에도 불구하고 아내의 오랜 희망에 따라 천주교식 결혼식을 올리고 개종하기도 했다. 어느 정도 자신의 앞날을 예측했다고 추론할 수 있다. 사흘 만에 사건은 종결되었지만, 이전의 여러 독립운동가 피격 사건처럼 극우 조직과 박정희 정권의 정보기관이 깊숙이 개입하고 있었을 가능성이 크다.

암호명 '한복', 3·1 민주구국선언

1976년, 민주진영은 독립운동의 횃불을 올린 삼일절에 민주구국선언문을 발표하기 위해 윤보선 전 대통령과 암암리에 움직이고 있었다. 암호는 '한복'으로, 큰 올케가 전화해 "한복이 다 되었다!"라고 하면 원고를 찾아 수정했다.

3·1 민주구국선언은 명동성당에서 발표되었으며, 윤보선, 김대중, 함석헌, 정일형, 안병무, 이문영, 문동환, 이우정 등 민주인사들이 대거 참여했다. 선언문은 언론 자유 보장, 일본 경제예속 탈피, 긴급 조치 철폐, 박정희 정권 퇴진 촉구 등의 내용을 골자로 담고 있었다.

이렇게 시작된 3·1 민주구국선언은 김대중과 이희호를 비롯한 민주인사의 투옥으로 이어졌다. 남산의 정보부로 향하는 앞차에는 김대중이, 뒤차에는 이희호가 타고 있었다. 남편은 위층에서, 아내는 아래층에서 조사를 받았다. 조사 과정에서 이희호가 한 말이 인상적이다.

"민주회복을 위해 많은 사람, 특히 젊은이들이 이곳을 거쳐 가는데 나도 여기에 동참할 수 있게 되어 대단히 영광으로 생각합니다."

자신도 모르는 새에 태연하고 결연하게 튀어나온 말이었다. 공포에 떨고 있던 유신 초기의 이희호가 아니었다. 그 어떤 민주화 운동가보다도 강철 같은 신념을 품은 사람이었다. 이희호는 식사를 거부하며 금식을 단행했다.

김대중과 이희호는 일주일에 한 번 서대문구치소 면회실에서 만났다. 간혹 보안과 사무실에서 특별 면회도 했다. 당시 점잖았던 김대중과 이희호 부부와는 판이한 분위기의 부부가 있었다. 문동환 목사와 페이 문 부부였다. 미국인인 페이 문의 한국 이름은 문혜림으로, 민주화 운동과 기지촌 여성운동을 열정적으로 했다. 두 사람은 유난히 금실이 좋았다. 페이 문은 두 사람 사이에 놓인 책상에 전광석화처럼 올라가 포옹과 키스를 퍼부었다. 참관한 교도관이 몸 둘 바 모르고 있으면 페이 문은 태연히 돌아보며 이렇게 말했다.

"아니, 뽀뽀는 내가 했는데 왜 아저씨 얼굴이 빨개져요?"

반면 김대중과 이희호 부부의 면회 장면은 밋밋했다. 스킨십이 서툴렀던 이 부부는 가족들 사이에서 자주 흉을 잡히곤 했다. 김대중은 교통사고로 엉덩이 관절을 다쳐 후유증으로 다리가 불편한 상황이었다.

"다리 좀 어때요?"
"붓기는 했지만 견딜 만하오."
"어디 좀 만져봐요, 얼마나 부었나."

이희호가 김대중의 다리를 만지는 데에는 이유가 있었다. 남편의 양말 안에 비밀 쪽지를 슬쩍 전달한 것이다. 짧디짧은 면회 시간에도 김대중과 이희호 부부는 조국의 민주화를 위한 투쟁에만 전념한 것이다. 참으로 치열하고 철저했다.

못으로 쓴 비밀편지

박정희 군사정권이 최악의 반민주, 반인권 통치를 하던 1978년은 운동은커녕 편지도 쓰지 못하는 시기였다. 김대중은 편지로 바깥세상에 무언가를 전하고 싶었지만, 필기구는 몽당연필 하나도 소지할 수 없었다. 특히 1978년 7월 22일 3.1 민주구국선언으로 서울대병원 병실에 수감되었

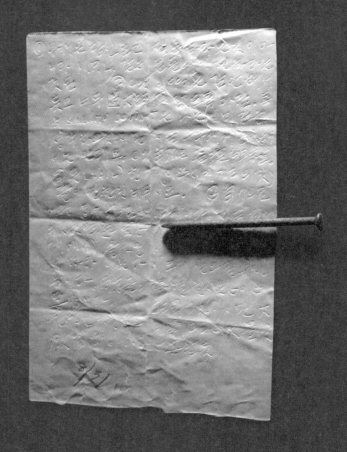

음식물 포장지에 못으로 새긴 시크릿 노트

1978년 7월 22일 김대중이 3.1 민주구국선언으로 서울대병원 병실에 수감되었을
당시에는 감시와 통제가 심해 자유롭게 편지를 쓸 수가 없었다. 그래서 김대중은
아내가 병실 면회를 통해 숨겨 온 껌을 싸는 은박지나 먹을 것을 싸 온 종이에 못
으로 꾹꾹 눌러 편지를 썼다. 이 편지는 화장실에 있는 두루마리 휴지심에 숨겨
두는 방식으로 밖에 있는 민주화 운동 동지들에게 전달되었다.

을 당시에는 감시와 통제가 더욱 심해 자유롭게 편지를 쓸 수가 없었다. 그래서 김대중·이희호 부부는 상상할 수 없을 정도로 비밀스러운 소통 방식을 고안해냈다.

김대중은 아내가 병실 면회에 숨겨 온 껌 은박지나 먹을 것을 싸 온 종이에 못으로 꾹꾹 눌러 밖에 있는 민주화 운동 동지들에게 편지를 썼다. 이 편지는 화장실에 있는 두루마리 휴지심에 숨겨두는 방식으로 전달했다. 김대중은 당시 상황을 이렇게 회상했다.

"감시를 피해 눈을 껌벅이면 아내는 화장실에 들러 편지를 꺼낸 뒤 주머니나 양말 속에 감췄다. 어떤 때는 식사를 마친 빈 밥그릇에 넣기도 했다. 그렇게 써 보낸 편지는 아내가 옮겨 적어 지인들에게 보냈다. 나는 이를 통해 민주 인사들에게 내 뜻을 전하고 투쟁의 방향을 설정해 주었다. 적발될 경우를 대비해 주요 인물은 이니셜로 표기했다."

최근에는 1978년 7월 서울대병원에서 김대중이 못으로 눌러 쓴 쪽지가 공개되었다. 서신에는 당시 정세에 대한 김대중의 판단이 담겨 있었다. 이렇게 외부에 전달한 편지는 '유신 체제의 종말을 앞두고 민주화 운동 진영의 대오단결과 전방위적인 투쟁의 방향'을 제시하는 성격을 띠었다.

편지에 나오는 정치 관련 인물의 이름은 발각을 우려해 영문 이니셜로 표기됐다. 1978년 8월 31일의 편지에는 "UAM은 당신보고 접촉하라는 것이 아니라 M, P, L 같은 분들에게 전하라는 것이오"라고 적혀 있다. UAM은 주한미국대사관, M은 문익환 목사, P는 박형규 목사, L은 이돈명 변호사를 의미한다.

"사흘 후 우리나라 정치 정세에 큰 변화가 올 것이오. 그 성격과 범위는 첫째, 우리 민주세력의 역량과 국민의 호응, 둘째, 국내 경제 및 사회적 동향, 셋째, 박 씨(박정희 전 대통령)의 태도, 넷째, 우방 특히 미국의 태도 등에 많은 영향을 받을 것이오."

그리고 부인의 건강을 챙기는 내용도 **빼놓지 않았다.**

"현재의 나를 돕는 최대의 길도 당신 건강이니, 내 걱정을 생각해서라도 소홀히 생각하지 않도록 거듭 당부하오."

1980년 5·18 이후 군사 법정에서 사형선고를 받은 뒤에도 깨알 같은 다양한 시도를 통해 옥중서신을 보냈다. 당신의 철학과 사상은 물론 현재 처지를 외부에 알리기 위함이었다. 이처럼 옥에 갇힌 '사형수' 김대중과 이희호 여사, 그리고 세 아들 간의 서신 교환은 그 어떤 비밀스러운 메시지보다도 더욱 강력했다. 그리고 그 힘은 외부 민주화 운동 동지들에게 고스란히 전달되었다. 사형수 김대중은 옥중에서도 늘 민주화 운동의 구심점 역할을 했던 셈이다.

김대중은 교도소에 투옥되었을 때 귀한 것 두 가지를 얻었다. 하나는 독실한 신앙이고 다른 하나는 독서를 통한 지식과 지혜였다. 면회는 한 달에 한 번, 아내에게만 허용되었다.

이희호는 겨울에도 방에 불을 때지 않았다. 유독 추위에 약한 남편이 감옥에서 추위에 떨고 있는 모습을 상상하면 도저히 따뜻하게 잘 수 없었기 때문이다.

이희호는 손수 짠 털옷과 털장갑을 넣어 주었으며 곱게 다림질한 속옷에는 향수를 뿌렸다. 김대중은 향기가 날아갈까 가슴에 품었다. 속옷인데도 입기가 아까웠다고 했다. 사랑의 향기였다.

오랫동안 김대중 대통령을 가까이에서 뵀지만 이렇게 감미로운 표현은 들어본 적이 없었다. 죽음의 공포 속에서도 아내의 사랑이 담긴 향기로운 속옷을 향한 남편의 뜨거운 감동이 전해지는 것 같다.

동교동에 있던 김대중 부부의 집은 절해고도(絶海孤島)의 감옥과 다를 것이 없었다. 게다가 박정희 정권은 김대중의 이미지를 마음대로 조작해 국민에게 심어주기 시작했다. 본격적인 흑색선전이었다. 이 정권의 목적은 분명했다. 김대중을 죽이거나, 가두거나, 혹은 고립시켜 정치적으로 매장하는 것이었다.

그러던 중 1979년 10월 26일, 김재규가 박정희를 저격하는 사건이 발생했다. 1980년 12·12 사태 당시 육군 참모총장으로 재직하면서 계엄사령관이었던 정승화는 신군부에 의해 체포되어 직위와 권한을 박탈당하고 이등병으로 강등되었다. 그리고 1980년 3월 그는 내란방조범으로 징역 10년이 선고되었다.

이후 그는 김대중에게 사과했고, 언론에 소회를 밝혔다.

"중앙정보부의 'DJ 파일'을 보고 사실이라고 생각했다. 그런데 내가 당하고 나서 '정승화 파일'을 들어보니 날조된 것이 많았다."

중앙정보부는 오랫동안 김대중에게 '용공세력'이라는 금지 낙인을 찍어 두었다. 하지만 젊은이들에게 '위험인물 김대중'은 호기심의 대상이었다.

어느날, 김대중은 총부리에 둘러싸여 "가자는 말 한마디면 따라나설 사람인데 왜 총을 겨눠요?"라고 항의하며 집을 떠나야 했다. 이희호는 김대중의 등에 대고 외쳤다.

"하나님이 당신과 함께하실 것입니다."

훗날 새빨간 거짓말로 밝혀진 '김대중 내란음모 조작 사건'의 시작이었다.

3막

감옥에서
주고받은
시크릿 노트

김대중 이희호 대통령 부부
탄생 100주년 기념
전기(傳記)

아내가 남편에게 보낸 시크릿 레터

김대중과 이희호가 70년대에 주고받은 '비밀편지'를 이해하려면 비상식적인 당시의 정치 상황을 먼저 알아야 한다. 유신정권을 앞두고 전국민적인 반정부 시위가 거세지는 상황에서 박정희 정권이 '김대중 암살 계획'을 세우고 행동에 옮긴 시기이기 때문이다. 이처럼 생명의 위기를 느끼는 상황에서도 이희호는 감옥과 일본, 미국 등 망명지를 떠도는 김대중과 비밀스러운 암호문을 주고받았다. 처절한 생존전략이었다.

그 정점은 김대중이 1977년 12월 서울대병원으로 이송 수감된 이후 교도소에 있을 때보다 더 심각한 접견 제한이 이루어졌을 때다. 김대중은 목숨을 걸고 단식투쟁을 하며 못으로 편지를 써서 외부에 있는 동지들에게 전달한다. 이 과정에서 김대중과 이희호가 주고받은 시크릿 러브레터는 눈물 나게 아름답고 처절하다.

당시의 정치적 상황과 김대중의 삶을 살펴보면 그야말로 파란만장했다. 1972년 10월 18일, 김대중은 신병 치료차 일본에 체류하던 중 유신 선포 소식을 듣게 되었다. 이후 유신 반대 성명을 발표하고 망명길에 올랐고, 1973년 8월까지 미국과 일본을 오가며 유신 반대 활동을 펼쳤다.

그 와중에 같은 해 8월 8일 '도쿄 납치 살해 미수 사건'이 발생했다. 당시 김대중은 일본 그랜드 호텔에서 중앙정보부 요원에게 납치되어 수장될 위기에 처했다가 극적으로 생환했다. 이후 1974년 2월 25일에는 부친 김운식이 사망했다.

1976년 3월 2일에는 '3·1 민주 구국 선언'에 서명한 인사들과 정식 입

건되어 서울구치소에 구속되었다. 1977년 3월 22일 대법원에서는 김대중에게 징역 5년에 자격 정지 5년 형을 확정하고 진주교도소 이감을 명했다.

같은 해 12월 19일 서울대병원으로 이송되었는데 접견 차단, 창문 봉쇄, 서신 제한, 운동 금지 등 제한이 더욱 심해졌다. 그러자 대중은 항의의 의미로 단식을 시작하며, 못으로 쓴 편지를 아내 이희호에게 전달하며 외부 동지들과 소통을 시작했다. 결국, 1978년 12월 27일에 옥고 2년 7개월 만에 형 집행 정지로 가석방되어 장기간의 가택연금이 이어지게 되었다.

이런 상황에서 이희호는 김대중에게 계속 은밀한 서신을 보냈다. 70년대 중반을 전후로 박정희 정권의 유신독재는 계속 강화되었다. 그에 따라 김대중과 이희호가 받는 생존 위협도 점차 커졌다. 그렇기에 일상 대화를 제외하면 암호를 사용해 은밀하게 소통했고, 내용이 조금만 중요해도 시크릿 노트에 기록해야만 했다.

이희호에게 신뢰할 만한 정보를 제공한 미국과 일본의 기자들은 공중전화를 사용해 암호로 내용을 전달하곤 했다. 혹은 밤늦은 시간 허허벌판에 차를 세워두고 접선하는 첩보영화 같은 장면이 연출되기도 했다.

당시 박정희 대통령은 '박 씨'였고, 민주당 대표였던 박순천 여사는 '박 할머니', 1971년 김대중이 교통사고를 당했을 때 탔던 차는 '역사적 물건'으로 칭했다. 한국인 미국 정보원의 암호명은 '전 씨'였다.

당시 김대중의 망명지로 국내 소식을 알리려면 인편을 통해 직접 편지를 전달해야 했다. 때로는 정보기관의 감시망을 피하고자 봉투 겉면에 적는 수신인을 위장해 쓰기도 했다. 이희호가 김대중에게 보낸 일부 비밀편지의 내용은 다음과 같다.

1972년 12월 18일
1월 6일은 당신의 생일입니다.
하나님의 특별하신 은총 받으시옵고 사명감을 가져주시옵소서.
반드시 당신을 귀하게 쓰실 날이 올 것입니다.
정의를 위해 바른길을 가시는 당신에게 큰 축복이 내릴 것을 확신합니다.

1972년 12월 19일
당신 떠나신 후, 더구나 계엄령과 유신헌법이 통과된 후로는 국내 기자는 물론 외신 기자들도 일체 우리 집에 출입하지 않는데, 어제 TBS(일본방송)와 CBS(미국 언론사)의 기자가 찾아와 어찌나 반가웠는지 모릅니다. 그러나 우리 집에 출입하는 것은 위험하기에 공중전화로 암호를 써서 연락하고 다른 곳에서 만나 직접 전하기로 했어요.

이희호가 김대중에게 비밀편지를 보낼 당시 정치 상황이 대략 이러했다. 미국과 일본 방송국 특파원이 남편의 소식을 가져왔고 밀사 역할을 자원했다. 어두운 밤 인적이 없는 곳에 차를 세우고 전조등을 끈 채 속삭이듯 말하는 장면은 첩보영화와도 같았다. 훗날 알려진 바에 따르면 이희호가 가장 신뢰했던 사람이 정보를 제공했다고 한다.

이희호가 남편에게 보낸 여러 가지 그림이 그려진 편지

이희호 여사는 때론 예쁜 꽃이 그려진 편지지에 나팔 부는 천사 그림이나 귀여운 강아지 사진을 붙이기도 했다. 삭막한 교도소에서 생활하는 김대중을 위한 배려였다.

1973년 1월 5일

중앙정보부에서 당신에게 사람을 보내서 어떻게든지 귀국시켜 구속한다는 말이 들려와요. 일본서도 당신 미행하는 줄 아시고 조심조심하시고 몸을 제일 먼저 보호하세요.

나는 요즘 열심히 교회에 나가고 있어요. 기도하는 생활 계속합니다. 모든 것 하나님께 맡기고 성경대로 행하도록 힘쓸 따름이에요.

값없이 소리 없이 희생되지 않기를 바랍니다. 국민의 가슴속에는 당신의 존재가 태양과 같은 희망의 빛으로 돼 있으니까요.

김대중에게 가해질 살해 위협을 얼마나 절박하게 느끼고 있는지 알 수 있는 편지다. 이희호 여사는 중앙정보부에서 비밀리에 진행될 공작정치로 남편이 '값없이 소리 없이 희생되지 않기를 바란다.'라는 소망을 전한다. 그러면서도 '국민의 가슴속에는 당신의 존재가 태양과 같은 희망의 빛'이라며 강력한 응원과 희망의 메시지도 담았다.

1973년 1월 11일

얼마나 외로운 당신입니까. 예수께서도 십자가를 지기 전에 그 제자들까지 다 떠나고, 사랑하던 제자가 자신을 팔아넘기는 그러한 괴로움과 아픔을 경험할 수밖에 없었으나 그는 영원히 살아갔습니다.

위대한 인물은 외로운 것이고 괴로움이 많은 줄 믿습니다. 장기간 외국에 머물려고 계획하시면 일본보다는 미국이 더 안전하지 않을까 생각됩니다. 미국에 가서 학교에서 공부하세요.

하나님이 당신과 함께하시기를 빕니다.

이 시기 이희호는 남편 김대중에게 닥칠 위기가 생명의 위협까지 미칠 수 있음을 정확히 인식하고 있었다. 그렇기에 일본보다는 미국이 안전할 것이라고 강력히 주장한 것이다. 망명하지 않고 공부를 하라고도 제안했다. 김대중은 이런 아내의 제안을 거부감 없이 대부분 수용했다.

두 사람이 편지나 통화할 때 중요한 단어는 암호를 사용하거나 비밀편지 혹은 쪽지를 이용해 동지적 연대를 강화해 나갔다. 아래 편지를 받은 직후 김대중은 일본에서 '납치 살해 미수 사건'을 겪는다.

1973년 1월 22일

여기 성경 한 권 보내오니 시간 있는 대로 꼭 읽으시고 신앙으로 무장하는 생활 더 하시기를 당신에게 부탁드리고 싶습니다. 특히 구약의 에스겔, 다니엘, 아모스 신약의 마태…… . (특히 23장 3절서 15절까지는 오늘의 현상이 나타나 있어요.) 마가, 누가… 요한 계시록 등을 읽어보시기 바랍니다.

간첩 접선으로 당신을 구속하려고 만들어놓은 청사진을 김상현 의원이 보았다고 하는데, 지금 간첩 운운해도 국민에게 납득이 안 가니까 그런 것으로 구속 못 할 것이라 합니다. 이곳 정보부는 당신의 망명을 오히려 원하는 소리도 들려오는데 망명은 하지 않는 것이 좋을 것 같고…… . 미국 가서서 영어 공부할 좋은 기회로 삼아도 좋습니다. 당신 말대로 국내에서보다 국외 활동이 더 중요해요.

이희호는 남편이 죽음의 공포 속에서도 하나님의 부활을 믿고 신앙으로 무장할 것을 끊임없이 부탁하고 기도했다. 김대중 역시 신앙의 동역자로서 이를 성실히 이행했다. 이처럼 하나님을 향한 믿음과 신앙적 결단을 요구하는 한편 각종 정보를 은밀하게 실시간으로 전달했다. 당시 민주당의 동지 관계였던 김상현 의원의 정보를 전하며 간첩 조작 사건을 강력히 경고하기도 했다. 얼마 후, 실제로 '재일 간첩단 서승 씨 용공 조작 사건'이 크게 폭발하며 공안정국이 한반도를 뒤덮게 되었다.

1973년 3월 28일
박정희 씨도 몹시 마르고 항시 건강이 좋지 않고 신경이 과민상태라 합니다. 요새는 어찌도 그들이 가엾은지 모르겠어요. 외롭게 소외당해 있는 내 모습보다 오히려 그들이 더 가엾어 보입니다.

1973년 5월 29일
오늘 전 씨(한국인 미국 정보원의 암호명)가 연락해 줘서 비밀리에 니콜라를 만났어요. 이 국장이 무서운 사람으로 알려져 있고 당신을 귀국하게 하는 사명을 가지고 그 자리에 오게 한 듯하니…….

이처럼 이희호는 국내 정보뿐 아니라 미국과 일본 등 망명지에서 힘든 생활을 하는 남편에게 따스한 사랑을 전하기도 했다. 더불어 깊은 신앙심에 기초한 하나님의 부활과 기적을 끊임없이 강조하며 한편으로는 교육하기도 했다.

이희호가 남편에게 보낸 편지 중 경제적 어려움을 호소하는 등 개인적 어려움에 관한 내용은 거의 없었다. 다만 7월 13일 편지에서는 이희호가 정중하면서도 간절하게 부탁하는 내용이 등장했다.

1973년 7월 13일

생각다 못해 부탁드리는데 만일에 가능하시다면 나를 좀 도와주실 수 있을는지요. 영등포가 단시일 내에 처리될 수 있으면 부탁드리지 않으려 했는데 지금으로서는 그리 쉽지 않을 것 같고, 부채를 봄에 처리하겠다고 이자를 작년부터 중지시켜 놓았는데 되지 않아 필동 형님이 독촉을 받고 있어 내가 너무 미안해서 생각다 못해 말씀드리는 거예요.

그러나 무리하시지 마시고 마음 무겁게 생각하지 마세요.

아래는 신앙심 가득한 이희호의 러브레터에 김대중이 망명지에서 보낸 답시다.

1973년 7월 16일

<내 마음의 눈물>

1.
내 마음의 눈물은 끝이 없구나.
자유 찾는 벗들의 신음소리가
남산과 서대문서 메아리치며
수유리의 영웅들이 통곡하는데
내 마음의 눈물이 어이 그치리.
2.
내 마음의 눈물은 끝이 없구나.

허기진 어린이가 교실에 차며
메마른 여공들이 피를 토하고
꽃 같은 내 딸들의 육체를 탐내
외국의 건달들이 떼지어 오는데
내 마음의 눈물이 어이 그치리.

이 시에서도 김대중은 자유를 찾는 벗들과 허기진 어린이, 메마른 여공을 향한 안타까움을 표현했다. 심지어는 꽃 같은 내 딸들의 육체를 탐내는 외국의 건달들에게 절절하게 분노했다. 그러면서도 가족들을 향한 그리움은 가장 뒷전으로, 오직 조국과 민족이 그에게는 최우선 가치였다.

남편을 향한 이희호의 신앙적 소통은 해를 거듭하며 고통이 깊어질수록 더욱 강력해졌다. 그렇기에 끝내 대통령이 된 김대중은 죽을 고비를 여럿 넘긴 원동력이 "하느님과 국민, 그리고 아내의 절대적 힘"을 강조했다. 신실한 신앙인이었던 이희호는 편지로도 남편 김대중과 신앙적 대화를 많이 나누었다.

1973년 8월 8일

성경 이사야서 41장 10절서 13절까지 꼭 읽으세요. 앞으로 큰 소망이 이루어질 거예요. 당신의 두뇌와 생각을 따를 사람 없고 각 나라 수상급 인물들도 당신과 대화하면 다 탄복하여 설득력도 따를 사람이 없을 거라고 기도하는 분이 말합니다.

이 연단을 통하여 하나님께서 더욱 크고 귀히 쓰시게 되며 더 겸손하도록 하시기 위해 연단은 필요하다는 말을 해요.

1977년 4월 23일

건강을 빌면서 구약성서 이사야 41장 10절,

"두려워 말라. 내가 너와 함께 함이리라. 놀라지 말라. 나는 네 하나님이 되느니라. 내가 너를 굳세게 하리라. 참으로 너를 도와주리라. 참으로 나의 의로운 오른손으로 너를 붙들리라." 이것을 믿으세요.

이 간절한 편지의 문구는 이낙연 전 총리가 뉴욕의 한 농아인 교회(이철희 담임 목사)를 방문했을 때 인용한 성경 구절이기도 했다. 절망적인 현실에 처한 남편 김대중에게 아내가 보낸, '흔들림 없는 믿음 속에서 띄우는 신앙적 편지'가 아닐 수 없다. 이희호는 여기에 그치지 않고 수난을 겪으면서도 신앙의 높은 경지에 도달한 것과 행복하게 마음의 평화를 얻은 것에 감사하는 마음도 전했다.

1977년 9월 10일

당신의 신앙이 큰 성장을 보인 것을 엿볼 수 있었습니다. 남다른 수난을 겪으면서 오늘 신앙의 깊은 경지에 도달한 것을 생각할 때 당신은 불행하기보다는 오히려 행복하게 마음의 평화를 얻으신 줄 믿어 감사를 드립니다.

옥중에서 나눈 김대중과 이희호의 비밀편지 중 가장 인상적인 것이 이 편지였다. 마치 예수님이 제자에게, 혹은 목사가 신도에게, 전도사가 새 신자에게 하는 말 같다. 오랜 기간 신앙적 교육과 훈련을 한 뒤 최종적 평가를 하는 듯한 느낌이다. 남편이 현재 처한 정치적 고난과 육체적 고통을 위로하는 것보다 이희호가 우선시한 것이 있었다고 생각한다. 개인적

107

견해이기는 하나, 남편의 정치 인생과 육체적 생명을 주관하시는 하나님의 기적과 부활 신앙을 체화시키는 것이 절실하다고 판단한 듯하다. 김대중은 이런 아내의 노력을 기꺼이 따르고 수용했다. 남편을 향한 이희호의 신앙적 바람은 이후에도 이어졌다.

1977년 9월 25일
원수까지 사랑하는 아가페의 사랑을 실천해야겠습니다.

'내란음모 조작 사건'의 발생

1980년 5월 광주 민주항쟁이 발생하고 남편 김대중이 사형선고를 받음에 따라 이희호는 시크릿 노트 작업을 구체화했다. 더욱 신앙심에 기초한 사랑의 마음을 품고 주요 정치 상황을 비밀리에 정리하면서 서로 미래의 새 활로를 찾은 것이다. 그 대표적인 수단이 널리 알려진 것처럼 깨알 같은 글씨로 엽서에 쓴 김대중의 옥중서신 등이었다.

당시 전두환을 중심으로 한 신군부 세력은 권력 장악에 나섰다. 1980년 5월 17일 전군 지휘관 회의를 거쳐 국방부 장관이 제출한 비상계엄 확대안은 밤 9시 50분에 국무회의를 통과했다. 박정희의 5·16 쿠데타를 이어받은 전두환의 5·17 쿠데타였다.

계엄사령부는 1980년 5월 22일 김대중을 연행한 지 5일 만에 기상천외한 내용을 발표했다. 김대중이 국민을 선동해 광주에서 민중 봉기와 국가 전복을 꾀했다는 것이 골자였다. 참담한 가운데서도 이희호 여사는 그가 살아있었음을 확인하고 안도했다.

1980년 7월 4일 이른바 김대중 내란음모 사건이 발표되었다. 이희호는 광주 항쟁이 남편의 목숨을 구했다고 믿었다. 광주에서 살상을 일삼은 신군부가 김대중을 죽일 수는 없었기 때문이다.

김대중 역시 민주주의를 위해 피 흘린 광주를 배반할 수는 없었다. 만약 거듭된 고난으로 지쳐 집요한 회유에 굴종했다면 김대중의 인생은 상상할 수 없을 만큼 비루해졌을지도 모른다.

이희호 역시 남편이 그랬다면 용서하기 힘들었을 것이라고 자서전에서 고백했다. 불의에 굴복하지 않은 그에게 이희호가 헌신적 도움을 베푼 것은 단지 자신의 배우자이기 때문만은 아니었을 것이다. 일국의 최고지도자를 꿈꾸는 이들에게 있어 남편과 아내의 역할이 얼마나 중요한지 보여주는 대목이다. 김대중은 남편이나 대통령이 도덕성과 청렴을 상실하고 수신제가(修身齊家)가 하지 않는다면 아내 또는 영부인은 '이별을 각오하고 쓴소리를 해야 한다.'라는 정치철학을 갖고 있었다.

하지만 오늘의 현실은 어떤가. 고위직 정치인들이 약속이나 한듯이 아내와 함께 범죄 의혹 속에서 내로남불 식의 상호 정치적 공방만을 벌이고 있다. 이 참혹한 현실이 고통스러울 따름이다.

한참 시간이 지난 뒤 김대중은 말했다.

"나도 인간인데 어찌 살고 싶지 않았겠소. 해외로 나가 가족들과 조용히 살까 하고 마음이 흔들릴 때 제일 먼저 당신의 얼굴이 떠올랐어요."

전두환을 정점으로 하는 군부는 5월 18일 새벽 2시, 광주에 공수부대를 투입했다. 이후에 '화려한 휴가'라는 작전명으로 알려졌지만, 이는 당시 진압에 참여했던 육군특수전사령부 대원의 수기에 적힌 내용으로 확인되었다. 5·18 진압군의 시크릿 노트였던 셈이다. 5·18 광주 민주화 운동 당시 최초의 사망자가 청각장애인 아버지였다는 사실을 후일 망월동 묘역에서 확인하고는 청각장애 누나를 둔 나는 표현할 수 없는 슬픔에 빠졌다. 계엄군의 총칼에 의해서 무고한 시민들이 괴성을 지르는 장면을 직접 들을 수 없었기에 살해된 것이다. 당시 광주에서 고등학교 학생이었던 나는 계엄군에 의해 피투성이가 된 시체를 곳곳에서 직접 목격하였기에 민주당 내의 동지들로부터 "수박" 운운하며 정치적 반대 세력을 모욕하는 걸 보면 끓어오르는 분노를 참기가 어렵다.

김대중은 5·18 민주화운동의 역사성을 이렇게 회고했다.

"5·18의 광주는 우리에게 위대한 교훈을 남겼다. 그날의 광주는 세계 모든 시민에게 자유와 평화, 인권과 민주주의의 소중한 가치를 일깨우는 표상이 되고 있다.

5·18에서 우리가 본 첫 번째 정신은 인권 정신이었다. 광주는 불의한 권력의 무자비한 폭력에 맞서 소중한 인권을 지키기 위해 싸웠다. 둘째는 비폭력의 정신이었고, 셋째는 성숙한 시민 정신이었다. 공권력의 공백 속에서도 광주에서는 단 한 건의 약탈이나 방화도 일어나지 않았다.

넷째는 평화의 정신이었다. 시민자치가 이루어진 열흘 동안 어떠한 보복도 없었다. 광주시민들은 진압군과 대화를 시도하는 등 항쟁을 평화적으로 해결하기 위해 부단히 노력했다."

김대중은 링컨에게서 용서와 화해의 교훈을 배웠다고 술회했다. 미국의 남북전쟁이 끝났을 때 미국 전역은 증오와 울분으로 가득했다. 하지만 링컨은 노예제도의 폐지에 초점을 맞추었을 뿐, 사람을 처벌할 필요는 없다고 생각했다. 당시 링컨은 유명한 말을 남겼다.

"누구에게도 악의를 품지 않고, 모든 사람에게 자비를 베푼다."

한편 김대중과 함께 감옥에 갇혔던 홍일이 죄수복을 입고 초췌한 모습으로 이희호의 앞에 모습을 드러냈다. 참으려 했지만 뜨거운 눈물이 흐르는 것을 막을 수는 없었다. 어머니와 아들이 나눈 대화 내용이다.

"몸조심해라. 아버지를 면회했다. 건강은 괜찮아 보이셨다."
"아! 천주님, 감사합니다. 제 기도를 들어주셨군요."

장남 홍일은 청년 조직 '연청'을 만들어 아버지를 도우려 하다가 모진 고문을 당하게 되었다. 그 와중에도 홍일은 아버지만 걱정했다. 며느리는 옆에서 소리 없이 울기만 했다. 홍일은 당시를 생생히 기억했다.

"나는 혹여 고문에 못 이겨 허위 자백을 할까 두려워 수사관의 눈을 피해 자살을 기도했다. 책상에 올라가 머리를 시멘트 바닥에 처박고 뛰어내렸다. 이때 목을 다쳤다. 그래도 제일 고통스러웠던 것은 구타와 잠을 재우지 않는 고문이었다. 꾸벅 졸아 의자에서 굴러떨어지면 사정없이 때리고 짓밟았다. 나중에는 그 발길질과 매질 속에서도 잠만 잘 수 있다면 행복할 것 같았다."

훗날 김홍일은 고문 후유증으로 파킨슨병에 걸렸다. 그리고 오랫동안 고통스러운 투병 생활 이후 세상을 뜨고 말았다. 반인권적인 독재정치의 폐해였다.

대법원의 판결을 일주일 앞둔 1981년 1월 16일, 가족들은 눈물로 기도했다. 하지만 김대중은 살려달라고 애원하기보다는 '하나님 뜻대로 하시옵소서.'라는 아내의 기도에 서운했다고 한다. 진담이 섞인 농담이었을 것이다.

김대중 대통령과 이희호 여사는 자서전과 옥중서신에서 기도에 관한 이야기를 많이 했다. 실제로 두 부부는 군사 법정에서 사형선고를 받고서도 놀랍고 인상적인 기도를 올렸다.

"하나님께 목숨을 애원하거나 구걸하지 않고 하나님의 뜻에 따라 국민과 역사를 위해 뜻대로 하십시오."

이희호는 자서전에서 전두환의 유명한 숫기와 입담을 나중에 알았다고 회상했다. 복덕방 아저씨가 동네 아주머니를 대하듯 사형시키려 했던 '수괴'의 부인과 편안히 대면하곤 했다. 이희호는 '때로 바짓자락을 올리고 다리를 긁적거리며 편안히 이야기할 수 있는 독특한 분'으로 전두환을 기억했다.

이희호는 전두환을 만나러 청와대로 가는 길에 김대중을 삼일절에 사면할 테니 정치를 하지 않는다고 약속하라는 등의 이야기가 나올 것으로 예상했다. 하지만 삼일절 특별사면에서 김대중은 20년으로 감형되는 데에 그쳤다. 이희호는 괜히 전두환을 만났다고 후회했다. 무기징역이나 20년 형이나 정치생명이 끝난 것은 마찬가지라고 생각한 것이다.

'국민의 정부' 시절 김대중 대통령은 종종 전직 대통령 내외를 초청해 국정을 설명하고 의견을 듣는 자리를 가졌다. 김대중과 이희호는 둘째 홍업의 결혼 문제로 불편을 겪은 적도 있었다. 당시 홍업의 사돈어른은 전두환 정권 청와대에서 고위직으로 근무하고 있었다. 그러다가 김대중 가문과 혼인이 성사되어 사직 의사를 밝혔으나, 전 대통령이 "고작 이런 이유로 사표를 내느냐?"라고 되물으며 반려했다. 이희호 여사는 이 일로 전두환에게 빚을 졌다고 생각했다. 이후 이 여사는 "언제 어디서 무엇이 되어 만날지 사람의 일은 정말 알 수 없다."라고 자서전을 통해 회고했다. 남편에게 사형선고를 한 가해자이자 쿠데타의 주역임에도 이처럼 포용력을 보이는 이희호 여사의 모습이 놀라울 뿐이다.

김대중과 이희호는 대통령 재직 기간 동안 정기적으로 전직 대통령은 물론 자신에게 비판적인 입장에 있는 보수 인사와의 회동 역시 공개적으로는 물론 사적으로도 허심탄회한 소통의 기회를 가졌다. 임기 말 청와대 정무수석실에 내가 근무할 때도 이처럼 외부의 비판적 전문가들을 만나 그분들의 충고와 조언을 대통령께 보고하는 일 역시 주된 업무였다.

정치권에 있다 보면, 갖은 경험을 하게 된다. 내가 정치에 입문한 지도 20년이 다 되어간다. 8년 동안 시장직을 역임한 뒤 '상상할 수조차 없는 범죄적 각서 파동과 불공정한 공천 배제과정'을 거쳐 이제는 평범한 시민으로 돌아왔다. 재임 시절에는 전임 시장과 의장들에게 행사 초청장을 보내는 것은 물론 담당 직원에게 직접 전화해 참여를 독려하라고 했다.

하지만 퇴임 이후에는 후임 시장들로부터 단 한 번도 고양시 주관 행사의 공식 초청장을 받은 적이 없다. 한 번은 같은 정당 소속인 시장의 비서실장에게 전화해 비중 있는 국제꽃박람회 개막식 초청장 정도는 보내줘야 하지 않냐며 항변하기도 했다. 이제는 가볍게 웃어넘기는 경험이지만, 당시에는 퍽 야속하게 느껴졌다. 정치는 그렇게 야속한 것이다.

후임 시장과 나는 김대중과 전두환처럼 정적 관계도 아니었고, 오히려 내 지지자들의 적극적인 도움을 받은 같은 당 출신의 인사였다. 하지만 행사 초청장만 보내지 않은 것이 아니라 내가 재임할 당시 성과와 주요 핵심 사업을 부정하기도 했다. 게다가 때로는 감당하기 힘든 감사와 조사를 진행하는 모습을 본 적도 있다. 그럴 때마다 나는 김대중 대통령의 가르침을 받들어 '참을 인(忍)' 자를 수백 번도 더 가슴에 새기며 인내했다.

8년의 재임 시절 함께 헌신했던 청렴하고 유능한 공직자들이 울고 분노할 때도 애써 위로하고 함께 눈물지을 뿐이었다. 청와대, 국회, 시장 등 15년의 공직생활 동안 기소된 적도 전혀 없던 나였다.

중앙정부는 물론 지방정부의 또 다른 문제는 전임 지자체장이 낸 성과를 평가절하하기 위해 무리한 결정을 내린다는 사실이다. 이는 당적과는 무관하다. 나 역시 내 지지층의 강력한 지원으로 같은 당 출신의 후보가 당선되었다. 하지만 이전에 내가 추진한 핵심 사업과 상충하는 정책을 추진하거나 이해할 수 없는 감사로 당시 공직자를 경찰에 고발하기까지 했다.

무혐의로 결론은 났지만, 누구보다도 성실했던 공직자들은 그동안 큰 고통을 받으며 피눈물을 흘려야 했다. 다음 시장은 소속 정당이 달랐기 때문인지 법적 행정조치가 상당 부분 끝난 와중에도 이런 부류의 사건을 반복했다. 어찌 보면 자업자득이라고 할 만하다.

1985년 2월 김대중은 망명 2년 3개월 만에 당국의 반대와 암살 걱정을 무릅쓰고 귀국한다. 김포 공항에서 대민접촉이 봉쇄된 채 격리되어 즉시 가택연금에 처해진다. 미국에서 귀국한 그 해 2월 8일부터 1987년 6월 24일에 이르는 28개월 동안 동교동 자택은 무려 54번이나 연금되었다. 길게는 연금 기간이 78일에 이르기도 했다. 당시 김대중 선생의 최측근 인사들은 자택을 '동교동 교도소'로, 이희호 여사를 소장으로 칭했다. 이들은 이 여사가 뜯어준 이불 홑청에 사인펜으로 이렇게 썼다.

'김대중 선생 불법 감금 해제하라.'

긴 연금 기간, 이희호 여사는 남편의 전속 이발사였다. 머리 커트와 자기 파마도 직접 했다. 이런 상황이다 보니 서로의 머리를 보고 주체할 수 없는 웃음을 터트리는 상황도 종종 발생했다.
박정희가 18년 집권 끝에 운명했을 때 김대중의 나이는 62세였다. 환갑이 지나서야 출발선에 선 것이다. 이희호 역시 자유의 몸이 되었고 1987년 10월부터 작성한 일기는 지금도 남아 있다. 그렇지만 압수 수색이 두려워 웬만하면 기록하지 않고 살았기에 메모는 대부분 시크릿 노트 형태로 작성되었다. 글을 숭상했던 조선 시대에 사화(士禍)로 인해 기록 문화가 발달하지 못했던 이유를 알 것 같았다.

군사정권 이후 김대중은 재야와 감옥에서, 김영삼은 제도권과 자택에서 독재와 투쟁했다. 동교동이 '어떻게 살아남을 것인가?'라는 생존의 문제에 직면해 있었다면, 상도동은 '어떻게 살아갈 것인가?'라는 생존의 방식을 고민했다. 처지가 달랐던 만큼 비서진의 진로도 달랐다. 동교동 사람들은 주로 감옥으로, 상도동 사람들은 국회로 갔다. 이희호는 두 사람을 한 시대, 한 무대에 세워둔 운명의 장난이 얄궂게만 느껴졌다.

김대중이 귀국 후 처음으로 광주 망월동과 목포를 거쳐 하의도를 방문한 것은 1987년이었다. 광주는 16년, 하의도는 28년 만이었다. 김대중이 가는 곳마다 현수막이 휘날렸다. 십자가를 지고 돌아온 한 많은 고향, 단 50명만 나온 자리에서 김대중은 깊게 고뇌했다.

일각에서는 이희호를 '김대중의 동반자이자 동지이며 1급 참모'라고 평가한다. 어떤 면에서는 사실이기도 하지만, 이희호는 정치 문제에 직접 개입하지는 않았다. 김대중과 동행하고 같은 자리에 동석할 때도 부자연스러울 정도로 대화에 참여하지 않았다. 개선할 문제점을 발견하거나 좋은 생각이 있어도 남편에게 직접 말하기보다는 비서들의 생각으로 건의하도록 했다. 대통령 부인으로서 매우 지혜롭고 적절한 처신이었다.

이희호는 김대중의 정치 인생 중 가장 힘들었을 때가 '국회의원 공천'이라고 말했다. 행패에 가까운 소동을 벌이는 사람도 있었을 만큼 난장판이 벌어지는 상황이었다. 그런 국회에서 김대중의 별명은 '미스터 지자체'였다. 1990년 3당 합당으로 여소야대 시절 합의한 지자체 선거가 무산될 조짐이 보이자 김대중은 당사에서 13일간 공개 단식을 시작했다. 요구사항은 '지방자치체 실시', '내각제 포기', '보안사 해체'였다. 그리고 1991년, 지방선거가 실시되었다. 오늘날 누리는 지방자치제는 김대중의 단식으로 이루어진 성과였다. 김대중은 한 번 결심하면 반드시 행동으로 옮겨 관철했다.

　이렇듯 김대중의 목숨을 건 단식 투쟁으로 이루어진 지방자치제이기에, 그 누구에 의해서도 왜곡되거나 타락해서는 안 된다. 김대중이 생전에 기회가 될 때마다 강조했던 것처럼 "지방자치의 성공과 민주주의의 실현이 한반도 통일로 가는 지름길"이다.

독재자의 딸로부터 받은 화해의 악수

　김형욱은 1961년 5·16 군사쿠데타 이후 중앙정보부장을 역임했다. 이후 1972년 유신 체제 출범 후 박정희 정권과 갈등을 일으킨 뒤 미국으로 망명했고, 회고록을 발행해 박정희의 비행과 치부를 낱낱이 공개했다. 1977년에는 프레이저 청문회에 출석해 박정희 정권의 비리를 폭로했다. 그리고 1979년 10월 1일, 돌연 단신으로 프랑스 파리로 향했고 7일 의문의 실종을 당했다.

　2007년 국정원의 '과거사건진실규명을통한발전위원회'는 김형욱이 프랑스에서 납치되어 암살당했다고 발표했다. 김재규가 공작원으로 보낸 중앙정보부 연수생 1인과 외국인 2명이 합세해 벌인 사건이었다.

　당시 김형욱의 실종사건에 관한 설은 아직도 분분하다. 1970년대 광부로 독일에 이민한 뒤 김대중의 독일 망명 시절 민주화 운동을 함께한 이종성 씨는 다르게 증언했다. 김형욱의 죽임이 지나치게 미화되었으며, 그 이면에는 스위스 은행에 은밀히 보관된 비자금을 둘러싼 각종 미스터리가 얽혀 있다는 것이었다. 언젠가는 실체적 진실을 아는 이들에 의해

명명백백히 밝혀질 것이라고 믿는다.

박정희는 대통령 재임 기간 술을 자주 마셨다. 육영수 여사가 서거한 뒤로는 술에 빠져 살았다. 1979년 10월 26일에는 비서실장, 경호실장, 정보부장, 그리고 젊은 두 여인이 동석했다. 역사 속에서 왕이나 대통령과 같은 최고 권력자에게는 '돈'과 '여자' 문제가 늘 따라다녔다. 몇 사람의 눈을 잠시 속일 수는 있어도 실체적 진실을 영원히 숨길 수는 없다. 이런 점을 보면 김대중의 자기관리 제1원칙이라고 할 수 있는 '수신제가'의 중요성은 아무리 강조해도 지나치지 않다.

박정희 대통령과 김대중은 1967년 목포 국회의원 선거에서 당선된 직후인 1968년 새해에 단 한 번 만났다. 박정희는 김대중 의원에게 매우 친절했고, 그의 질문에 성의있게 답변했다. 김대중은 박정희 대통령이 살아있을 때 많은 이야기를 나누지 못해 한스럽다고 회고했다.

그렇다면 전직 대통령인 박정희·박근혜와의 인연과 악연은 어땠을까? 박정희는 집권 내내 김대중을 괴롭혔다. 김대중은 인제 보궐 선거에 당선되었지만, 사흘 만에 쿠데타가 일어나 국회의사당에 발을 들여보지도 못했다. 어쩌면 정적이었던 김대중의 당선을 예측한 박정희가 쿠데타 일정을 일부러 선거일 3일 뒤로 기획했던 것일 수도 있다.

그만큼 박정희에게 김대중은 두려운 존재였다. 김대중은 목숨을 걸고 독재에 맞서 싸웠고, 이는 박정희와의 싸움이기도 했다. 박정희가 만든 중앙정보부는 김대중을 두 번이나 죽이려 했다. 그런 절체절명의 위기에서 김대중은 기적적으로 살아남았다.

세월이 흘러 박정희의 맏딸 박근혜가 김대중을 찾아왔다. 박정희 서거 이후 25년 만이었고, 박근혜는 거대 야당인 한나라당의 대표였다. 박근혜는 아버지의 일을 사과했다. 뜻밖이었다.

"아버지 시절에 여러 가지로 피해를 보고 고생하신 데에 딸로서 사과드립니다."

김대중은 그 말이 퍽 고마웠고, 박정희가 환생해 화해의 악수를 청하는 것 같아 기쁘기도 했다. 김대중은 당시를 이렇게 회상했다.

"사과는 독재자의 딸이 했지만, 정작 내가 구원받는 것 같았다."

박근혜는 김대중 대통령 시절 박정희 기념관 건립을 결정한 것에도 감사를 표했다. 김대중이 박정희의 정적이기는 했지만, 기념관을 통해 박정희의 공과(功過)를 분명히 밝히는 것도 역사의 진일보라 판단한 것이다.

역사는 아이러니하게 흘러갔다. 지금은 김대중 대통령 기념사업회와 박근혜 대통령 기념사업회가 관련 법 개정을 위해 함께 노력해야 한다. 초당적으로 전직 대통령 기념사업회에 대한 국가적 지원사업을 유치해야 하기 때문이다.

대통령 재직 시절 역대 대통령과는 비교할 수 없을 만큼 방대한 역사적 자료를 남긴 김대중 대통령에게는 현행법의 지원이 매우 미비하다. 현행법은 전임 대통령의 퇴임 이후 단 한 번, 그것도 대통령 기념관 건립을 위한 시설물 지원에 초점을 두고 있다. 앞으로는 국내외에 존재하는 방대한 사료를 사들이고 정리, 보관하여 각종 기념사업을 계승하도록 법

개정이 추진되어야 한다. 김대중과 박정희는 사후에도 초당적으로 협력해야 하는 상황이 된 것이다. 역사의 아이러니가 아닐 수 없다.

나는 재단법인 김대중기념사업회 산하 김대중 사상 계승발전위원장으로서 워싱턴 망명 시절 김대중과 함께한 원로 민주화 동지들을 만났다. 이런 초당적 노력의 필요성을 설득하기 위함이었다. 그런 와중에도 서거 이후에도 끝나지 않는 김대중과 박정희의 질긴 악연이 떠올라 웃음이 나곤 했다.

다섯 번째 죽을 고비: 군사법정의 사형선고

1980년대에 접어들면서 권력을 장악한 신군부의 협박과 회유가 심해졌다. 김대중은 옥중에서도 싸워야 했다. 그렇지 않으면 광주에서 희생당한 사람들을 볼 면목이 없었다. 전두환 신군부 세력은 군 정보기관의 모 대령을 보내 협박과 회유를 하였고, 김대중은 자신의 결심을 내뱉었다.

"협력할 수 없으니 당신들이 죽인들 내 어찌하겠소."

이 대령의 얼굴에 당황한 기색이 역력했다.

이후 조작된 김대중 내란음모 사건이 발표되었고, 군사법정에서는 김대중에게 사형선고를 내렸다. 김대중은 1시간 40분 동안 최후 진술을 했고, 간간이 흐느끼던 방청객은 김대중의 최후 진술이 끝나자 일제히 기립했다. 법정에는 애국가가 울려 퍼졌고, 뒤이어 <우리 승리하리라>를 합창했다. 조용히 하라고 재판장이 다그쳐도 소용없었다. 방청석에 있는 가족들은 끌려나가며 외쳤다.

"민주주의 만세! 김대중 선생 만세!"

피고들도 흐느꼈다. 최후 기소장에 적힌 김대중의 죄목은 국가보안법 1조 1항, 즉 '반국가 단체 수괴' 혐의였다. 김대중은 최후 진술에서 실체 없는 '김대중 내란음모 사건'의 거짓을 조목조목 지적했다. 최후 진술의 마지막은 이랬다.

"나는 아마도 사형판결을 받고 틀림없이 처형당하겠지만, 내가 처형 당한다는 것은 처음부터 각오하고 있습니다. 내 판단으로는 머지않아 1980년대에 민주주의가 회복될 것입니다. 그때가 되거든 정치적 보복이 다시는 이 땅에서 행해지지 않도록 부탁하고 싶습니다. 이것이야말로 내 마지막 소망이고 하느님의 이름으로 하는 마지막 유언입니다."

죽고 싶은 사람은 없다. 김대중도 마찬가지였다. 사형만은 면할 수 있 기를 간절히 빌었다. 법정에서도 속으로 절실히 기도하며 재판장의 입 모양을 주목했다. 입술이 옆으로 벌어지면 '사', 사형이었고 입술이 앞으로 튀어나오면 '무', 무기징역이었다. 입술이 튀어나오면 살고 벌어지면 죽는다. 재판장의 입이 옆으로 벌어졌다.

"김대중, 사형."

비장하고 숙연해지는 이야기였지만, 훗날 김대중은 강연할 때 자주 이 이야기를 반복했다. 대학생들의 반응이 꽤 좋았다. 시간이 갈수록 유머 감각도 더해져서 구수한 전라도 사투리까지 섞으며 당신의 생에 가장 두려웠던 순간을 이렇게 회고했다.

"재판관의 입을 뚫어지라고 봤더니, 입이 쫙 찢어져서 '오메, 나는 인제 죽어부렀구나.'하는 생각이 들어부렀습니다."

종종 자주 쓰던 유머를 곁들이기도 했다.

"세상에서 가장 성질 급한 민족이 누구인지 아십니까? 눈깔사탕을 순간에 와드득 깨물어 묵는 민족은 우리 한민족밖에 없을 것이오."

청중은 사형수였던 역사적 거목의 농담을 들으며 주체할 수 없는 웃음을 터트렸다. 그 순간, 김대중은 정색하며 분위기를 반전시키곤 했다.

"행동하지 않는 양심은 악의 편입니다. 담벼락에 대고 욕을 하더라도 행동합시다. 그래야 민주주의가 지켜집니다."

함께 끌려가 모진 고문을 받고 옥고를 치른 한완상 교수는 그 순간을 이렇게 회고했다.

"DJ는 1시간 40분 가까운 긴 시간 동안 당당히 자기 의견을 개진했다. 나는 그의 침착함에 놀랐다. 이른바 세인트(saint)의 경지에 들지 않고서는 사형 구형을 받은 피고인이 그토록 태연하고 침착하게 자기 심경을 말할 수 없을 것이었다."

　이 책을 쓰는 나도 김대중 대통령이 죽을 고비를 몇 번이나 넘기면서 겪은 고통을 담담히 받아들이는 데에 경외심이 들었다. 감옥에서 쓴 편지와 옥중서신, 이희호 여사와 나눈 신앙적 대화는 성인의 경지에 도달하지 않으면 불가능한 것이기 때문이다. 가까이서 모시는 동안 적지 않게 불만을 가졌던 것도 지금은 큰 후회로 남았다.

　1980년 9월 17일, 사형선고가 내려졌고, 사형수 김대중은 하느님의 존재를 의심했다. 정신적 위기의 시간이었다. 김대중은 답을 얻기 위해 플라톤, 아리스토텔레스, 데카르트, 칸트 등 철학자들의 글을 읽었다. 하지만 하느님의 존재에 대한 의문을 풀어주지는 못했다.

　임박한 죽음이 주는 고통 앞에서는 초월적 신 앞에서 느끼는 인간의 한계와 이를 극복하기 위한 각종 철학과 사상도 무용지물이었다. 사형수 김대중은 고통이 커질수록 그 공포를 이겨내기 위한 모든 노력을 기울였다. 하지만 고대 철학과 저명한 근현대 사상가들의 해법도 그리 큰 힘이 되지는 못했다.

　김대중은 자신이 품은 의문과 그에 대한 나름의 답을 편지에 써 아내에게 보냈다. 신군부에 의해 투옥된 후 처음 세상에 보낸 옥중서신이었다. 매우 간절했으며, 하나의 구원이기도 했다.

　"예수님의 부활은 신앙의 신비이기도 하지만, 역사적 사실로서도 근거가 상당히 객관적이라고 생각합니다. 그리스도 교도를 박해한 사도 바울의 회심(悔心)과 초인적이며 헌신적인 포교 활동, 그리고 마침내 겪은 순교는 그가 체험한 부활하신 예수 없이는 설명할 길이 없다고 생각합니다."

아내는 같은 날 편지에 이렇게 적었다.

"바다 가운데서 구해 주신 그 하나님께서 지금도 당신 곁에 계시니 이번에도 구해 주실 것을 믿고 기도하세요."

김대중과 이희호는 11월 21일 같은 순간에 '신과 죽음'을 떠올렸다. 기적이라고 해도 과언이 아니었다. 어떻게 죽음을 앞둔 상황에서 같은 날 간절한 기도를 올리고, 서로를 위로하며 하느님의 부활을 확신하는 편지를 주고받을 수 있었을까?

그런데도 두려움은 떨칠 수 없었다. 언제 사형장으로 데려갈지 알 수 없었다. 밖에서 발소리만 들려도 깜짝깜짝 놀랐다. 소년 시절에는 도깨비 이야기만 들어도 잔뜩 겁을 먹곤 했던 김대중이었다. 성인이 되었다고 해서 죽음의 공포를 쉽게 극복할 수 없는 것은 당연했다.

하지만 가야 할 길이라는 것을 알았기에 김대중은 그 두려움을 극복할 수 있었다. 하느님의 역사와 양심을 믿었다. 그리고 의지했다. 대법원 상고심이 기각되자 아내가 소식을 전했다.

"상고가 기각되었어요. 저는 모든 것을 하나님께 맡기고 있어요."

이미 마음으로는 몇천 번이나 각오한 일이었다. 담담하게 그 말을 듣는 와중 아내와 홍일의 처, 홍업, 홍걸이 차디찬 시멘트 바닥에 무릎을

꿇었다. 그리고 울며 기도했다. "하나님 뜻대로 하소서."라는 말로 기도
는 끝을 맺었다. 김대중은 아내가 그렇게 존경스러울 수 없었다.

세상에서 가장 아름다운 부부의 러브레터

김대중에게 있어 생명을 부지하기 어려울 수 있다는 최악의 위기감이
들었던 순간은 아마 사형선고를 받은 1980년 9월부터 형집행정지를 받
은 1982년 12월까지였을 것이다. 이 불안한 27개월 이후 12월 23일, 김대
중은 미국으로 망명했다. 김대중은 강제 망명길에서 <이제 가면>이라는
시조에 조국을 향한 그리움과 국민을 향한 애틋한 감정을 담았다.

잘 있거라 내 강산아 사랑하는 겨레여.
몸은 비록 가지마는 마음은 두고 간다.
이국땅 낯설어도 그대 위해 살리라.

이제 가면 언제 올까 기약 없는 길이지만
반드시 돌아오리. 새벽처럼 돌아오리.
돌아와 종을 치리. 자유 종을 치리라.

잘 있거라 내 강산아 사랑하는 겨레여.
믿음으로 굳게 뭉쳐 민주회복 이룩하자.
사랑으로 굳게 뭉쳐 조국통일 이룩하자.

후일 김대중은 목숨을 걸고 한국행 비행기에 오른다. 사랑하는 조국에서 자유의 종을 치기 위해 새벽처럼 돌아오겠다는 결심을 실천한 것이다.

이처럼 김대중은 매 순간 죽음의 고통을 느끼면서도 '절망 속의 한 가닥 희망을 찾는 눈물겨운 노력'을 이어갔다. 이는 국민과 해외 민주 지도자들의 구명운동으로 이어져 그는 생명을 가까스로 유지할 수 있었다. 그리고 끝 모를 절망에서 새롭게 시작했다.

나중에 밝혀진 사실이지만, 사형수 김대중이 목숨을 구할 수 있었던 데에는 독일의 브란트 총리가 큰 역할을 했다. 앞장서 국제적 구명운동에 나섰던 것이다. 당시 브란트 총리는 독일에 거주하는 김대중 구명운동에 대한 한국 민주화 운동 동지들의 절실한 편지와 항의 시위를 접했다. 그리고 스페인에서 열린 전 세계 사회민주주의정당의 지도자 회의에서 각국 정상의 의지를 모았다.

그로 인해 김대중 구명운동에 대한 국제사회의 강력한 의지가 당시 전두환 독재정권에 가장 큰 영향력을 미치던 미국 레이건 대통령에게 전해졌다. 이를 실행에 옮긴 결과 사형수 김대중의 형 집행이 정지되어 미국으로 망명할 수 있게 된 것이다. 독일을 비롯한 전 세계 민주화 운동 동지들의 '행동하는 양심'에 따른 결과였다.

이 시기 김대중과 이희호가 주고받은 비밀편지, 사형수 김대중이 세 아들과 나눈 대화는 '지구상에서 가장 진실하고 아름다운 편지'로 기록될 것이다. 김대중 개인에게는 '사약보다도 쓰디쓴, 고통스러운 독배'를 마시는 순간이었겠지만 말이다. 그 당시, 끔찍했던 악마의 시간은 어땠을까?

1979년 12월 8일에는 박정희 대통령이 시해당한 10·26사태로 긴급 조치 9호가 해제되었다. 그리고 김대중은 가택연금에서 일시적으로 풀려

낮다가 1980년 3월 1일 사면 복권되었다. 하지만 5월 17일에는 신군부가 비상계엄령을 전국으로 확대하면서 김대중은 동교동 자택에서 연행되어 같은 해 8월 9일 군 교도소에 갇혔다.

그리고 1980년 9월 11일, '내란음모 사건' 결심 공판에서는 '용공 분자와 제휴하여 정권 탈취를 기도'한 혐의를 받았다. 결국 '국가보안법', '계엄법', '반공법', '외국환관리법' 위반 혐의로 군 검찰은 김대중에게 사형을 구형했다. 이틀 뒤 열린 제18차 공판에서 김대중은 1시간 48분에 걸쳐 최후 진술을 했고, 사흘 후 군사 재판에서는 사형을 선고받았다.

그리고 1981년 1월 23일 대법원 전원합의체는 사형을 최종적으로 확정했다. 하지만 1시간 뒤에 열린 국무회의에서는 감형해 무기형으로 변경되었다. 일주일이 지난 1월 31일, 김대중은 육군교도소에서 청주교도소로 이감되었고, 1982년 3월 2일에는 무기징역이 20년 형으로 감형되었다. 이후 1982년 12월 23일, 형 집행 정지로 석방된 후 가족과 함께 신병 치료차 미국 워싱턴으로 향했다.

국내는 물론 국제정치사에서도 찾기 힘든 암흑 속의 정치 상황이었다. 그런 와중에 사형수 김대중과 가족들이 나눈 옥중서신을 읽자면 단순히 슬픈 감정을 넘어 경이로운 마음마저 든다. 이미 60대에 접어든 나이에 인간으로서 견디기 힘든 한계상황 속에서 초인적인 동지애가 느껴지기 때문이다.

김대중은 감옥에서도 세 가지 낙이 있었다고 회고했다. 첫 번째는 독서, 두 번째는 가족과의 면회, 세 번째는 편지를 받는 것이었다. 김대중의 '작지만 큰 대학'이었던 감옥 생활은 1981년 1월 31일 청주교도소로 이감

되면서 세상에 공개되었다.

당시 김대중은 죽음이 두려웠고 판결을 기다리는 몇 달 동안 체중이 10kg이나 줄었다. 육군교도소에서 사형수 신분으로 아내를 만났을 때는 서로 눈물 한 방울 보이지 않았지만, 청주에서는 눈물을 참지 못했다. 살아있음에 감사하는 눈물이었다.

김대중은 청주교도소에 도착하자마자 이불을 뒤집어쓰고 하느님 아버지를 부르며 마구 울었다. 눈물이 하염없이 쏟아졌다. 그러다 지쳐 잠이 들었다. 김대중이 청주교도소에서 힘든 시간을 보내고 있을 때, 아내 이희호는 눈물 어린 편지를 남편에게 보냈다.

1981년 2월 26일
당신은 나를 눈물 없는 사람으로 알고 계시지만 실은 너무 눈물이 많은 사람이랍니다. 나는 남 보는 데서 눈물을 흘리지 않기 위해 무진 애를 써서 참으며 눈물을 삼켜버리고 보이지 않습니다.

더구나 당신이 아파하실까 봐 당신에게는 눈물을 보이지 않은 것인데 나도 모르게 눈물이 나왔나 봅니다. 나는 요즘 교회에 나가 찬송을 부르면 눈물이 나와 견딜 수 없을 때가 많습니다.

당시 김대중과 이희호, 가족 간에 나눈 옥중서신을 읽어보면 사형수 김대중의 마음을 확인할 수 있다. 가족을 향한 절절한 미안함, 뜨거운 사랑, 그리고 예수님의 부활에 관한 믿음의 깊이가 느껴진다. 특히 불사조 같은 김대중이 아내 이희호와 함께 흘린 눈물들이 한데 모여 한겨울 인동초의 아름다움을 피워낸 것은 아닐까.

‘사형수’ 남편을 면회할 때 이희호 여사가 메모한 시크릿 노트

이희호 여사는 청주교도소에서 ‘사형수’ 신분의 남편을 면회할 때 나눌 이야기의
요점을 꼼꼼히 정리했다. 할 말은 많고 시간은 짧았기에 돌아설 때는 늘 아쉬움
이 남았다.

1980년 11월 21일

존경하며 사랑하는 당신에게

지난 5월 17일 이후 우리 집안이 겪은 엄청난 시련의 연속은 우리가 일생을 두고 겪은 모든 것을 합쳐도 그에 미치지 못할 것입니다. 그중에서도 당신이 맡아서 감당해야 했던 고뇌와 신산(辛酸)은 누구보다 컸고 심했습니다.

나는 지금까지 어느 정도 신앙이 있다고 믿었습니다. 그러나 막상 죽음을 내다보는 한계상황 속에서 자기 실존이라는 것이 얼마나 허약한 믿음 속의 것인지 매일같이 체험하고 있습니다. 예수님의 부활은 신앙의 신비이기도 하지만 역사적 사실로서도 근거가 상당히 객관적이라고 생각합니다.

세속적으로 볼 때 나는 결코 좋은 남편도, 좋은 아버지도 되지 못했습니다. 내가 할 수 있는 일은 오직 이 모든 일을 위해 주님의 은총이 내리도록 기구하고 또 기구하는 것뿐입니다.

나는 당신과 같은 좋은 아내를 가졌으며, 착하고 장래성이 있으며 아버지를 이해하는 자식들을 가졌다는 것을 새삼 행복하게 생각하며, 우리 집안의 장래에 큰 희망을 품고 있습니다. 그리고 당신에게 좋은 남편 노릇을 못 한 나의 수많은 잘못을 당신이 관용해주기를 다시 한번 마음으로 간구합니다.

이 편지는 사형선고를 받은 뒤 무기징역으로 감형되기 전에 쓴 것이다. 김대중은 이 편지에서 '엄청난 시련'과 '허약한 믿음'을 솔직히 고백했다. 게다가 좋은 남편도, 좋은 아버지도 아니었다고 말하면서도 '당신

시크릿 노트 : 절망에서 성공하는 비결

과 같은 좋은 아내를 가졌으며, 착하고 장래성이 있으며 아버지를 이해하는 자식들'을 가졌다는 것에 행복하다고 말했다. 너무도 간절하고 솔직하게 죄와 사랑을 고백하는 대목에 울컥하지 않을 수 없었다.

같은 날 이희호 역시 남편에게 다음과 같은 편지를 보냈다.

존경하는 당신에게

오늘 당신이 받는 엄청난 고난을 바라보면서 십자가에 달리신 예수님을 생각하며 시편 22편을 읽고 기도드립니다. 나는 당신의 선한 성품과 진실하게 살기 위한 피나는 노력을 존경했는데 하나님은 "왜?"라고 물어봅니다.

정말로 로마서 8장 2절의 말씀처럼 '하나님을 사랑하는 사람들, 곧… 모든 일이 서로 작용하여 좋은 결과를 이룬다.'라는 것……. 좋은 결과를 이루기 위한 징조이기도 합니다. 하나님은 반드시 당신 속에 성령으로 임재하고 계십니다. 꼭 믿고 기도하세요.

'김대중 내란음모 사건'으로 청주교도소에 수감 중이던 1980년 11월 2일부터 1982년 12월 16일까지 이희호는 총 649통의 편지를 보냈다. 2년여에 이르는 기간 동안 거의 매일 편지한 것이다.

이희호는 '무인도에 홀로 계신 수도사의 아픈 길을 가는 것'이라며 하나님이 옆에 계신다고 당부했다. 그리고 도스토옙스키가 유배지에서 겪은 죽음의 고통과 이를 극복하는 과정에서 있었던 신앙의 힘을 강조했다.

1981년 1월 6일

월 1회 면접에서 가족과 10분만 면회가 가능하니, 이제 당신은 인간사회와 관계없는 무인도에 홀로 계신 수도사의 아픈 길을 가는 것입니다. 인간은 고독한 존재임을 더 실감하시게 될 것입니다. 그러나 하나님이 옆에 계십니다.

이후 김대중은 이렇게 편지를 썼다.

1981년 1월 17일

나의 경애하는 당신에게

오늘로 내가 집을 뜬 지 만 8개월이 되었습니다. 그간 당신과 가족, 친지들의 고초가 컸을 것입니다. 당신에게는 감사한 마음뿐입니다. 나는 내 운명이 어떻게 되더라도 주님께 모든 것을 맡기고 그분 뜻대로 이루어지기만을 매일 기구합니다.

온 세상 사람이 예수님을 부인해도 나는 그분을 사랑할 것입니다. 모든 과학자가 그분의 부활을 조롱해도 나의 신념에는 변화가 없습니다.

옥중에 있던 김대중이 신앙과 예수님의 부활에 의지하는지 엿볼 수 있다. '나의 신념에는 변화가 없다.'라고 단언하는 부분에서는 죽음과 같은 절망 속에서도 자신을 지켜준 마지막 버팀목이 '신앙'이었음을 확인할 수 있다.

1981년 2월 9일

존경하는 당신에게

오늘은 도스토옙스키가 세상을 떠난 날입니다. 그의 생애는 작품과 마찬가지로 고난과 고통에 싸여 있었습니다. 사형선고를 받았다가 무기로 감형, 시베리아로 유배된 적도 있었다고 합니다. 이것을 읽으며 당신을 생각했습니다.

그는 죽을 때까지 성경을 곁에 두고 깊은 신앙 속에서 일생을 영위했습니다. 참으로 신앙의 힘은 무섭고 두렵습니다. 그리고 아픈 모든 어려움을 참고 이겨내는 놀라운 무언가를 나타낸다고 새삼 느낍니다.

이희호는 하나님의 기적과 부활, 남편의 신앙생활을 강조했다. 그러면서도 자신은 눈물이 많은 사람이며, 남편에게서 '골고다로 향하는 예수의 모습'을 발견한다고 언급했다. 누구라도 눈물이 날 수밖에 없는 부분이다.

무기징역으로 감형되기 전 김대중은 부활을 확신하는 내용의 유언 같은 편지를 남겼다. 이후로도 편지에서는 신앙에 관한 대화가 지속해서 등장했다. 당국의 감시를 피하려는 의도도 있었겠지만, 극한적 상황에서 김대중이 마지막으로 매달릴 수 있었던 것이 신앙이었기 때문일 것이다.

1981년 3월 19일

나의 존경하고 사랑하는 당신에게

작년 5월 이후 수많은 수난을 겪은 와중에도 하나씩 되짚어보면 열 가지도 넘는 주님의 은혜가 있었음을 느낍니다. 아직 살아있고, 집안이 모두 주님 앞에 믿음의 결속을 이루고, 모두가 건강하고 아끼고 사랑하며 많은 벗의 아낌을 받는다는 것을 우리는 알고 있습니다. 일생에 네 번이나 죽음의 고비에서 살아난 것도 참 드문 일인데, 내가 무엇이기에 하느님이 이토록 사랑하시는가, 하고 떨리는 기쁨과 감사를 느낍니다.

결혼기념일을 앞두고 김대중이 보낸 편지를 보면 가슴이 먹먹해진다. 결혼식을 올린 지 10일 만에 반혁명죄로 구속되고 이후 세 번의 감옥 생활과 네 번의 죽을 고비를 넘긴 남편의 미안한 마음은 상상조차 되지 않는다. 게다가 눈앞에 존재하는 사악한 세력과 싸워 이겨내는 동시에 악을 용서하는 포용의 정신을 간직하기란 인간을 초월한 신적 존재가 아닌 이상 실행하기 어려운 일일 것이다. 이처럼 김대중은 신앙과 정치적 신념을 실천하기 위해 죽을 때까지 큰 노력을 기울였다.

1981년 4월 22일
존경하고 사랑하는 당신에게
오는 5월 10일은 우리의 결혼기념일입니다. 결혼하고 10일 만에 당시 군정 아래 민주당 반혁명사건에 무고당해 한 달을 감옥에 있었습니다. 우리의 결혼은 출발부터 시련이었습니다. 그 후 지금까지 세 번의 감옥살이, 네 번의 죽음의 고비, 세 번의 국회의원 당선, 71년 대통령 선거 출마가 있었습니다. 그리고 무엇보다도 홍걸을 얻었습니다. 당신의 훌륭한 내조 덕분에 나는 오늘까지 나의 양심과 하느님께 충실한 삶의 길을 떠나지 않을 수 있었습니다.

1981년 6월 23일
존경하고 사랑하는 당신에게

부처도 도를 깨달은 후 이를 널리 알리려는 생각은 전혀 없었다고 합니다. 그러나 민중의 정경(情景)을 그대로 볼 수 없어서 마침내 '어두운 이 세상에서 나는 끝없이 북을 치리라.'하며 일어섰다고 야스퍼스는 말합니다.

1981년 9월 30일

칼 야스퍼스는 공자, 석가, 소크라테스, 예수가 악을 대하는 태도를 이렇게 전합니다.

공자는 '선을 선으로 대하고 악을 정의로 대하라.'라고, 부처는 '인내와 자비로 악을 대하라.'라고, 소크라테스는 '악을 악으로 대하면 정의가 아니다.'라고 했습니다. 예수님은 '원수를 용서하고 그를 사랑하며 그를 위해 기도하라.'라고 했습니다. 흥미롭고 교훈이 있는 비교입니다.

김대중의 신앙은 가톨릭이었으며 아내는 개신교였다. 그리고 민주화 운동 과정에서 불교, 대종교, 유교 등 모든 종파의 지도자들과 함께 대화합을 도모했다. 정치적으로는 물론 종교적으로도 차별하지 않는 대통합의 철학은 이때부터 깊이 뿌리 내리고 있었다.

1982년 1월 6일은 김대중의 생일이었다. 아들들이 찾아와 큰절을 올렸다. 김대중은 유리창 너머로 그 모습을 바라봤다. 형용할 수 없는 뜨거움이 느껴졌다. 그리고 돌아와 이런 시조를 썼다.

면회실 마루 위에 세 자식이 큰절하며
새해와 생일 하례 보는 이 애끓는다.

135

아내여, 서러워 마라. 이 자식들이 있잖소.

추야장 긴 긴 밤에 감방 안에 홀로 누워
나랏일 생각하며 전전반측 잠 못 잘 때
명월은 만건곤하나 내 마음은 어둡다.

김대중은 육체적, 정치적 생명이 심각하게 위협받는 상황에서도 지도
층의 도덕성을 특히 강조하며 국민을 향한 한없는 신뢰를 표현했다. 기
득권과 특권적 카르텔로 이익을 누리기 위해 편할 때만 국민을 이용하는
정치인들을 향한 준엄한 충고라 하겠다.

1982년 1월 29일
존경하고 사랑하는 당신에게
무엇보다 중요한 것은 지도층의 도덕적 솔선수범입니다. 이것 없이는
춘추시대의 혼란 속에서 공자가 나왔듯 위대한 도덕적 성자는 나와도 전
국민이 도덕화된 사회는 이루어질 수 없습니다. 우리 국민의 도덕성으로
보아, 지도층만 솔선수범하고 올바른 방향을 제시한다면 큰 성공을 거둘
수 있을 것입니다.

40여 년 전, 그것도 사형수의 신분이었던 김대중은 '지도층이 도덕적
솔선수범을 보이고 올바른 방향을 제시하면 큰 성공을 거둘 수 있을 것'
이라고 역설했다. 지도층의 도덕적 불감증에 전 국민이 분노하고 있는
요즘의 상황에서 김대중의 경고는 위정자들이 반드시 가슴 깊이 새겨야
할 가르침이다.

진정 신은 존재합니까?

평범한 사람도 고난이 눈앞에 닥치면 신의 존재를 갈구하기 마련이다. 김대중은 국가와 민족을 위해 헌신한 자신에게 수차례 죽음의 위험이 닥칠 때마다 절실하고 간절하게 기도했다. 즉, 김대중은 부활 신앙의 의미를 통해 예수의 부활을 확신하고 이에 의지해 더 힘든 고통을 이겨낸 것이다.

이 과정에서 아내 이희호는 하나님의 충직한 자녀로서 항상 하나님의 존재와 축복, 기적을 통한 부활의 의미를 남편에게 각인시켰다. 신앙적으로 교육하고 훈련했다는 것이 더 정확한 표현일 것이다. 김대중은 아내가 '진정 사랑하고 존경하는 신앙적 동지'라고 고백했다.

사형선고를 받은 김대중은 죽음을 앞두고 끊임없이 질문을 던졌다. 그리고 예수의 부활을 입증하는 세 가지 객관적인 증거를 제시했다.

"첫째, 십자가 처형 때 그를 버리고 달아난 제자들의 생명을 건 회심(回心). 둘째, 예수를 원수로 알고 박해했던 사도 바울의 결사적 전도 일생. 셋째, 예수가 그렇게 비참하게(유대인에게는 거리낌이 되고 헬라인(이방인)에게는 어리석게) 죽었음에도 사후 즉시 하느님으로 추앙된, 종교사에서 전무후무한 사실. 이러한 내용으로 입증된다는 것은 전에도 썼기에 상론하지 않겠습니다."

나는 대학 졸업 후 한국기독교사회문제연구원의 책임연구원으로 재직했다. 그래서 한국을 대표하는 신학자와 목사님, 신부님들을 뵐 기회가 많았다. 당시 나도 '예수님의 부활에 관한 신앙적 믿음'을 고민했기에 예수님의 부활을 어떻게 믿는지, 하나님의 존재를 어떻게 입증하는지 많은 분께 질문했다.

놀랍게도 종교인들의 여러 대답보다 김대중이 아내에게 보낸 옥중서신에 적힌 부활 신앙의 근거가 설득력이 있었다. 그만큼 당시 상황이 김대중에게는 절박하고 간절했다는 의미일 것이다.

김대중은 '사색의 단편'이라는 제목의 옥중서신을 가족에게 보냈다. 여기에는 절박한 죽음의 위기와 절망 속에서 성공한 인생을 살고자 몸부림치는 신앙적 고뇌와 철학적 성찰이 녹아있다. 이 글들을 보면 '정치인' 김대중이 아니라 '철학가이자 사상가', 때로는 '젊은이들의 멘토' 김대중이 가진 삶의 지혜를 엿볼 수 있다.

삶과 죽음을 대하는 김대중의 철학, 인생과 역사를 보는 관점은 사형선고를 받고 옥중에서 죽을 날을 기다리는 극한적인 절망의 상황에서 태동했다. 김대중은 옥중에서 터득한 '행복한 부자가 되는 성공 철학'을 생을 마감하는 순간까지 실천하기 위해 끊임없이 일어났다.

"우리는 넘어지면 끊임없이 일어나 다시 출발해야 한다. 인생은 종착지가 없는 길 위의 나그네다."

"사람은 가난해지지 말고 지나치게 부유하게 되지도 말 일이다. 가난해도 부유해도 돈의 노예가 된다. 알맞게 갖고 자유인이 될 일이다."

"모든 사람이 사업에서 성공자가 될 수는 없다. 그러나 모든 사람이 인생이라는 삶에서 성공자가 될 수는 있다. 무엇이 되느냐가 아니라 어떻게 사느냐에 목표를 두고 삶의 길을 가는 것이다."

행복하고 성공한 삶을 위한 주옥같은 지혜다. '어떻게 살 것인지' 고민하는 삶이 진정 성공한 인생이다. 범인들에게는 쉽지 않은 선택이지만, 김대중과 이희호 부부는 치열하게 서로를 위로하며 같은 목표를 향해 걸었고, 결국 목표를 달성했다.

1982년 12월 15일
주님께 드리는 기도
주님은 한없는 애정으로 저의 무거운 짐을 같이 져 주셨습니다. 생각하면 저만큼 주님의 은혜를 많이 입은 사람도 없을 것입니다.
주님, 6·25 당시 공산군 감옥에 갇혔던 220명의 재소자 중 140명이 학살되는 가운데에 저를 탈옥시켜 살리셨습니다.
71년에는 국회의원 선거 지원차 전국을 지원 유세하던 제 차를 14톤 대형 트럭으로 들이받아 교통사고를 빙자해 죽이려는 음모가 있었습니다. 주님은 이때도 간발의 차이로 그 시도를 좌절시켰습니다.
주님은 제가 1973년 8월 8일부터 13일까지 5일 동안 납치되었을 때 시종 저와 함께 계시면서 제 목숨을 살려내셨습니다.
그리고 마지막으로 재작년 사형판결에서 저를 구출하셨습니다.
아아, 주님의 크고 깊은 은혜여! 제가 무엇이기에 주님께서는 제게 이렇게 큰 은혜를 베푼 것일까요?
주님은 제게 세 번 나타나셨습니다. 첫 번째는 납치 당시 납치범들이 바다에서 저를 꽁꽁 묶어 물에 막 던지려고 들고 나가는 순간이었습니다. 제 옆에 계신 모습으로 나타나셨는데 제게 삶의 구원이 오는 순간이었습니다.

두 번째는 재작년 제가 수사기관에 있을 때였습니다. "두려워하지 말고 믿기만 하여라."라는 회당장 야이로에게 하신 말씀의 소리로 나타나셨습니다.

마지막으로는 제가 이곳 교도소로 온 직후 꿈에 나타나셨습니다. 죽음의 장소에 버려지기 위해 발가벗겨진 채 혹한 속에 수레에 실려 교외의 황야로 끌려갔을 때 하늘에서 두 줄기 빛이 내려왔습니다. 저와 저를 끌고 간 일꾼까지 따뜻하게 해주시며 안전한 곳으로 저를 다시 데려오셨습니다.

이 편지를 쓴 날 밤, 김대중은 서울대병원으로 이감된다는 통고를 받았다. 가장 힘든 순간, 김대중이 마지막으로 의지한 곳이 주님의 품이었다. 김대중은 신앙을 향한 믿음과 역사를 확신하고 고난을 은혜로, 위기를 기회로 만드는 지적 훈련을 이어갔다.

특히 김대중이 절망에서 희망을 찾고 성공으로 나아가는 여정이 철학적, 이성적 차원에 그치지 않고 목숨을 걸고 지켜낸 실천철학이었다는 점을 주목해야 한다. 범인(凡人)은 물론, 일반적인 철학자들과 근본적으로 다른 부분이다.

김대중은 감방 창문 위에 달린 굵은 철망의 구멍을 통해 수많은 달을 볼 수 있었다. 여러 개의 달을 가진 부자라고 김대중은 자신을 위안했다. 보름달이었든 초승달이었든 김대중이 바라본 달은 유일한 친구이자 꿈이자 희망이었을 것이다. 아내와 가족, 고통받는 민초의 모습을 달에 투영해 매일같이 가슴으로 울며 자신의 신심(信心)을 단련하고 키웠을 것이다. 그 달이 가까운 미래에 절망에 빠진 자신을 구하는 희망의 동아줄을 내려주기를 꿈꾸었을 것이다. 그리고 그 꿈은 현실이 되었다.

사형수 아버지가 세 아들에게 보내는 옥중 편지

봄기운이 조금씩 스미던 4월의 어느 날이었다. 장남 홍일이 아버지에게 편지를 썼다. 발신지는 대전교도소였다.

"작년 5·17에 헤어진 뒤로 오늘까지 거의 1년 동안 아무 소식도 듣지 못하다가 편지를 받으니 가슴이 너무도 떨렸습니다. 눈물이 앞을 가렸습니다. 꿈속에서도 간절히 만나 뵙고 싶어 애를 쓰던 아버지께 편지를 쓴다고 생각하니 눈시울이 먼저 뜨거워집니다.

오늘은 저희의 대법원 재판 날입니다. 어떤 판결이 있었는지 아직 모르지만 기대는 하지 않고 있습니다. 그러나 한편으로는 저 자신이 약한 인간이기에 하나님의 크신 은혜로 우리 가족, 아버지와 함께 고생하는 분들에게 '만남'과 '자유'라는 기쁜 소식이 있기를 기도드리고 있습니다."

자신의 대법원판결을 앞둔 상황에서도 홍일은 아버지의 안부를 크게 걱정했다. 그러면서도 '만남'과 '자유'라는 평범한 소식을 간절히 기다리는 홍일의 절박함이 절절히 묻어난다.

둘째 홍업도 아버지에게 응원의 편지를 보냈다.

"힘들고 괴로웠던 시간에 아버지의 '모든 일이 다 좋은 일도 없고 나쁜 일도 없다.', '하나님! 제가 변화시킬 수 있는 용기를 주시고, 제가 바꿀 수 없는 것은 평온한 마음으로 받아들일 수 있는 지혜를 주소서!'라는 말씀이 가슴에 와닿는 것 같습니다. 어머님 말씀대로 이번 시련은 우리 가족들이 하나님 앞에 굳은 믿음으로 뭉칠 수 있게 하신 귀한 시간이라 생각합니다."

아버지가 사형선고를 받은 최악의 순간에 가족들이 나눈, 세상에서 가장 아름다운 러브레터가 아닐 수 없다. 죽음에 대한 공포가 깊어질수록 뜨거운 신앙심과 가족을 향한 깊은 사랑, 연대감은 인동초처럼 강해졌다. 그렇게 김대중 가족은 혹독한 겨울을 이겨나갔다.

'사형수 김대중'이 세 아들에게 보낸 옥중서신은 인도의 독립운동가이자 인도 수상을 역임한 자와할랄 네루가 옥중에서 어린 딸에게 보낸 편지와 유사한 측면이 있다. 네루는 196통의 편지에서 세계사 편력을 통해 사회 지도층의 도덕적 의무인 노블레스 오블리주(Noblesse Oblige)를 강조했다. 훗날 네루의 딸도 인도의 첫 여성 총리가 되어 인도의 발전에 크게 이바지했다. 투옥된 네루가 딸에게 보낸 절절한 편지의 내용 일부를 살펴보자.

"실천에는 모험과 위험이 따른단다. 그래서 사람들은 결과가 두려워 실천을 회피하지. 하긴, 먼발치에서 보는 위험은 실제보다 무서워 보이

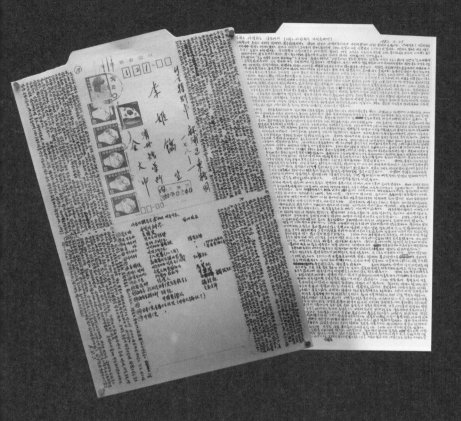

사형수 아버지가 세 아들에게 보낸 옥중 편지

김대중은 깨알 같은 글씨로 세 아들에게 옥중에서 편지를 썼다. 주된 내용은 '죽음과 같은 절망 속에서도 성공하는 비결'을 찾는 젊은이를 위한 희망의 메시지였다. 동시에 사랑하는 아내와는 임박한 죽음의 공포 속에서 '과연 신은 존재하는가?'라는 질문과 함께 신앙적 대화에 집중하였다. 세상에서 가장 아름다운 시크릿 러브레터가 아닐 수 없다.

기 마련이란다. 하지만 가까이 가서 잘 보면 그리 무서운 것이 아니란다. 가끔은 생활에 흥취와 즐거움을 가져오는 좋은 반려자일 수도 있단다."

이런 네루의 말은 김대중이 옥중서신에서 세 아들에게 한 조언과도 비슷한 면이 있다.

"두렵지 않기 때문에 행동하는 것이 아니다. 두려워도 올바른 길이어서 행동하는 것이다. 결국, 민심과 국민을 바라보고 행동하는 양심을 실천하면 어느덧 두려움은 사라진다."

이처럼 '죽음과 같은 절망 속에서도 성공하는 비결'을 찾는 김대중의 위기 극복의 리더십은 네루 전 총리가 딸에게 보낸 서신의 내용과도 일맥상통한다.

1981년 1월 17일
사랑하는 자식들에게
가정을 이루면 부부간에는 사랑 못지않게 서로 존경하는 것이 중요하다. 그러기 위해서는 상대의 장점을 발견하려고 힘쓰고 이를 격려해 주어라. 뿐만 아니라 집안일이건 밖의 일이건 부부는 서로 가장 가깝고 중요한 협의 대상자이자 공동 경영자가 되어야 한다.

'가장 가깝고 중요한 협의 대상자이자 공동 경영자'라는 부부에 대한 정의가 놀랍다. 동시에 이를 아직 실천하지 못하는 나 자신이 부끄럽기도 하다. 김대중은 옥중서신을 통해 자식들을 향한 당부이자 자신을 지키고자 하는 결기 어린 다짐을 보였다.

"진정한 자유인이 되려면 먼저 하느님께 얽매어져야 한다. 그리스도의 부하 된 자만이 죽음과 명예, 재물과 유혹, 고난과 번민 등 우리를 꽁꽁 묶어 노예로 만드는 적에게서 벗어날 수 있다. 우리는 전진해야 할 때 주저하지 말며, 인내해야 할 때 초조하지 말며, 후회해야 할 때 낙담하지 않아야 한다."

눈앞까지 다가온 두려움 속에서도 김대중은 부부와 가족, 자녀를 향한 깊은 사랑과 애착을 보여주었다. 특히 '부부는 공동 경영자'라는 표현으로 남녀평등을 향한 확고한 의지와 더불어 국가, 사회, 가정을 성공적으로 꾸리기 위해 중요한 아내의 역할을 시종일관 강조했다. 그렇게 아내 이희호와의 전면적인 공동 경영자적 삶이 이어졌고, 그 덕분에 대권 4수 만에 대통령 당선과 대한민국 최초의 노벨상 수상이라는 영예를 안게 되었다.

모택동 시대 홍위병의 큰 잘못

'모택동의 패배 원인'이라는 내용의 편지에서는 김대중이 정치적 동지 역할을 하던 아들에게 정치적 충고를 전했다.

"문화대혁명의 무리한 강행은 결국 끈질긴 저항의 벽에 부딪혀 이미 모택동이 살아있을 때 한 발씩 후퇴하기 시작했다. 인간적인 잘못이다. 즉, 수십 년의 혁명동지이자 국가와 당의 최고지도자를 위시하여 10대, 20대 홍위병을 동원해 군대, 학교, 공장, 관청 등 온갖 기관의 지도층에게 인격적 모욕을 가하며 축출한 것이다."

모택동을 떠올리면 중국 문화대혁명과 함께 홍위병이 연상된다. 정치적 반대세력을 숙청하고 자신의 권력을 유지하기 위해 젊은 홍위병을 이념적으로 동원했다. '현대판 집단 따돌림'이라고 볼 수 있다.

나는 석사 논문을 쓸 당시 '모택동과 그람시의 혁명전략 비교연구'를 주제로 선정했다. 자본주의를 거부한 사회주의 혁명에서 스탈린주의의 폐해를 극복하고자 노력했던 동서양의 마르크스주의자가 어떤 노력을 기울였으며, 어떤 문제를 노출했는지 분석했다.

그 중심에 있는 사건이 모택동의 문화대혁명이다. 모택동의 부인인 강청(江靑)은 문화대혁명기 홍위병을 이끌며 권력 실세 4인방 중 한 명으로 군림했다. 그녀의 권력개입이 심해지는 상황에서 모택동은 혁명 초기의 진정성을 잃고 극단적인 좌편향 정책을 펼쳤다. 이 과정에서 실사구시적 중도개혁세력을 반동으로 몰았으며, 젊은 홍위병을 동원해 이데올로기적 심판과 재단을 일삼았다. 우리가 상상할 수 있는 범위를 넘어서는 숙청을 자행한 것이다. 모택동이 아닌 그의 부인 강청에 의해서 과도한 권력개입이 이루어지는 것이 놀랍고 흥미롭다. 훗날 덩샤오핑 정권이 들어선 뒤에야 문화대혁명 당시 모택동에 대한 역사적 재평가가 이루어지게 된다.

이러한 경험이 중국에 국한되는 것은 아니다. 8·15 광복 이후 북한의 좌익정권과 남한의 우익정권은 '간첩', '이적'이라는 낙인을 찍어 정치적 반대세력을 축출했다. 이때 수많은 민주 애국인사들이 형장의 이슬로 사라졌다.

문화대혁명 당시 홍위병의 모습은 오늘날 한국 정치 현실 속에서도 엿볼 수 있다. 소위 '개혁의 딸(약칭 개딸)'이라는 이름으로 SNS를 통해 인격적 모욕을 가하고 정치적 반대세력을 축출하려는 시도가 만연하기 때문이다. 목숨을 빼앗지는 않지만, 당내 민주주의와 법치주의를 외치는 정의로운 세력을 향한 정치적 음해는 오늘도 변함없이 이어지고 있다. 김대중 정신과는 전혀 무관한, 김대중 정신의 왜곡된 실천이라고 나는 평가한다. 이런 행태가 '김대중 정신'이라는 이름으로 포장되고 있는 현실이 부끄럽고 참담할 따름이다.

악의적 가짜뉴스로 인한 고통은 당해보지 않은 사람이 상상할 수 없을 정도다. 나는 시장으로 재직할 당시와 공천에서 두 차례나 배제될 때 견디기 힘들 정도로 악의적인 가짜뉴스에 시달렸다. 극단적인 선택을 하고 싶을 정도였다.

당시 공중파 방송에서 '대한민국 최초의 실질 부채 제로 도시'라고 호평을 받았던 고양시였다. 하지만 수년 동안 고양시 관내 공공시설 매각 조치에 '천문학적 특혜 제공'이라는 근거 없는 허위사실이 유포되었다. 이러한 비방을 지속한 현역 시의원과 가짜 각서를 불법 작성한 범인이 법정 구속될 정도로 그 폐해는 심각했다. 그 배후에는 중앙과 지역의 특정 정치세력과 일부 언론의 정략적 카르텔이 작동하였다.

김대중의 '행동하는 양심'은 자기뿐 아니라 주변의 부당한 행위에도 공적 분노를 표출하고 악의 뿌리를 근본적, 제도적으로 제거하는 것을 의미한다. 그래서 나는 주변의 양심적 민주세력과 함께 나의 올바른 행동을 매도하는, 명백한 허위를 사실처럼 포장해 유포하는 심각한 수준의 가짜뉴스와 같은 행위에는 법적으로 단호히 대응할 계획이다. 더는 선의의 희생자가 나와서는 안 되며, 그것이 법치주의와 민주주의의 발전을 이루는 길이기 때문이다.

'김대중의 악마화'를 위해 수단과 방법을 가리지 않고 가짜 뉴스를 살포하던 1997년 대선 당시 역대 독재 정권의 홍위병들의 범죄적 행태가 지금도 뚜렷이 떠오른다. 그 때로부터 25년이 지난 2023년에도 변함없이 '개혁의 딸'이라는 이름하에 "특정 지도자에 대한 악마화"가 진행되고 있다면 이를 외면할 수는 없지 않은가? 그것도 민주당의 이름 아래서 실체를 알 수 없는 집단으로부터 '불법적이고 부도덕한 정치적 음해'가 정치·이데올로기적으로 지속된다면 그것은 결코 용납할 수 없다.

역대 독재정권의 악의적 매카시즘 공세와 프레임 씌우기 공작은 김대중을 오랫동안 악마화했다. 그런 김대중의 '진정한 지도자로서의 모습'은 1997년 대선에서 승리한 뒤에야 "인동초의 승리"로 온당한 평가를 받게 되었다.

물론 모든 정치인은 자신을 적극적으로 지지하는 계층을 필요로 한다. 한국 사회에서도 박정희, 김대중, 노무현, 문재인 등 전직 대통령들은 시대를 초월한 견고한 지지층과 열성 팬을 형성해왔다.

하지만 이 과정에서 극단적인 이념 추종자를 중심으로 매카시즘 공세와 인민재판식 비난이 이루어지기도 한다. 이는 민주주의의 발전, 사회 정의 실현이라는 이상과는 정면으로 배치된다. 결국, 자신이 지지하는 지도자를 망가뜨리는 역효과를 가져오는 경우가 많다. '개혁의 딸'을 자처하며 특정 정치인과 반대파 정치세력에 악의적인 비난을 퍼붓는 이른바 '개딸'들의 행태는 마치 홍위병이 오늘날 대한민국에 나타난 것처럼 보인다. 하지만 이러한 일부 세력과는 달리 '새로운 주권자로서 행동하는 양심'을 실천하는 새로운 정치세력도 존재하고 있다.

이와 관련해 박구용 전남대학교 철학과 교수는 《문파, 새로운 주권자의 이상한 출현》이라는 책에서 '문파'의 출현 배경을 이렇게 설명했다.

"분노에 휩싸여 길을 상실한 민주주의를 구제할 등불은 보이지 않는다. 자본 귀족주의로 추락한 사이비 민주주의, 포스트 민주주의의 탈출구를 설득력 있게 제시하는 이론도 없다. 다만 새로운 길을 찾아가는 실천들만 있을 뿐이다. 의회와 언론에 대한 기대를 버리고 시민 스스로 자신들의 생각을 대변하는 매체와 정치를 만들어 가고 있다. 이런 세계적 흐름 속에서 문파(文派) 혹은 문빠(Moon-fandom)가 등장했다."

박구용 교수는 문파(문빠)를 '문재인의 정치를 지지·지원하면서 시민 주권과 민주주의의 복원을 지향하는 공론과 공감의 상호 주체들과 그들의 활동 및 효과를 총괄하는 개념'으로 정의한다. 즉, '문파'는 문재인이라는 플랫폼을 기반으로 펼쳐지는 민주정치에 대한 당파적 지지자의 총괄 개념인 것이다.

박구용 교수의 이 책은 촛불 과정에서 형성된 '우리'는 이미 사라졌지만, 광장의 주권자가 의회와 행정부에 자기 주권을 백지 위임한 것은 아니며, 그래서도 안 된다고 말한다. 저자는 광장과 의회 사이의 공간이 말 그대로 텅 비게 되면 민주주의는 관료주의와 시장주의로 식민화된다고 주장한다. 그렇기에 이를 극복하려면 광장과 의회 사이의 공간에 다양한 형태의 '우리'가 생겨나야 하며, 의견과 의지를 모으고 나누는 '우리'가 많을수록 정당 정치와 의회정치도 더불어 건강해진다고 한다. 그리고 문파는 그런 '우리' 중 하나라는 것이 책의 결론이다.

'포스트 문재인 정부' 시대에 '문파'가 김대중-노무현-문재인으로 이어지는 민주당의 가치와 정신을 계승하기 위해 어떤 선택을 하고 어떻게 진화할 것인지 궁금하다. 한국 정치사에 아니 전 세계 정치사에 '깨어있는 시민의 집단지성과 행동하는 양심'으로 발전적 변모를 해야 하는 실천적 과제에 직면하고 있는 것이다. 지금은 '지도자의 도덕성과 민주정당으로서의 정체성'이 완전히 상실되어 있다. '개딸'의 홍위병식 행태와는 근본적으로 다른 가치와 행동 그리고 집단지성을 발휘할 수 있는 '문파'의 질적인 차별성을 과거보다 뚜렷이 보여주어야 하는 중차대한 시점이다. 이런 상황에서 '깨어있는 시민의 행동하는 양심'이 대한민국의 민주주의 발전을 위해 어떻게 구현되는지에 따라 우리 삶의 질도 크게 달라질 것이다.

절망 속에서 성공하는 비결

김대중의 옥중서신은 80년 사형수의 신분으로 며느리와 세 아들에게도 계속된다.

1980년 12월 19일
지영 모(수감 중이던 장남 홍일의 아내)에게
아내로서 남편이 하는 일의 상의 대상이 되지 못한다면, 그리고 항시 남편이 감사할 만한 조언을 할 준비가 되어 있지 않다면 이는 아내로서는 실격이며 오직 살림꾼에 불과하다. 부부는 한 몸이며, 한 생각이며, 한 느낌이며, 한 행동 속에서 하나가 되어야 한다.
가장 현명한 아내는 남편의 일에 완전한 지식과 판단을 가지면서 이를 남편에게 강요하지 않아야 한다. 남편이 자기 능력으로 해결할 수 있도록 암시하고 겸손하게 조언하되, 언제나 최후 결정은 남편이 내리도록 해야 한다.
아내는 언제나 남편의 장점을 발견하고 그의 잠재 능력을 찾아내 이를 일깨우고 격려함으로써 남편이 자신을 갖고 도전해 나가도록 해야 한다. 남편이 양심과 도덕에 어긋난 일을 하거나 비겁한 처신을 하려 할 때는 이별을 각오하고라도 단호히 반대해야 한다. 그런 아내는 남편의 존경을 받는다.
아내는 언제나 자기 나이에 맞는 아름다움을 간직해야 한다. 그러려면 정신적 내면생활의 진선미(眞善美)와 더불어 사치하지 않되 깨끗하고 개성에 맞는 몸단장을 게을리하지 않아야 한다. 이것은 남편을 자기 옆에 기쁜 마음으로 있게 하는 데에 매우 중요한 일이다.

언뜻 다소 가부장적인 전통을 따르는 어르신의 이야기로 여길 수도 있다. 하지만 김대중의 남녀평등사상이 아내에 대한 남편의 평등한 의무를 강조하고 있었다는 점을 고려하면 '현명한 부부생활을 위한 지혜'를 언급했다고 보는 것이 더 타당하다.

'남편이 양심과 도덕에 어긋난 일을 하거나 비겁한 처신을 하려 할 때는 이별을 각오하고라도 단호히 반대해야 한다.'라는 김대중의 비장한 각오는 현대 정치인 가족이 반드시 가슴에 새겨야 할 잠언이다. 남편의 비양심과 부도덕을 단호히 반대하기는커녕 오히려 남편보다 부인이 앞장서 권력을 악용하는 사례가 많기 때문이다. 결국, 이런 행태는 남편과 아내를 모두 심각한 불행으로 이끌게 된다.

김대중은 행복한 인생과 훌륭한 정치인의 길을 가려면 '가화만사성'과 '수신제가 치국평천하'가 중요하다고 생각했다. 그래서 옥중 편지에서 다음 세 가지를 가족에게 공유했다.

"첫째, 하느님과 양심에 충실하게 살 것. 둘째, 하느님만을 의지하는 가운데 자기 운명은 자기가 개척해 나갈 것. 셋째, 생활의 안정에 필요한 재물 이상의 부를 탐하지 말 것. 이 세 가지는 서로 관계가 있다."

이 편지는 김대중이 며느리에게 보낸 것이다. 하지만 한편으로는 아내 이희호를 향한 바람과 신뢰를 우회적으로 표현했다고 볼 수 있다. 이희호 역시 이를 철저히 실천했고, 자서전 <동행>에서는 자신이 '남편에게 적합한 아내'라고 자신 있게 자평했다.

남편 김대중과의 부부생활, 나아가 정치 인생에서 이희호는 김대중이

며느리에게 했던 말을 엄격하게 지켰다고 자부하기 때문일 것이다. 이를 통해 '민주주의와 사회정의, 그리고 사회적 약자를 위해 행동하는 양심을 몸소 실천'한 것이다.

김대중의 사상과 철학에서 가장 중요한 부분은 흑백논리에 따른 이분법을 철저히 경계한다는 점이다. 절망에서 성공하는 비결도 마찬가지였다. 절망에 빠져 삶을 포기하는 것도, 과도한 권력과 부에 집착하는 것도 거부했다.

그러면서 김대중은 '행동하는 양심'과 '성공한 인생을 살기 위한 끊임없는 배움의 정신과 365일 실천프로그램'을 동시에 강조했다. 당신 역시 100년의 인생 속에서 철저하게 실천했다.

김대중은 옥고를 치르면서 피터 드러커 박사의 책을 통해 사상적 대화를 많이 나누었다. 그리고 그로부터 배운 내용을 편지에 담았다.

"'사람은 누구나 제 잘난 만큼 대우받는다.' 함석헌 선생이 자주 하시던 말이다. 미국의 저명한 경제학자인 피터 드러커의 《방관자의 모험》이라는 책을 읽고 이 말이 다시 생각났다.

드러커 박사는 원래 오스트리아 사람이지만 히틀러를 피해 미국으로 건너갔다. 드러커 박사는 나치가 독일에서 그렇게 행악할 수 있었던 데에는 공헌한 부류가 있다고 말한다. 출세주의자나 선의의 과대망상자도 아닌, 양심을 갖고서도 악에 대해 침묵한 사람들이었다고 한다. 일제 강점기의 기억을 더듬어 보아도 이 말은 진실을 갈파한 것 같다."

피터 드러커의 이러한 철학은 김대중의 '행동하는 양심'으로 연결되었다. '나치가 독일에서 그렇게 행동할 수 있었던 데에는, 양심을 갖고서도 악에 대해 침묵하는 사람들 때문이다'는 드러커의 인식은 오늘날 대한민국 정치의 현실에 대한 통렬한 비판과 직결되어 있다. 자기 진영의 최고 지도자가 갖는 도덕성과 공정성의 상실에 대해서는 침묵하면서 경쟁하는 진영을 향해서는 극단적인 공격성을 가지고 악마화하는 행태야말로 행동하지 않는 양심인 것이다.

'사형수' 김대중은 출옥 후 신념에 찬 실천적 민주주의자로 활동하는 과정에서 드러커는 중요한 학문적 동지가 되어 주었다.

김대중의 인생에서 성공을 위한 가장 중요한 요소는 '매일 배우며 메모하는 삶'과 이를 실천하기 위한 '치밀한 연간 계획 수립'이었다. 이 과정에서 역경과 절망의 순간이 오더라도 긍정적인 자신감과 끈기, 인내심으로 극복해 나갔다. 근거리에서 수십 년 동안 김대중 대통령을 모시고 삶의 교훈과 이야기를 보고 들은 나에게도 가장 놀라운 장면이었다.

40년 전 옥중에서 둘째 홍업에게 보낸 편지에는 김대중의 소중한 조언이 담겨 있다. '절망 속에서 성공하는 비결'을 찾는 청년들과 깨어있는 시민들에게도 가장 소중한 말일 것이다.

"끈기는 성공적인 인생의 가장 큰 요소 중 하나다. 가장 중요한 것은 굳은 의지로 한 가지 계획을 반드시 끝까지 밀고 나가는 끈기다. 실천 가능한 계획을 세우고 이를 연간, 월간, 주간 계획으로 세분해 한 계단씩 올라가는 자세가 중요하다. 이는 내 체험의 결과이기도 하다."

이 대목은 '절망에서 성공을 찾는' 비결의 핵심이다. 자기 삶의 목표를 정하고 처한 상황의 장단점을 분석한 뒤 계획을 세분해 한 단계씩 올라가는 끈기야말로 성공적인 인생의 핵심 요소라 믿고 실천한 것이다.

내가 김대중과의 운명적 만남 이후 가장 인상적이라고 느낀 점이기도 했다. 김대중은 한 해가 시작되면 특별한 사색의 장소를 골라 2박 3일 정도 휴가를 떠났다. 그리고 그곳에서 한 해의 구체적인 목표와 방법을 구상하고 돌아왔다.

더불어 매 분기, 혹은 명절이나 연휴가 있으면 인근의 적절한 장소를 찾아 자연과 함께 시간을 보냈다. 단순한 휴식이 아니라 그간 활동의 꼼꼼한 평가와 새로 발생한 위기상황의 관리 방법을 고심했고, 한 단계 발전된 계획을 수립하기 위함이었다. 단순한 일정을 체크하는 메모가 아니라 자신의 핵심 목표를 실천하고 중간에 점검하는 말 그대로 '성공한 인생을 위한 DJ의 시크릿 노트'였다.

이처럼 체계화된 분석 및 평가를 반복한 김대중은 각종 정보와 축적된 정보를 토대로 더 개선된 '위기관리 시스템'을 가동했다. 그 덕분에 비록 크고 작은 실패와 시행착오는 있었지만, 당신의 최종 목표였던 '여야 정권교체'와 'IMF 국가부도위기의 조기 졸업' 그리고 '역사적인 남북정상회담 실현'을 달성하고 '노벨평화상 수상'이라는 성과까지 이어진 것이다.

'무엇이 될 것인가?'보다 '어떻게 살 것인가?'에 초점을 맞추고 목표를 향해 매일 비우고 반성하며, 새로 계획을 세움으로써 결국 목표를 달성하는 것이다. 이것이 바로 '절망에서 성공하는 DJ 방식의 비결'이다. 4년 가까운 시간 동안 당시 김대중 아태평화재단 이사장 가까이에서 이처럼 유의미한 과정에 동참할 수 있었던 것이 내게는 행운이자 커다란 배움의 과정이었다.

김대중에게 있어 성공적인 인생을 위한 유일한 길은 양심에 충실히 사는 것이었다. 그는 양심을 따르는 삶만이 성공의 진실한 가치를 보장하며, 실패하더라도 우리의 삶을 유의미하게 한다고 말했다. 더불어 '용서와 사랑은 진실로 너그러운 강자만이 할 수 있다.'라고 강조했다.

"사랑하는 데에 있어 어려운 것은 자기가 원치 않는 사람, 심지어 증오한 자를 용서하고 사랑해야 한다는 것이다. 이웃사랑을 실천할 때 절대로 내가 의롭다거나 착한 일을 했다거나 하는 교만에 빠지면 안 된다."

김대중은 '어린 시절 도덕적 교육과 종교교육이 아이들의 인생을 지배한다.'라고 생각했다. 어떠한 희생이나 손실이 있더라도 절대 포기할 수 없는 선과 절대로 범해서는 안 되는 악이 있음을 어린 시절부터 강하게 심어주어야 한다는 것이다. 이런 생각은 어린 시절 엿장수의 담뱃대를 훔쳤을 때 어머니에게 피멍이 들도록 회초리를 맞으며 혼난 기억과도 연결된다. 김대중은 자서전에서 당시 어머니의 회초리가 자신이 성장하는 데에 중요한 자양분이 되었다고 평가했다.

이처럼 김대중의 사상에서 빼놓을 수 없는 요소는 바로 도덕성이다. 그는 '자유, 빵, 참여, 도덕이 전인적 행복을 이루는 4대 요소'라고 보았다. 인간의 완전한 행복은 정치적 자유나 경제적, 사회적 보장만으로는 부족하다는 것이다. 김대중은 현대사회의 특징이라 할 수 있는 인간 소외현상이 적극적인 참여의 방향으로 전환되어야 한다고 생각했다. 특히 인간 정신의 타락 현상에서 도덕적 부흥이 실현되어야 한다고 힘주어 말했다.

시크릿 노트 : 절망에서 성공하는 비결

현재는 정치인의 도덕성에 대한 국민적 분노가 극에 달해 있는 시점이다. 그런 점을 보면 인간의 행복을 이루는 4대 요소 중 하나로 도덕성을 강조한 김대중의 선견지명이 놀라울 따름이다.

다섯 번의 죽을 고비가 김대중에게 준 교훈은 독특하다. 정치 인생은 물론, 일반적인 삶마저도 포기하고 싶을 정도인 '죽음 속의 공포'가 이어지는 상황에서도 희망과 인내의 끈을 놓지 않은 김대중의 집념과 의지가 돋보인다. 김대중은 이런 상황을 이겨낸 힘이 상황에 어떻게 대처하는지에 달려 있다고 말했다. 나는 이런 김대중의 사유체계를 '의지적 낙관주의'라고 부르고 싶다. "비관론자는 모든 기회에서 어려움을 보고, 낙관론자는 모든 어려움에서 기회를 본다."라는 윈스턴 처칠의 말과도 일맥상통하는 부분이다.

"인간사에는 반드시 좋은 일과 나쁜 일의 양면이 존재한다. 우리의 대처 여하에 따라 좋은 일이 재앙이 되기도 하며 나쁜 일이 복이 되기도 한다. 부자의 아들이 돈 때문에 타락하고 가난한 집 아들이 그 때문에 분발하듯이."

청년을 향한 김대중의 메시지는 특히 구체적이다. 수없이 좌절하면서도 성공을 꿈꾸는 청년들에게 김대중은 "10년 정도 한 우물을 파라."라고 강조했다. 나 역시 김대중 대통령에게서 수없이 들은 말이다. 대학원에서 통일외교문제를 연구하고 이후 청와대와 국회에서 30여 년 동안 통일·외교·안보 분야의 전문가로 활동하게 된 데에도 김대중 대통령의 조언이 결정적 계기가 되었다.

"각자 나아갈 방향을 정하면 10년은 한눈팔지 말고 꾸준히 그 길을 가야 한다. 나의 경험으로는 10년만 전심전력으로 노력하면 반드시 성공의 터가 잡힌다. 자기 분야에서 정상에 오르면 다음에는 어느 방향으로든 진출할 수 있다. 경제인으로 정상에 가면 그것을 기반으로 정치인으로도, 사회사업가로도, 교육·문화사업 경영자로도 나아갈 수 있다. 제일 불행한 것은 정상에 오르기 전 중도에 경솔하게 방향을 바꾸는 것이다."

실제로도 사회에서 만난 각 분야의 리더들은 자기 분야의 최고가 된 이후 다른 분야로 활동공간을 옮긴 경우가 대부분이었다. 요즘 용어로 '융·복합적인 협치 활동'이다. 다른 분야를 외면한 채 자기 분야에만 집중하라는 것이 아니라 자신의 전문성을 최대한 살리라는 뜻이다.

김대중의 행복 철학, 혹은 성공학은 앞에서 살펴본 것처럼 어떻게 살지 고민하는 데에서 시작한다. 값지고 행복한 삶은 무엇이 될지가 아니라 어떻게 살지에 인생의 목표를 둠으로써 가능하다는 의미다. 정상에는 이르지 못할 수 있다. 하지만 값지게 살려고 애쓴 인생이라면 운이 없어 목적한 바를 이루지 못했다고 하더라도 실패한 인생도, 불행한 인생도 아니라는 것이 김대중의 행복학 개론의 요체다.

절망 속에서 성공을 찾는 핵심 비결은 '일신우일신(日新又日新)'의 관점에서 시작하는, '끝이 아니라 시작이다.'라는 긍정의 철학이다. 죽을 때까지 매일 배우고 더 나은 내일을 향해 전진하며 기어이 자기 삶의 목표를 향해 노력하면 반드시 성공한다는 것이 김대중만의 성공 철학이다.

"괴테는《파우스트》를 통해 '이것이 지혜의 마지막 섭리이니 매일 새로이 정복하는 자, 오직 그만이 생명과 자유를 얻는다.'라고 했다. 우리는 매일 새로 태어나고 새로 전진해야 한다. 우리의 정복 상대는 자신이다. 안주하려는 자신, 도피하려는 자신, 교만해지려는 자신, 하나의 성취에 도취하려는 자신과 싸워 정복해야 한다."

　매우 적절한 지적이다. 우리는 성공을 위해, 때로는 권력과 부를 축적하기 위해 온 노력을 기울인다. 하지만 끝내 우리가 마주하는 것은 '하나의 성취에 도취하려는 자신'과 싸워야 한다는 난관이다.
　'안주하고 도피하고 교만해지려는 자신과 싸워 정복해야 한다.'라는 김대중의 가르침은 동서고금을 막론하고 행복한 부자가 된 특별한 1%의 공통된 성공해법이었다. 나쁜 습관을 고쳐 좋은 습관으로 만들려는 노력이 바로 행복한 부자가 되는 비밀 열쇠라는 의미다. 나 역시 전적으로 동의하는 부분이다.

4막

다시,
새로운
시작을
위하여

김대중 이희호 대통령 부부
탄생 100주년 기념
전기(傳記)

다시, 새로운 시작을 위하여

"이번에도 하느님은 나를 선택하지 않으셨습니다. 내가 할 일은 여기까지인 것 같습니다. 이제 정계를 떠나려고 합니다.

내가 말하는 것을 받아 써 주시오."

정서(正書)하는 이희호의 눈물이 주르륵 종이 위에 떨어졌다. 한 번 시작된 눈물은 좀처럼 멈추지 않았고, 고개를 숙이고 우는 이희호의 모습에 남편 김대중이 손을 잡았다. 남편이 더 아플 것이라는 생각에 이희호가 입을 열었다.

"여보, 우리 1980년 사형선고 받았을 때와 비교하면 이 정도는 웃을 일 아니에요?"

그런데도 이희호의 눈에서는 눈물이 멈추지 않았다. 김대중의 은퇴성명은 이렇게 눈물 속에서 쓰였다. 1954년 정계에 뛰어든 지 38년이 지나 파란만장했던 정치 생활에 마침표를 찍는 성명서였다.

김대중은 총 세 번 대선에서 패했다. 1970년대에는 박정희를 상대로 선거에서는 이겼지만, 개표에서 패했다. 87년 대선에서는 네 명의 주자가 나오면 오히려 김대중 후보가 유리할 수 있다는 '신 4자 필승론'이 제기되었지만 패하고 말았다. 이후에는 김영삼 후보와의 대선에서도 낙선했다.

모든 패배에는 제각기 이유가 있고 억울함도 있었지만, 이번에는 조건

없이 패배를 받아들이고 정계 은퇴를 선언했다. 그러자 언론은 큼지막한 제목을 달고 김대중을 칭송하는 기사를 무더기로 쏟아냈다.

<정치 거인>
<지조의 정치인>
<민주화 외길 40년>

자신보다 더 슬퍼하는 사람들이 있어 김대중은 더 슬퍼할 수 없었다. 가게 문을 닫은 사람, 식음을 전폐한 사람, 며칠 동안 술만 마신 사람, TV를 부순 사람 등 슬픔의 표출 방법도 다양했다. 김대중은 자서전을 통해 호남 출신으로서 느낀 복합적인 감정을 솔직히 고백했다.

"나는 내가 호남 사람이라는 것을 자랑스럽게 생각한다. 그런데도 때로는 지역감정을 선동한다는 오해를 받을까 봐 고향 전라도 방문을 많이 망설였고 가지 않았다. 가고 싶었지만, 진정 만나고 싶었지만, 고향 땅을 일부러 밟지 않았다.

나는 비로소 밝히노니 호남 사람들에게 하해(河海)와 같은 은혜를 입었지만 제대로 표현하지 못했다. 언론의 편파적인 보도와 지역감정은 정계를 은퇴한 뒤에도 나를 따라다니고 있다. 내가 죽으면 혹 벗겨질지도 모른다. 그러나 나는 죽어서도 잊지 않을 것이다. 나라와 나를 향한 호남 사람들의 사랑을."

한편 김영삼 대통령은 대선 과정에서 허위사실을 바탕으로 용공음해를 시도한 것에 끝내 사과하지 않았다. 김대중과의 통화는 고작 1분에 그쳤다. 돌아보니 수단과 방법을 가리지 않고 어떻게든 목적을 달성해내는 김영삼 대통령이 부럽지는 않았지만 대단했다고, 김대중은 생각했다.

이후 김대중과 이희호는 영국 유학길에 올랐다. 6개월 동안 영국, 독일, 포르투갈, 프랑스, 벨기에, 네덜란드, 오스트리아, 체코, 루마니아 등 국가를 여행했다. 갈 때마다 그 나라의 형편을 살피고 세부적으로는 생활양식과 사회상을 알아보았다.

특히 독일은 여러 번 방문했다. 통일된 독일을 유심히 둘러보면서 동독인들의 생활이 통일 전보다는 확실히 나아졌지만 별로 행복하지는 않아 보인다는 것을 발견했다.

체코에 방문했을 때는 언론에서 하벨 체코 대통령, 구소련의 사하로프, 폴란드의 바웬사, 그리고 중국의 방여지와 더불어 김대중을 세계 5대 인권지도자로 소개했다. 러시아 방문 시에는 현지 기사에 사하로프, 인도의 간디에 버금가는 인권지도자라는 내용이 실리기도 했다. 김대중은 《다시, 새로운 시작을 위하여》라는 저서에서 그 소회를 밝혔다.

"간디와 비교하다니 물론 터무니없는 과장이지만, 적어도 세계인들이 나를 우리나라 민주주의와 인권 투쟁의 대표적인 인물로 평가해준 것은 사실이다."

시간이 지남에 따라 국내에서는 김대중의 복귀를 원하는 분위기가 고조되고 있었다. 이희호는 반대했다. 남편은 물론 당신도 아쉬움이 있었

시크릿 노트 : 절망에서 성공하는 비결

지만, 국민과 한 약속은 지켜야 한다고 믿었다. 바른길을 선택해야 할 때 이희호는 주저 없이 남편에게 직언했다. 최종 판단은 남편의 몫이었다.

김대중은 어려운 일을 당할 때마다 버릇처럼 자신의 문제점과 가능성을 점검했다. 백지 가운데에 세로줄을 긋고서 오른쪽에는 처한 문제를, 왼쪽에는 남아 있는 가능성을 적어 비교하곤 했다. '김대중의 시크릿 노트'의 핵심 구조이자 내용이라고 할 수 있다.

정치에 40여 년 몸담았던 김대중은 정치를 그만둔 뒤 무엇을 해야 할지 막막했다. 아마 영국 케임브리지 대학에서 유학 중에도 다시는 기회가 오지 않을지 모를 미래를 수도 없이 고뇌했을 것이다.

세 번의 대선 패배를 맛본 김대중 전 대선후보는 마지막 도전을 위한 시크릿 노트를 다시 작성해 보았으리라 생각한다. 오른쪽에는 아마 고령에 접어든 나이, 세 번이나 패배한 원인, 정계 복귀를 위해 넘어야 할 장애물 등이 적혔을 것이다. 그리고 남았을 가능성을 적는 왼쪽에는 여전한 민주진영의 지지, 청년 같은 열정, 대한민국의 민주주의와 분단된 조국의 평화적 통일을 위한 비전 등을 적지 않았을까. 그러면서 김대중 전 후보는 '사즉생의 결단'이 필요함을 통감했을 것이다.

"'김대중'이라는 이름 석 자 빼고는 모두 바꾸자. 나를 도와주는 핵심 지지그룹도 젊은 박사 중심의 전문가 그룹으로 구성하자. 남북화해와 평화통일을 위한 싱크탱크를 만들자. 그 길만이 기적 같은 나의 미래로 가는 외길일 것이다."

역사적 거목과의 운명적 만남

어느 날, 김대중 전 후보는 케임브리지 대학에서 남궁 진 전 문화관광부 장관과 박종화 목사에게 특별한 부탁을 한다.

"한국에서 젊은 통일문제 박사를 찾아보시오."

남궁 전 장관과 박종화 목사는 여러 경로로 적임자를 물색했고, 당시 진보적 연구소에서 통일 문제 전문가로 왕성하게 활동하던 나를 팩스로 추천하셨다. 영국 현지에서 즉시 동의를 받았다. 지금 생각하면 나 역시 쉽지 않은 상황이었지만 크게 고민하지 않고 결정했던 것 같다. 좋은 조건으로 가족과 함께 독일로 가는 유학이 사실상 결정되어 이미 독일어 공부도 하고 있었기 때문이다. 그만큼 운명적인 만남이었다.

당시 나는 김대중 전 후보가 정계에서 은퇴한 뒤 복귀할 것으로는 생각지 못하고 있었다. 퍽 순진한 '열혈청년' 소장파 통일전문가 시절이었다. 다만 통일문제에 전념하려는 김대중 아시아태평양평화재단 이사장의 열정에 동참하고 싶다는 생각이 컸다. 그때의 순간적 선택과 결단이 내 인생과 운명을 이렇게 혁명적으로 바꿀 것이라고는 상상도 하지 못했다.

김대중 이사장은 귀국하자마자 일산의 한 아파트에서 나를 직접 면접했다. 자리에 앉자마자 김 전 후보가 물었다.

"나의 3단계 통일방안을 어떻게 생각하십니까?"
"총론은 있는데 각론이 부족합니다."

주저 없이 나온 나의 대답이었다. 너무 솔직하게 대답한 것은 아닐까 후회했지만 이미 뱉은 말을 주워 담을 수는 없었다. 한편으로는 내가 그 일을 감당하겠다는 당찬 의지를 보여주고 싶기도 했던 것 같다.

그리고 며칠 후 김 이사장은 나를 동교동 사저로 불렀다. 이번에도 예민한 질문이 나왔다.

"김정일 정권이 붕괴할 것 같습니까?"

한창 김정일 정권의 조기 붕괴론이 언론에 드러나던 시기였다. 나는 평소에 갖고 있던 생각을 간략히 밝혔다.

"김정일 정권은 상당 기간 지속할 것입니다. 북한의 폐쇄성, 특히 철저한 정보 통제 때문입니다."

여기서 답변을 끝냈어야 했다. 하지만 이미 말을 시작한 나의 입은 멈추지 않았다. 나는 평소의 소신을 밝혔다.

"북한의 김정일 정권은 김대중 대통령의 당선과 김대중 정부의 출범을 내심 원하지 않을 것입니다. 남쪽에 민주 정부가 들어서면 그만큼 북한의 정통성이 비교되며, 북한식 적화 혁명전략을 펼치기 어렵기 때문입니다. 공산주의 정권이 가진 일반적 특성이기도 합니다."

순간 김 이사장의 얼굴에 당황한 표정이 스쳤다. 하지만 더 질문은 하지 않았다. 그리고 얼마간 시간이 흐른 뒤, 나는 아태평화재단 책임연구위원으로 공채되었다. 훗날 정동채 당시 비서실장에게서 들은 얘기지만, 치열한 경쟁을 뚫고 수석으로 합격했다고 한다.

당시 나는 한국 사회에서는 매우 드물게 '북한의 수령체계의 형성 과정 및 구조적 작동메커니즘'이라는 주제로 '북한학 박사' 학위를 받은 뒤 국내의 각종 시민단체 강연을 하면서 진보적 학술운동에 참여하였다. 당시 나의 박사논문은 북한의 수령체제를 스탈린주의적 사회주의와 비교하면서 '봉건적 스탈린주의'로 규정하였다. 개인숭배 및 사회주의적 민주주의의 심각한 결핍 등의 문제도 정면으로 비판하였다. 당시 정치상황이 소위 "주사파"가 민족민주운동의 중심세력으로 등장하던 상황이었기에 특별한 용기과 결단이 없으면 불가능한 논문이었다. 당시 내가 특별 연사로 초대 받고, 서울대 총학생회가 주최한 강연에는 무려 2000여 명이 넘는 학생들이 참여하여 열띤 토론이 전개되었고 중앙언론에 비중 있게 소개된 적도 있다.

방송에도 단골로 출연하는 소위 '젊은 소장파 통일문제 연구자'였다. 중국 천안문 사태부터 구소련의 몰락, 베를린 장벽 붕괴로 대표되는 독일 통일, 루마니아 차우셰스쿠 정권의 몰락 현장을 직접 방문해 목격했다. 이는 김대중 대통령이 평소에 강조했던 '철저한 역사적 현실주의'를 실천한 것이었다. 내가 보고 느끼고 판단한 바를 믿었고, 역사적 경험을 바탕으로 실사구시 하는 습관을 실천해 오고 있었다.

당시 진보 학술연구단체인 <한국정치연구회>와 <한국사회연구회>에서는 한국 사회의 민주적 변혁에 관한 토론에서 나의 실사구시적 접근을 신랄하게 비판했다. 이른바 '쁘띠 부르조아적인 낭만적 분석'이라는 취

시크릿 노트 : 절망에서 성공하는 비결

지다. 당시 함께 토론했던 구성원들이 이종석·김연철 전 통일부장관, 박형준 부산시장, 권영진 전 대구시장, 정관용 진행자, 고성국 보수 유튜버 대표, 김근식 교수 등이었다. 당시에는 매우 진보적인 인사들이 국민의 힘이나 보수 유튜버로 활동하고 있는 것도 한편 생각해보면 흥미롭다.

요즘 언론에서 당시 함께 토론했던 매우 과격한 인사들이 극우적인 발언으로 대중들을 선전·선동하는 모습을 보고 있으면 절로 웃음이 나온다. 극과 극은 통한다는 유사 이래 불변의 법칙이 한국 정치 현실에서도 여실히 작동하는 듯하다.

나는 북한 연구자로서 비밀자료 취급인가증도 갖고 있었다. 그래서 <로동신문>을 통해 북한의 최신 뉴스를 신속하게 파악할 수 있었고, 이를 분석한 시크릿 노트를 김대중 이사장에게 전달했다. 때로는 북한발, 때로는 청와대발, 때로는 여의도 정치권발 뉴스도 있었으며, 정공법과 비상계획을 모두 포괄하는 자료가 대부분이었다.

아태평화재단 시절 내가 김 이사장에게 보낸 시크릿 노트의 양은 한 트럭 정도는 거뜬히 넘을 것이다. 중대 상황이 발생하면 거의 매일같이 대면 보고를 한 적도 있었다. 김 이사장이 있는 곳이라면 어디든 즉시 방문할 수도 있었다.

직접 전달받은 두 장짜리 시크릿 메모

어느 날 김대중 이사장은 나를 남산의 한 호텔로 불러 두 장의 메모를 전달했다. 지금도 소중히 보관 중인, 깨알같이 작은 글씨가 빼곡히 적혀 있던 그 메모의 제목은 <3단계 통일방안>이었다. 김 이사장이 생각하는 기본적인 철학과 구상이 정리되어 있었다. 잠깐의 침묵 이후 김대중 이사장은 다정하면서도 무거운 목소리로 말문을 열었다.

"이 메모를 토대로 최 동지가 3단계 통일론의 구체적인 각론 작업을 진행해 보고해 주세요."

첫 면접 때 당차게 대답했던 '총론은 있지만 각론이 부족하다.'라는 다소 무례한 답변을 처음 검증받아야 하는 시간이었다. 이후 수년 동안 나는 구체화 작업을 이어갔고, 수시로 일대일로 대면해 보고했다. 육군 장성 출신의 임동원 사무총장이 새로 부임한 뒤 외부 전문가 그룹과 수십 번의 치열한 토론과정을 거치기도 했다. 그렇게 세상의 빛을 보게 된 것이 <김대중의 3단계 통일방안>이었다.

이 과정에서 북한학 박사이자 통일전문가로 왕성한 활동을 하던 나, 미국 박사 출신인 동료 연구위원, 군 장성 출신의 보수적 이론가 임동원 총장 간에 한 치 양보가 없는 격론이 이어졌다. 어느 정도 정리가 끝난 뒤에는 김대중 이사장의 뜻을 반영했고, 임동원 사무총장이 최종적으로 마무리했다.

수년이 지나 김대중 전 대통령이 서거하신 뒤 생가를 방문했을 때 깜짝 놀랐다. 생가에 전시된 여러 자료사진 중 김대중 전 이사장에게서 직접 친필 메모를 받아 다년간 공동작업으로 집필한 여러 책이 포함되어 있었기 때문이다. 《김대중의 3단계 통일론》을 비롯해 《김대중의 햇볕정

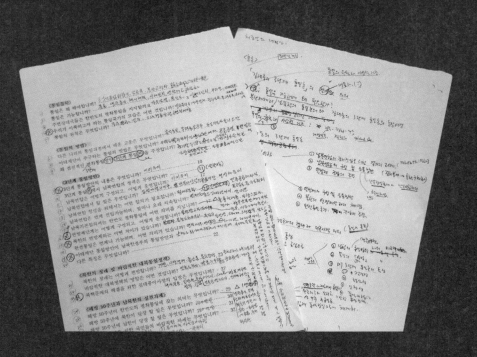

'김대중의 3단계 통일론' 관련 DJ 시크릿 노트

나는 김대중 당시 아태평화재단 이사장에게서 '3단계 통일론'과 관련된 2장의 시크릿 노트를 직접 전달받았다. 이는 김대중 이사장의 통일 철학과 구체적 방법론과 관련된 기본적인 방향을 친필로 메모한 것이다. 이를 토대로 나는 구체적인 체계화 작업을 수행하였고, 최종적으로 김대중 이사장의 종합적인 생각이 담긴 메모를 받아 지금의 '김대중의 3단계 통일론'은 완성되었다.

책》, 국문과 영문으로 쓰인 《김대중과 김정일 1차 남북정상회담》 등이었다.

특히 별도의 홍보 전시공간에서는 김대중 대통령으로부터 직접 보고 들은 내용을 묶어 출간한 《김대중 잠언집: 배움》이 눈에 들어왔다. 김대중 대통령과 이희호 여사가 직접 집필한 10여 권의 책과 함께 비중 있게 비치되어 있었기에 더욱 인상적이었다. 실로 감개무량한 순간이었다.

나와 김대중 전 대통령이 주고받은 수많은 시크릿 노트가 떠올랐다. 김 전 대통령이 직접 들려주신 '수차례 죽을 고비를 넘기면서 터득한 성공한 인생을 위한 비밀'이 오롯이 전시되어 있던 것이다. 30대 청년 시절 맺은 김대중 전 대통령과의 운명적 만남부터 이제 60의 나이에 접어들며 알게 된 모든 삶의 지혜였다.

한편 1994년 12월, 통일과 평화의 둥지 아태평화재단 창립에 뒤이어 아태민주지도자 회의도 출범했다. 정계에서 은퇴한 김대중은 아태평화재단 이사장 재직 시절 싱가포르의 이광요 수상과 '아시아적 가치'에 관해 논쟁했다.

"민주주의는 보편적이다. 아시아에도 민주주의 사상이 있었다. 맹자는 '군왕은 하늘을 대신해서 백성의 행복을 실현할 의무가 있다. 그것에 실패했을 때 백성은 군왕을 권좌에서 물러나게 할 수 있다.'라고 말했다. 문화가 숙명이 아니라 민주주의가 숙명이다."

여기서 주목할 부분은 김 이사장이 언급한 맹자의 폭군방벌론(暴君放伐論)이다. 아무리 절대적인 권력을 가진 왕이라도 백성을 행복하게 하

지 못한다면 백성이 왕을 축출할 수 있다는 내용이다. 요즘 용어로는 '폭
군탄핵론' 정도로 표현할 수 있을 것 같다.

맹자의 폭군방벌론은 제후들 간의 치열한 영토 쟁탈전이 벌어지던 전
란(戰亂)의 춘추전국시대에 탄생했다. 맹자는 각국의 군주들에게 '너그
러움의 정치', 즉 인정(仁政)을 역설하며 잔혹한 군주는 임금으로 인정할
수 없다고 했다. 나아가 폭군은 군주의 자리에서 내쳐도 좋다는 정치 학
설을 내세웠다. 인의를 저버리는 폭군을 끌어내리고, 대신 덕과 능력이
있는 사람을 군주로 추대하는 것이 당연하다는 이론이다. 인류 역사상
처음으로 '저항권'을 정당화한 위민(爲民) 정치의 효시라 할 수 있다.

1994년 5월 12일, 김대중 이사장은 워싱턴 내셔널프레스클럽에서 다
시 연설했다. 1970년대 초 미국 망명 시절 3단계 통일방안의 최초 구상
을 밝혔던 장소이기도 했다. 이번의 주제는 북핵 문제의 일괄타결 방안
이었고, 지미 카터의 대북 특사 파견을 제안하여 국제사회의 큰 관심을
불러일으켰다. 훗날 남북화해 협력을 상징하는 '햇볕정책'이라는 단어는
이때 처음 사용되었다.

아태평화재단에서 함께 일한 미국에서 학위를 받은 박사들은 많았지
만, 김대중 이사장의 미국 방문 수행은 내가 맡았다. 이때 워싱턴 내셔널
프레스클럽에서 한 연설은 물론, 국내 조야의 외교 안보 전문가를 만날
때 김 이사장의 새로운 면모를 보여주기 위해 노력했다. 특히 미국 내 보수
층에게 대북문제와 한미관계를 설득하는 역할을 집중적으로 수행했다.

지금도 잊을 수 없는 세 장면이 있다. 과거 김대중 후보를 향해 악의적
인 용공 의혹을 제기했던 조갑제 월간조선 기자와의 심층 특별대담, 보
수적 성향인 미국 공화당 싱크탱크 헤리티지 재단 초청 기조연설, 대선

후보 시절 정통 보수 세력을 상대로 끝장토론을 했던 순간이었다. 사상 투쟁에 가까울 만큼 무지막지한 사상검증이 김대중에게 가해졌지만, 그는 한 치도 물러서지 않고 여유롭게 답변을 이어갔다.

"나는 지금과 같은 짧은 대화로 보수 논객인 당신을 성공적으로 설득했다고 생각하지도 않고, 당신이 쉽게 설득되지 않을 것이라는 점도 잘 압니다. 다만, 서로 다른 생각을 허심탄회하게 교환함으로써 서로를 더 잘 이해하는 과정이 되기를 희망합니다."

이런 여유로운 답변 앞에서 이미 상대 패널은 설득되어 있었다.

1995년 당시 국내에서는 지방선거가 진행 중이었고, 나는 김대중 이사장의 비밀 메시지를 각지에 전달하는 임무를 수행하기도 했다. 사실 나는 통일문제 전문가이기도 했지만, 형님이 청와대 출입 기자로 재직 중이었다. 그래서 청와대를 비롯한 국내의 정치 동향도 나름대로 정기적으로 분석해 김 이사장에게 직접 보고하곤 했다. 최종 보고서는 여러 언론 보도와 청와대에 출입하는 언론인들을 상대로 취재 식인 특유의 질문 토론 내용을 종합해 작성했다.

김영삼 대통령이 청와대 조찬 회의에서 김대중 이사장을 향해 격정적으로 내뱉은 부정적 발언부터 청와대 참모진의 김 이사장 폄훼 발언도 포함되어 있었다. 나아가 김영삼 정부의 국정운영 방향에 대한 대통령의 의지 등 모든 보고는 임의의 가공이나 가감 없이 보고했다. 특단의 대책도 시크릿 노트로 함께 전달했다.

한 가지 불편한 진실도 있다. 김영삼 정부 시절 사석에서 차마 입에 담

시크릿 노트 : 절망에서 성공하는 비결

기 힘들 정도로 김대중 이사장을 비난한 비서관이 있었다. 그는 훗날 김대중 정부가 출범하자 가장 먼저 충성스러운 관료로 변모해 그간 소외되었던 비주류 인사를 제치고 승승장구했다.

자신의 정치적 생명을 연장하기 위해, 혹은 특권적 이해관계의 카르텔을 위해 필요할 때만 DJ 정신을 외치는 모습을 수없이 보아 왔다. 이들에게는 공통점이 있다. 정통 세력이 나타나거나 진정한 DJ 정신을 주장하는 인사에게는 암묵적으로 공동으로 공격하는 습관이 있다는 점이다. 이런 점을 본다면 이것 또한 정치 일부이며, 그들의 재주라고 받아들여야 할 것 같다.

한 번은 직접 김대중 이사장에게 보고를 위해 작성하던 시크릿 노트를 우연히 본 수행비서가 놀라 물었다.

"최 박사님, 이렇게까지 비판적으로 보고서를 써도 됩니까? 이런 보고서를 이사장님께서 조금도 싫어하는 기색 없이 모두 수용하시다니……."

당시 나는 김대중 후보의 안보보좌역이자 TV토론 총괄팀장으로 대외비 보고서를 작성했다. 북한 동향 및 통일외교안보정책은 물론 김 후보에게 제기되는 각종 의혹과 비난, 그에 대한 대처방안이 포함되어 있었다. 일례로 20억+α 수수설, 자민련과의 야합 논란, 김대중 후보 개인 관련 의혹 등이 있었다. 심지어는 자서전에서 고백한 첫 아내의 자살설, 이희호 여사조차 고충을 호소했던 세 아들 관련 의혹도 망라되었다.

이를 자세히 아는 사람은 나와 김대중 전 대통령뿐이었을 것이다. 나의 시크릿 노트는 대부분은 일대일 직접 보고 형태로 전해졌기 때문이다.

김대중 이사장은 정계 은퇴 이후 아태평화재단에서 외부 정치인과는 일절 접촉하지 않았다. 통일문제 연구와 각종 외교 안보 현안의 정책 대안을 마련하는 데에 바빴기 때문이다. 물론 김 이사장 나름대로 향후 정치권의 향방에 따라 당신의 행보를 어떻게 이어갈지 여러모로 준비하고 있기도 했다. 어쨌든 김대중 이사장과의 운명적 만남을 뜨겁고 깊게 이어갈 수 있었던 이 4년은 엄청난 행운이었다.

그런 영향으로 나는 이후 청와대에서 근무할 때도 철저히 공사를 구분했다. 정권교체 이후 나와 형님은 '청와대 최연소 형제 국장'이라는 진기록을 남겼지만, 이 내용을 아는 사람도 거의 없다. 청와대 내 식당에서 마주치더라도 가볍게 눈인사만 나눌 정도였기 때문이다.

김대중 이사장이 아태평화재단 시절 새로운 시작을 모색했던 저서 대부분이 최종 출간되는 과정에서 나는 수많은 기획, 평가, 제안에 참여했다. 《김대중의 3단계 통일론》, 《새로운 시작을 위하여》, 《나의 길 나의 사상》 등이었다. 그리고 내 의견이 놀라울 정도로 잘 반영되었기에 보좌 활동의 열정은 날로 더해졌다. 오히려 대통령에 당선되고 청와대에 입성한 뒤에는 독대 기회가 사라졌다.

1995년 7월 13일, 국회의원 51명이 결의해 김대중 이사장의 정치 재개를 요청했다. 프랑스의 미테랑 전 대통령에 관한 이야기를 하는 사람도 있었다. 김 이사장은 그 말에 용기가 솟았다고 한다.

"세 번 떨어졌다가 네 번째 당선했다. 당신도 한 번 더 해보시라."

6·17 지방선거가 끝난 직후인 1995년 7월 18일, 김대중은 정계 복귀와

하의도 생가에 전시된 3단계 통일론 책자

김대중 이사장의 친필 메모로 부터 시작된《김대중의 3단계 통일론》책자.
내가 집필에 참여한 다른 3권의 저서와 함께 하의도 생가에 전시되어 있었다.

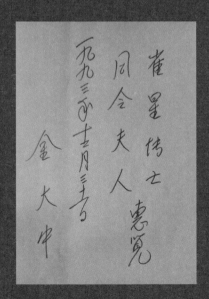

김대중 대통령의 친필 사인

김대중의 남녀평등 사상은 몸에 배 있었다. 자신이 쓴《새로운 시작을 위하여》라
는 저서에 내 아내의 이름도 함께 넣어 친필 사인해 주셨다.

신당 창당을 선언하며 2년 7개월 만에 현역 정치인으로 돌아왔다. 온갖 비난과 음해를 무릅쓰고 정계 복귀를 단행한 것이다. 신당 창당 이전까지 김대중은 민주당의 개혁을 간곡하고도 강력하게 요구했다. 하지만 기존 민주당의 기득 카르텔은 요지부동이었다. 정계 복귀 선언 때 김대중이 기자회견에서 밝힌 신당 창당의 당위성은 다음 세 가지 이유였다.

"현재 민주당으로는 당내 개혁이 전혀 불가능합니다.
첫째, 민주당 지도부는 당을 잘못 이끌고도 책임지지 않습니다.
둘째, 지금 상태로 전당대회를 치르면 파벌 이기주의와 금력에 의한 매수가 판을 칠 것입니다.
셋째, 지금의 나눠먹기식 정당 현실로는 참신하고 역량 있는 인재 영입이 불가능합니다.
신당 창당의 결단은 참으로 불가피한 것입니다."

동서고금을 막론하고 거대한 변화의 흐름을 거역하면 새로운 시대정신과 민심에 따라 역사적 결단이 불가피하다는 것을 보여주는 순간이었다. 그렇게 김대중은 기존 정당에 입당하지 않고 새 정당을 만들어 정치 생활을 다시 시작하기로 했다. 당내 분란이 계속되는 민주당보다는 자신의 철학과 정책을 구현할 수 있는 신당 창당을 선택한 것이다.

당시 경기도지사 후보 선출 과정에서 벌어진 갈등도 크게 작용했다. 김대중 총재 측은 이종찬 의원을 지지했고, 이기택 총재 측에서는 장경우 의원을 고집했다. 두 세력 간에는 각목 사태가 벌어졌고, 결국 이 총재가 지지했던 장 의원은 선거에서 낙선하고 말았다.

당시 나는 해방 이후 최초의 여야 간 정권교체를 위해 <21세기 통일포럼>을 창립, 국내외의 민주개혁진영 인사를 대거 참여시켰다. 다행히 김대중 후보의 대선 승리에 결정적 기여를 할 수 있었다. 이후 통일정보센터와 동북아평화연구회를 출범한 뒤 (사)한반도평화경제연구원으로 발전시켜 오늘날까지 26년의 역사를 이어오고 있다.

이 시기는 다행히 내가 청와대 행정관과 국회의원, 고양시장으로 왕성하게 활동하던 때와 맞물렸다. 덕분에 김대중 대통령과의 운명적 만남을 유지하던 각계각층의 리더와 깊이 있게 소통하며 글로벌 네트워크를 유지할 수 있었다. 지금은 <김대중-이희호 대통령 부부 탄생 100주년 기념 글로벌 민간위원회>를 꾸려 김대중의 정신적 유산과 정책적 비전을 미래 세대에 계승하기 위한 다양한 사업을 추진하고 있다.

두 번째 신당을 창당하며

'김대중'의 이름 석 자와 그의 사상은 그 자체로 민주당의 상징이자 정신이었다. 그렇기에 김대중은 민주당의 정체성을 지키기 위해 온몸을 바쳐 싸웠다. 하지만 민주당이 기득권에 안주하거나 민주당의 정신을 잃을 때면 가차 없이 신당을 통해 새로운 가치를 추구했다. 껍데기뿐인 "가짜 민주당"이 아니라 알맹이가 꽉 찬 "진짜 민주당"을 위해 싸웠다.

김대중 이사장은 아태평화재단 시절인 1995년 7월 정계 복귀를 선언하고 9월 <새정치국민회의>라는 신당을 창당했다. 이후 대통령에 당선되기까지 당신의 '부단한 개혁과 변화의 철학'을 수도 없이 이야기했다.

나는 지금도 또렷이 그 말을 기억한다.

"인생은 도전과 응전이다. 한 가지를 성취하면 새로운 도전이 오고, 그 것을 극복하면 또 새로운 도전이 온다. 개혁과 변화를 거부하면 우리의 미래는 없다. 변화에 발맞추어 이를 선도해 간다면 노인도 청년이 되고, 그렇지 않으면 청년도 노인이 된다. 변화를 두려워해서는 안 된다. 우리 가 두려워해야 할 것은 변화가 아니라 변화를 두려워하는 자세다. 나는 정체(停滯)를 싫어한다. 현실에 안주하는 것을 가장 경계한다. 나는 끊임 없이 변화를 추구해왔다."

이처럼 '변화를 추구하는 혁신적 리더십'은 김대중이 아태평화재단 이 사장 시절 좋은 습관을 들이는 데에 영향을 미쳤다. 중요한 정치국면이 나 명절, 휴가철이 되면 김 이사장은 조용한 사색의 공간에서 메모와 시 크릿 노트를 작성했다. 당신의 과거 행보를 냉정하게 성찰하고 새로운 시작을 위해 준비한 것이었다. 나 역시 이런 김 전 대통령의 좋은 습관을 '창조적으로 모방'해 30년 넘게 이어오고 있다.

14대 대선에 즈음해서 김대중은 커다란 위기상황에 직면했다. 노태우 대통령에게서 받은 격려금이 크게 문제가 되었다. 김중권 정무수석이 그 돈을 내놓았을 때 김대중은 많이 놀랐다고 한다. 하지만 김 수석의 자세 가 정중했을뿐더러 대통령이 다른 후보들에게 인사하는 것이라기에 그 대로 믿었다. 게다가 당시는 '정치자금법'이 없었기에 법에 저촉되지도 않았다.

하지만 그 돈은 받지 말았어야 했다. 국민에게 고백은 했지만, 돈과 관 련된 추문이었으니 김대중의 정치 인생에서도 부끄러운 일이었음은 분명했다. 대선 과정에서도 최대의 위기였다.

1995년 9월 5일 '새정치국민회의' 신당 창당은 1987년 11월 평화민주당 창당에 이어 두 번째였다. 김대중은 민주당으로 정치를 시작해 목숨을 바쳐 민주당의 과거와 현재, 미래를 만들어냈다. 하지만 민주당이 중요 고비에 야성을 잃거나 시대정신을 구현하지 못하면 정치 인생을 걸고 신당 창당의 깃발을 내걸었다. 선거의 승패와는 무관했다. 오로지 민주주의와 정의, 한반도 평화정착을 위함이었다.

첫 창당이었던 1987년, 김영삼 후보와의 대선후보 단일화에 실패한 김대중과 이른바 동교동계는 신당 창당에 더욱 박차를 가했다. 대통령 직선제가 확정된 이상 출마 선언과 신당 창당 작업을 늦출 수 없기 때문이었다. 그리고 같은 해 10월 28일, 김대중은 여의도 여성백인회관에서 기자회견을 열고 아래와 같은 발기문을 통해 대통령 선거 출마와 신당 창당을 공식 선언했다.

"민주화의 여명에 서서 민족통일의 길까지 내다보며 가장 확실하고 명백한 민주세력의 결집체로서 평화민주당을 창당하고, 우리는 수구주의와 급진적 개혁주의의 양극을 배제, 온건한 개혁노선을 표방하며 중산층과 근로계층의 이익을 대변하는 국민정당을 지향한다."

김대중 당시 창당준비위원장은 인사말을 통해 '중산층과 근로계층의 이익 대변, 국민 화해, 자주외교, 평화통일 추진' 등의 공약을 발표했다. 현역의원 25인, 전직 의원 39인 등 각계 지도자급 인사들이 발기인으로 참여했다.

지금으로부터 한참 전의 이야기지만, '냉전 수구세력과 급진 개혁주의의 양극을 배제하는, 중산층을 위한 온건한 개혁노선'이라는 시대정신과 소명은 변함이 없었다. 김대중과 평민당이 야권 분열이라는 비난을 무릅쓰고 창당에 나선 것은 여론의 추이를 보니 나름대로 승산이 있다고 믿었기 때문일 것이다.

1988년 4월 26일 김대중은 13대 국회의원에 전국구 의원으로 당선되고, 평화민주당은 제1야당이 되어 정국을 주도한다. 같은 해 5월 18일 야3당 총재 회담을 통해 5공화국 비리 조사와 광주 학살 진상 규명 등 5개항에 합의한다. 그리고 88년 11월 18일에는 광주특위 청문회에 증인으로 참석하여 '김대중내란음모사건'은 전두환 신군부 세력의 정권 찬탈을 위한 조작극이었음을 증언하기에 이른다. 그후 1991년 9월 10일 이기택 민주당 총재와 신민당-민주당 통합을 선언하기에 이른다. 하지만 92년 대선에서 낙선하고 그해 12월 정계 은퇴를 선언한다.

1995년 12월, 김대중 이사장은 경기도 고양시 일산으로 이사했다. 수많은 사건과 영욕이 밴 동교동을 떠난다는 것이 못내 서운했지만, 장남 홍일에게 물려주었다는 것이 그나마 위안이었다. 이사한 이유는 여럿 있었지만, 가장 큰 요인은 '동교동계'라는 과거의 구태 이미지를 벗어나는 것이었다. 대신 김 이사장은 '한반도 평화 시대를 여는 미래의 새로운 지도자' 이미지를 구축하려고 노력했다.

그런 점에서 나는 통일문제 전문가이자 젊은 소장 학자로서 과거 동교동계의 선배 정치 동지들과는 차이가 있었다. 전문성과 정책을 토대로 한 최초의 공채 전문 인력이었기 때문이다.

김 이사장은 일산으로 주거를 옮긴 뒤 아침 운동을 거르지 않았다. 호수공원에서 산책하고 정발산에 올랐다. 근처 자유로에서 자주 드라이브를 즐겼으며, 북한이 코앞에 있기에 상념에 잠기기도 했다.

이렇게 '고양시'에 새로 터를 잡은 김 이사장은 각종 난관을 뚫고 4번째 도전 만에 대통령에 당선되었다. 당시 나는 대선 과정에서 보고를 위해 거의 매주 일산 사저를 방문했다. 이른 새벽, 안개 낀 자유로를 홀로 운전하고 일산 자택으로 향하면서 내가 만약 언젠가 정치를 시작한다면 '남북화해 협력 시대를 열어갈 남북접경지대인 고양시에서 도전하고 싶다.'라고 생각하기에 이르렀다. 그리고 결국 단 한 명의 연고도 없는 고양시에서 치열하고도 끔찍했던 당내 경선을 뚫고 17대 국회에 초선의원으로 당선되었다.

김대중 후보의 마지막 대선은 한 치 앞을 내다보기 힘들 정도로 힘든 상황으로 치달았다. 결국, 김대중 후보는 최후의 카드를 선택했다. 박정희 정권의 이인자였으며 자신을 그토록 죽이려 했던 중앙정보부 책임자였던 김종필 총재와 공동 정부 구성에 합의한 것이다. 이것이 DJP연합이었다. 이에 그치지 않고 재벌 총수였던 보수의 대부 박태준 대표도 대통합의 틀에 포함(DJT연합)했다. 해방 이후 최초의 여야 간 정권교체를 위함이었다.

김대중은 항상 정치는 진흙탕 속의 연꽃처럼 최선의 상황이 아니면 차선을 선택해 최악의 상황을 피하려 했다. 김구에 대한 평가도 그런 정치 철학에서 나왔다. 그리고 그 연장선으로 대권 도전 4수 만에 주어진 기회에서 김종필, 박태준이라는 두 원조 보수 지도자와 연합정부를 합의하는 마지막 승부수를 던진 것이었다. 아내의 반대를 무릅쓰고 말이다.

1995년 8월, 김대중은 30여 년 동안 고심을 거듭한 통일방안을 정리한《김대중의 3단계 통일론》을 펴냈다. 계속해서 숙성해 온 거시적 담론을 실천 방안으로 구체화한 내용이 담겼다. 1971년 2월 김대중은 내셔널 프레스클럽에서 이미 내외신 기자들에게 밝힌 바 있었다.

"무력 포기에 따른 남북 긴장 완화, 비군사적인 기자·서신·체육 등의 교류, 정치 및 경제적 교류 시도 등 3단계의 기초를 닦겠다."

그리고 1980년대 중반 3단계 통일안을 보완해 '공화국 연방제 통일방안'을 제시했다. 평화공존교류, 연방제, 완전통일의 3단계 구상이 골자였다. 이처럼 매우 어려운 과정을 거쳐 최초의 공표 이후 무려 24년 만에 체계화한 것이《김대중의 3단계 통일론》이었다. 김대중은 이렇듯 장기적 구상 속에서 모든 일을 차근차근 풀어나갔다. 이 글을 쓰다 보니《김대중의 3단계 통일론》을 집필할 때 치열하게 토론했던 순간이 새록새록 떠오른다.

<3단계 통일론>에 담긴 김대중의 사상

김대중 이사장이《김대중의 3단계 통일론》을 집필하며 가장 신경 쓴 것은 1970년대 초반부터 줄곧 주장했던 '3단계 통일론'을 발전적으로 계승하는 부분이었다. 통일 철학과 평화 사상의 뿌리는 간직하되 당신의 점진적 평화통일 방안을 변화한 국내외 상황에 맞게 발전시키는 작업에 심혈을 기울였다. 서문과 결론에 담길 이 작업은 내가 담당했다.

자주, 평화, 민주라는 '3단계 통일론'의 3대 원칙은 '김대중의 통일 철학과 평화 사상'에서 뿌리를 찾을 수 있다. 열린 민족주의(Open Nationalism), 적극적 평화주의(Positive Peace), 전 지구적 민주주의(Global Democracy)가 바로 그것이다. 이는 《김대중의 3단계 통일론》에 보편성을 더했고, 방향성을 제시하는 데에 중요한 역할을 했다.

먼저, '열린 민족주의'는 자민족의 이익을 위해 다른 민족을 탄압, 수탈하는 외연적 민족주의를 반대한다. 대신 식민지적 속박에서 자민족을 해방해 자유와 독립을 쟁취하고 생존의 길을 열어주고자 하는 내포적(內包的) 민족주의는 수용한다. 단, 일부 제3세계의 민족주의에서 보이는 것처럼 무조건 반외세 자주화를 외치는 폐쇄적 민족주의도 경계한다. 즉, '열린 민족주의'는 북한이 강조하는 반제국주의적 '우리 민족 제일주의'와는 근본적으로 다르다.

두 번째 사상적 기조는 '적극적 평화주의'로 단순히 전쟁을 반대한다는 소극적인 자세에 머무르지 않을 것을 주문한다. 문자 그대로 '적극적인 평화' 개념에 근거해 평화 창조를 추구하는 것이다. 핵무기 없는 세계 실현, 동북아 다자간 안보협력체제 구성 등의 주장이 적극적 평화주의의 좋은 예다.

마지막으로 '전 지구적 민주주의'는 국내의 민주주의 가치를 넘어 국제적 측면을 강조한다. 각 국가에서 자유와 정의가 실현되고 제3세계 민족들이 선진국과 같은 자유와 번영, 정의를 누리도록 하자는 것이다. 아울러 인류를 넘어 지구상 모든 생명체를 보전하기 위한 참된 생명 운동을 전개하는 데까지 그 범위를 확장한다. 지금부터 30년 전부터 김대중은 지구 온난화에 따른 생태계의 파괴를 극복할 수 있는 글로벌 친환경

생명운동을 선구적으로 주창한 것이다.

김대중의 '전 지구적 민주주의'는 아시아의 역사와 전통 속에도 서구 못지않은 민주주의적 요소가 용해되어 있다고 주장한다. 특히 김대중은 우리나라 역사에 뿌리내리고 있는 민주주의적 요소에 주목한다. 동학의 인내천 사상, 문민 주도의 정치·문화적 전통, 교육에 대한 열의, 반독재 민주화 투쟁으로 온 국민이 얻은 귀중한 교훈 등이다. 요컨대 우리의 민주주의는 아시아적 사상과 전통에 기반을 둔 새로운 민주주의, 즉 전 지구적 민주주의의 경지로 한 단계 더 올라설 때 이상은 실현될 수 있다.

나는 김대중 이사장에게서 최초의 '시크릿 노트'를 전달받은 이후 3단계 통일론을 최종적으로 체계화할 때까지 핵심 작업을 수행했다. 김대중 이사장과 독대해 치열하게 토론할 때도 많았다. 대통령 당선 이후에도 햇볕정책, 남북정상회담 성사, 나아가 노벨평화상 수상에 이르는 역사적 여정에 끝까지 동참했다. 이로써 '총론은 있으나 각론이 부족하다.'라고 했던 비판적 문제 제기를 실천으로 해결할 수 있었으며, 아직도 의미 있고 감개무량한 기억으로 남아 있다.

TV토론을 통해 얻은 대선 승리

이희호 여사는 김대중 대통령과 마찬가지로 대선 승리의 일등 공신으로 TV토론을 꼽았다. 당시 대통령 선거를 기억하는 많은 전문가의 의견도 같았다. 김대중 후보의 이미지 구축에 TV토론이 한몫했기 때문이었다.

당시 김대중은 '대권욕', '빨갱이', '거짓말쟁이', '욕심쟁이', '치매 노인' 등 악의적 비난에 시달리고 있었다. 하지만 TV토론을 통해 '눈물 많고 친근한 서민적 정치인', '준비된 대통령', '민주주의자', '행동하는 양심', '위기를 극복할 든든한 대통령'의 이미지가 구축된 것이다.

당시 나는 김대중 후보의 안보보좌역과 TV토론 총괄팀장으로 대선 관련 보고서들을 직접 올렸다. 한 치의 실수도 용납되지 않는 중요한 자리였다. 1997년 대선에서 가장 중요했던 후보의 사상검증을 준비해야 했고, 예민한 대선 쟁점이 가감 없이 드러나는 TV토론을 총괄하고 있었기 때문이다. 당시 내가 김대중 후보에게 보고한 시크릿 노트의 주제는 다양했다.

<세 차례 대선 패배의 근본적 원인 분석>
<97년 대선 승리를 위한 혁신전략(SWOT 분석)>
<여론조사 추이를 통한 대선 승리 전망>
<후보의 개인적 능력보다 시스템적 대응이 관건이다.>
<대선 승리의 핵심 열쇠, TV토론의 핵심 전략>
<김대중 후보를 향한 여권의 공세 전략 및 돌발변수 대응 방향>
<DJP연합이 갖는 효과와 잠재적인 위험성>
<해방 이후 최초의 여야 간 정권교체를 위한 "제2의 뉴DJ 플랜">
<왜? 김대중인가?>
<집권 후 '준비된 대통령'의 국정운영 청사진과 핵심 공약>

김대중 대통령이 네 번의 대권 도전 끝에 당선되기까지는 TV토론이 결정적인 계기가 되었다. 나는 김대중 당시 후보의 TV토론 총괄팀장으

로 대국민 TV토론을 철저히 준비했다. 김 후보를 괴롭혔던 용공 의혹, 세 아들 관련 의혹, 제3 후보론 및 DJP연합 관련 김 후보의 친필 메모가 그 기반이 되었다. 김대중 후보 스스로 자신을 둘러싼 네거티브 공세와 그에 대한 답변 방향을 꼼꼼히 친필로 메모해서 나에게 건네주면, 나는 그 메모를 토대로 국민을 대상으로 설득 논리와 메시지를 만들어 나갔다. 그 결과 '용공 이미지'의 김대중은 '준비되고 든든한 대통령' 김대중의 이미지로 급변했고, 해방 이후 최초의 역사적 정권교체를 이루었다.

내가 김대중 후보의 TV 토론을 준비하면서, 그리고 김대중 후보의 지근거리에서 통일·외교안보 분야에 대한 정책적 지원을 하면서 가장 중요시 했던 점은 다음의 세 가지 점이었다.

첫째, 김대중 후보에게 덧 씌워진 용공음해와 지역 감정 조장 세력 그리고 권력욕에 가득한 거짓말쟁이라는 악의적인 가짜뉴스를 정면으로 돌파하는 것이었다. 가히 가공할만한 '김대중의 악마화'와 싸우는 것이었다.

둘째, 김대중 후보의 청렴성과 도덕성 그리고 풍부한 국정운영 경험에 대한 구체적인 정책대안을 제시하여 "준비된 든든한 후보"라는 믿음을 전달한다.

셋째, 탁월한 유머 감각과 가슴 따스한 눈물을 간직한 김대중의 인간적 모습을 솔직담백하게 보여주어, 역대 군사정권의 조작된 과격한 이미지를 극복한다는 것이었다.

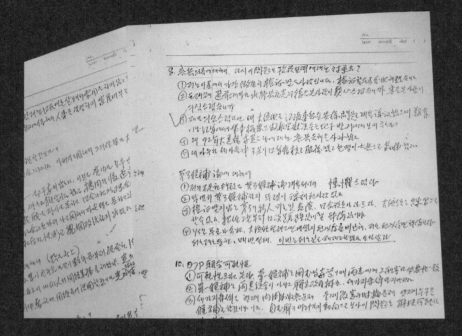

용공 의혹 및 세 아들 의혹, 그리고 제3 후보론과 DJP연합

김대중 대통령이 네 번의 대권 도전 끝에 당선되기까지는 TV토론이 결정적인 계기가 되었다. 나는 당시 김대중 대통령 후보의 TV토론 총괄팀장으로 대국민 TV토론을 철저히 준비했다. 김 후보를 괴롭혔던 용공 의혹, 세 아들 관련 의혹, DJP연합 등과 관련해서 김대중 후보의 친필 메모가 그 기반이 되었다. 그 결과 '용공 이미지'의 김대중은 '준비되고 든든한 대통령' 김대중의 이미지로 급변했고, 해방 이후 최초의 역사적 정권교체를 이루었다. 사진은 김대중 후보가 저자에게 직접 준 당시의 친필 메모이다.

이러한 나의 대선전략과 TV토론의 대책 방향은 김대중 후보를 비롯하여 핵심적인 대선캠프에 공감을 불러 일으켜, 결국 국민에게 큰 반향을 불러일으킬 수 있었다. 당시 내가 설정했던 이러한 원칙과 방향은 나의 정치활동에서도, 또 이낙연 후보를 비롯한 다른 지도자를 돕는 과정에서도 확고한 나의 신념이 되었다.

특히 안보 공약과 통일외교정책, 성공적인 TV토론을 위해 전국 각지를 돌아다니며 현장에 맞는 공약과 정책적 메시지를 발굴했다. 그중 TV토론에서 흘린 '눈물 한 방울'은 결정적으로 긍정적인 영향을 미쳤다. 김 후보는 주부 대상 프로그램인 <임성훈입니다>에 출연해 젊은 시절 잇단 선거 패배로 고생하다가 일찍 떠난 차용애 씨와의 사별을 언급했다. 이때 김 후보가 흘린 눈물은 언론을 통해 늘 나쁜 인상의 사진만 본 주부들이 그의 참모습을 보게 된다. '김대중에게 저런 인간적인 면이 있었구나!'하고 깨닫게 된 것이다.

당시 김대중 후보의 선거 대책은 이종찬 전 국정원장이 책임 맡았고 TV토론은 김한길 전 의원이 단장을, 내가 총괄팀장을 맡고 있었다. 물론 김대중 후보의 안보보좌역도 겸직하였다. 당시 김대중 후보를 독대하고 나온 김한길 전 의원과 나눈 대화는 아직도 기억에 생생하다. 김 의원은 의아한 표정으로 내게 물었다.

"최 박사, 왜 김대중 후보는 다른 전문가를 제쳐두고 TV토론 총괄 책임에 최 박사를 꼭 쓰라고 하지?"
"글쎄요, 제가 뭐든 책임을 맡으면 열심히 하기 때문 아닐까요?"

싱긋 미소지으며 대답한 뒤 돌아서면서 내심 기분이 좋았다. 김대중 후보의 나에 대한 신임을 어느 정도 확인할 수 있었기 때문이다.

아침 주부 대상 방송에 출연할 때는 '인간 김대중의 진솔한 모습'을 가감 없이 보여주는 데에 초점을 맞추었다. 많은 장면이 기억에 남지만, 특히 인상적이었던 순간이 있었다.

"이희호 여사님과 부부싸움은 안 하시나요?"

사회자의 질문에 김 후보는 표정이 순간 굳어졌다. 그리고는 천연덕스럽게 내뱉었다.

"왜 안 하겠어요? 아내는 다 좋은데 잔소리가 좀 있어요. 특히 밤에 제가 야식을 좋아하는데 라면을 끓여 먹으면 유난히 잔소리가 심해요."

방청하던 주부들이 박장대소했다. 다음날 캠프에서 진행한 자체 여론조사에서는 김 후보의 지지율이 5% 넘게 폭등했다. 하지만 우리는 그 원인을 확실히 분석할 수 없었다.

다만, 과거에는 '예수님과 김구 선생, 하버드 대학'을 주로 언급했다면 이어진 방송에서는 솔직한 화법과 진심 어린 호소로 인간적인 감정을 파고들었다. '죽음 앞의 두려움과 눈물', '듣기 싫은 아내의 잔소리', '남대문시장에서 골라, 골라를 너무 사실적으로 외치는 서민적 친근함', '국민을 위해 진짜 오랫동안 준비한 든든한 후보에게 한 번 봉사할 기회를 달라.'는 간절한 호소 등이었다. 한 마디로 대박이었고, 순간 대선 승리를 확신했다.

겸손하고 준비된 대통령의 모습을 국민에게 보여주는 것이 TV토론의 핵심 전략이었다. 하지만 리허설 때 김 후보가 하버드 대학 시절 출간한 《대중 참여 경제론》 이야기를 너무 강조하고 있었다. 이에 나는 되도록 자기 자랑은 생략하고 아는 것도 모르는 것처럼 패널들에게 반문하는 것은 어떨지 제안했다. 그 순간, 김 후보는 동석한 다른 TV토론 위원에게 하소연하듯 물었다.

"최 박사는 하버드 대학 시절 이야기를 못 하게 하는데, 이 대목에서는 해도 되죠?"

너무도 순수하고 수용력 있는 지도자의 모습에 순간 웃음이 나왔다. 그날 생방송 TV토론에서 김대중 후보는 유학 시절 집필한 《대중 참여 경제론》을 원 없이 홍보할 수 있었다. 이런 연유로 훗날 백범 김구 기념관에서 《김대중 잠언집: 배움》의 출판기념회를 비롯해 각종 자리에서 김대중 대통령의 핵심 인사들에게서 많은 덕담을 듣기도 했다. 특히 "자신의 묘비명에 김대중의 마지막 비서실장으로 써 달라"는 권노갑 실장과 김홍업 김대중 평화센터 이사장을 비롯하여 김대중 대통령의 최측근 핵심 인사들은 기회있을 때마다 이렇게 축사를 해주었다.

"많은 분이 김대중 대통령의 당선에 제가 있었다고 합니다. 이 자리에서 솔직히 고백하자면 김대중 대통령이 가장 신임하는 참모는 최성이었고, 대선 승리의 결정적 견인차였음을 이 자리에서 밝힙니다."

정치인의 축사에서 흔히 등장하는 과도한 덕담이기는 했지만, 참석자들을 놀라게 하기에는 충분했다.

대선을 하루 앞둔 12월 17일, 동생 대의가 세상을 떴다. 유년 시절에는 하의도 갯벌에서 함께 뒹굴었고, 나란히 바다를 보며 꿈도 키웠다. 한국전쟁 때는 목포형무소에서 죽음의 문턱까지 갔다가 함께 탈출했다.

대의는 가족들에게 제 죽음을 밖에 알리지 말아 달라고 했다. 실재 대선 투표 직전에 동생의 사망 소식에 TV토론 대책팀은 상당히 긴장하고 있었다. 건강을 둘러싼 시비에 휘말린 김대중 후보에게 누가 될까 봐 그랬을 것이다. 대의는 그렇게, 형보다 먼저 죽는 것을 미안해하며 숨을 거두었다. 김 후보는 훗날 그런 동생을 잊을 수 없다며 마음으로 울었다.

그렇게 다가온 마지막 TV토론에서 김대중 후보는 이렇게 호소했다.

"저는 세 번이나 도전했지만, 불행히도 실패했습니다. 저를 이때 쓰시려고 국민이 뽑아 주시지 않은 것 같습니다. 저는 위기의 강을 건너는 다리가 되겠습니다. 모든 분이 제 등을 타고 위기의 강을 건너십시오. 다음에는 절대 기회가 없습니다. 두 분은 다음에도 기회가 있습니다. 저에게 꼭 한 번 기회를 주십시오."

가을에 익은 인동초 열매는 겨울 눈 속에서 더욱 붉은 빛을 낸다. 가녀린 인동초가 겨울을 버티는 것은 머지않아 봄이 온다는 믿음이 있기 때문일 것이다. 하지만 그 모습은 어딘가 처연하다. 김대중 대통령은 자서전 말미에 '인동초의 눈물'을 이렇게 언급했다.

"처연한 아름다움, 인동초에는 눈물이 깃들어 있었다. 그렇다. 지지자들이 나를 바라보며 흘린 눈물, 그 눈물이 모여 강을 이루었고, 나는 그 강을 거슬러 올라 마침내 대통령이 되었다.

돌아보면 많은 사람을 울렸다. 나 또한 많이 울었다. 그런 내가 눈물 나게 대통령이 되었다. 이제 내가 저들의 눈물을 닦아줘야 했다. 지나간 겨울이 혹독했던 만큼 내일의 봄날은 아름다워야 했다.

새벽에 일어났다. 새날이었다. 일산 사저 담 너머로 <애국가>, <우리의 소원은 통일>, <목포의 눈물> 노랫소리가 들려왔다. 사람들은 이름을 연호했다.

'대통령! 김대중!'

먼동이 트고 있었다."

시크릿 노트

5막

국정운영을
위한
시크릿 노트

김대중 이희호 대통령 부부
탄생 100주년 기념
전기(傳記)

해방 이후 최초의 역사적 정권교체

김대중 대통령이 선거에 총 7번 패한 끝에 74세라는 나이로 대통령에 당선된 비결은 무엇일까? 이것을 알게 되면 전 세계의 모든 정치인이 팔순까지도 정계에서 은퇴하지 않고 계속 도전하지 않을까, 하는 실없는 걱정이 생기기도 한다. 사실 김대중 대통령의 선거 이력을 살펴보면 화려함을 넘어 경이롭기까지 하다.

> 1954년, 전남에서 무소속으로 도전해 득표율 9.98% 5위로 국회의원
>   선거 낙선
> 1959년·1960년, 강원도에서 연속 3회 국회의원 선거 낙선
> 1971년·1987년·1992년, 연속 3회 대통령 선거 낙선
> 1997년, 74세의 나이로 대통령 당선

그야말로 인간승리라고 부르지 않을 수 없다. 그렇다고 7번의 총선과 대선 낙선 와중에 선거에서 이긴 적이 전혀 없었던 것은 아니다. 1961년에는 보궐 선거에 당선되었다. 하지만 당선 1주일 만에 박정희의 5·16 쿠데타로 인해 의원직이 박탈되었다. 이후 1963년, 1971년, 1988년, 1992년 총선에서 당선되어 6선 국회의원을 지냈다. 즉, 대선 전까지는 총 6승 7패의 전적이라고 할 수 있다. 격투기에 비유하자면 철저한 승부사적 기질을 가진 인파이터의 전적이다.

김대중의 정치 인생에서 놀라운 점은 어떤 상황이든 피하지 않고 정면으로 돌파했다는 점이다. 때로는 패배가 불 보듯 뻔한 상황에서도 한 치

시크릿 노트 : 절망에서 성공하는 비결

의 두려움 없이 앞장서 싸웠고 결과에 책임졌다. 승리의 기쁨은 자신이 갖고 패배의 책임은 동지와 후배에게 전가하는 '무책임한 정치꾼'과는 질적으로 다른 정치지도자였다.

김대중 당선인은 당선 직후부터 정권 인수를 위한 현안 파악에 착수했다. IMF 국가 부도 위기라는 유사 이래 최대의 경제위기 속에서 임창열 부총리 겸 재정경제원 장관의 긴급보고가 이루어졌다.

"12월 18일 현재 보유 외환은 38억 7천만 달러뿐입니다. IMF 등의 지원을 받더라도 당장 내년 1월 외채 만기가 돌아오면 갚기 어렵습니다."

그야말로 충격이었다. 국고가 텅 비어 있었다. 언제 파산하더라도 이상할 것이 없었다. 이런 위기 상황에서 나는 청와대 외교안보비서실 소속으로 IMF 국가 부도 위기 극복을 위해 최선을 다했다. 먼저 남북정상회담 개최에 집중했다. 한반도 평화정착을 통해 국제경쟁력을 강화하기 위함이었다. 그래야 국내 투자 유치를 보는 세계 각국의 시각이 긍정적으로 변할 수 있기 때문이다. 그 결과 청와대 전략담당 보좌관으로 해방 이후 최초의 남북정상회담을 위한 준비접촉대표단의 일원으로 끝내 회담을 성사시킬 수 있었다.

한편으로는 해외 투자 유치와 재외동포 협력을 유도하기 위해 미국을 비롯한 주요 국가를 방문했다. 김대중 대통령과 임창열 경제부총리가 역점을 두고 있던 외환 보유고 조기 확보를 위해 그간 구축한 모든 국제적 인맥을 완전가동했다. 여러모로 기울인 나의 노력은 자랑스럽게도 훗날 양영식 남북정상회담 준비접촉단장과 임창열 부총리에게 인정받을 수 있었다. 다행히도 2001년 8월 13일 당초 계획보다 3년 앞당겨 IMF를 극복할 수 있었다.

김대중 정부 임기 말에는 정무기획비서실로 옮겨 국내 정치 개혁과 통합에 매진했다. 당시 정무수석은 나를 김대중 대통령에게 최초로 추천해 주었던 남궁진 전 문화관광부 장관이었다. 정권 재창출이라는 소명을 위해 대통령 임기 1년을 남기고 사직한 뒤 존스 홉킨스 대학교의 방문학자 (Visiting Scholar) 신분으로 활동했다. 머물던 워싱턴 D.C.에서는 미주지역에 거주하는 동포 지도자들을 대상으로 '노무현 후보의 돌풍 원인과 대선 전망'을 주제로 강연했다. 김대중 정부 출범과정에서의 다양한 경험을 정책안으로 만들어 노무현 후보 측에 전달하기도 했다. 이러한 활동은 노무현 후보의 정책자문위원을 거쳐 당선 이후에는 노무현 대통령 인수위원회 자문위원 위촉 등 성공적인 결과로 이어졌다.

문제는 경제만이 아니었다. 국민의 정부 출범 이후 전두환·노태우 두 전 대통령을 사면 복권한다면 국민의 반발이 거셀 것이었다. 하지만 김대중 대통령은 피해자가 가해자를 용서하는, 진정한 화해를 원했고 자신이 설파했던 '용서론'을 실천했다. 두 전직 대통령의 사면복권은 정치보복이나 지역적 대립이 더는 없어야 한다는 김대중 대통령의 염원을 담은 상징적 조치였다. 당시로써는 혁명적 발상이었다.

하지만 여기서 분명히 해야 할 것은 김대중 대통령이 국민 통합적 시각에서 조치했다는 부분이다. 김 대통령은 두 전직 대통령에 대한 철저한 조사와 엄격한 사법적 판단, 그에 상응하는 형사적 처벌 이후 국민 여론 등을 고려해 결정하였다.

요즘 정치인의 범법 행위를 향한 정치보복 중단을 요구하는 일각의 정략적 주장과는 완전히 다른 것이다. 단순히 유력 정치인이라는 이유로 그를 향한 수많은 범죄적 의혹 제기를 '정치보복'이라고 주장하고 정치적 담합을 시도하는 것은 옳지 못하다. 그렇게 되면 특권층의 범죄행위는 우리 사회를, 우리 정치를 좀먹어 들어갈 것이다.

이미 형사 처분을 받은 이명박, 박근혜 두 전직 대통령의 사면 논란도 같은 맥락에서 접근해야 한다. 무조건 이념적, 정치적 유사성과 동질성을 앞세워 일방 매도하는 것은 결코 공정하지 못하다. 정략적으로 매도하기보다는 원칙과 조건에 따라 사법부의 기준과 민심에 따라 평가하고 판단해야 한다. 김대중 대통령은 국민의 정부가 어떠한 정치보복이나 차별도 하지 않겠다고 선언하며 해외의 사례를 들었다.

"루이 16세와 왕비의 국외 탈출을 막고 처형한 프랑스나 니콜라이 2세 일가를 모조리 처형한 러시아 혁명과 비교하면 영국의 결단은 현명하고 위대했다."

1688년 영국의 새 왕으로 즉위한 윌리엄 3세는 국민의 지지를 잃은 제임스 2세가 프랑스로 달아나자 한 방울의 피도 흘리지 않고 혁명을 명예롭게 이루었다. 이를 두고 역사가들은 명예혁명으로 명명했다. 국왕의 절대주의와 국민의 입헌주의와의 투쟁은 결국 국민의 승리로 끝을 맺고, 국가의 주권은 의회로 돌아가 영국의 입헌 정치가 확립되기에 이르렀다.

한편 김 대통령은 당선 후 측근 배제 원칙을 이렇게 밝혔다.

"민주화 동지는 있어도 가신은 없다."

그러자 권노갑 고문을 비롯한 측근들은 임명직 공직에 나서지 않겠다고 천명했다. 역대 모든 정권은 취임 이후 측근을 요직에 앉히고 주요 인사를 좌지우지하며 소위 '카르텔 정치'를 펼쳤다. 그러다가 각종 게이트에 휩싸이고 결국 조기 레임덕에 빠지곤 했다. 김 대통령의 이 결단은 그런 우려를 사전에 원천적으로 차단하기 위함이었다. 하지만 임기 말에는 자식과 측근들이 연이어 구속되며 커다란 좌절과 아픔을 겪어야 했다.

영원한 권력은 없다. 절대 권력은 절대 부패한다. 권불십년이라는 말이 있다. 어떤 권력이든 범죄적 월권행위나 편법적 국정운영을 하면 10년도 채 되지 않아 반드시 대가를 치르게 된다. 검찰 권력을 동원해 비판적 의견과 실체적 진실을 은폐하려고 해도 소용이 없을 것이다. 여권이든 야권이든 예외는 없다. 김대중 대통령은 이런 우려를 원천적으로 차단하기 위해 취임 직후 국정운영을 위한 15가지 수칙을 직접 작성해 수시로 점검하며 대책을 마련했다.

국정운영을 위한 DJ 시크릿 노트

김대중 대통령은 4차례 대권에 도전하는 동안 자신의 수첩에 시크릿 노트를 꼼꼼히 정리하고 구상했다. 그리고 취임 초, 이를 바탕으로 국정운영 수칙을 다시 정립해 나갔다. 그리고 임기 중에도 기록한 '대통령 수칙'을 자주 들여다보며 자신을 채찍질했다.

재임 5년간 김대중 대통령이 직접 작성한 '국정운영을 위한 시크릿 노트'는 무려 27권에 달한다. 여기에는 '성공적인 국정운영을 위한 대통령 수칙 15개 항'이 꼼꼼하게 기록되어 있다. 이는 2017년 국회 의원회관에서 열린 '고 김대중 대통령 노벨평화상 수상 17주년 기념전시회'에도 전시되어 눈길을 끌었다.

<김대중 대통령의 성공적인 국정운영을 위한 수칙>

1. 사랑과 관용, 그러나 법과 질서를 엄수해야.
2. 인사정책이 성공의 길이다. 아첨한 자와 무능한 자를 배제.
3. 규칙적인 생활, 적당한 운동, 충분한 휴식으로 건강 유지.
4. 현안 파악을 충분히 하고 관련 정보를 숙지해야.
5. 대통령부터 국법 준수의 모범을 보여야.
6. 불행한 일도 감수해야 한다. 다만 최선을 다하도록.
7. 국민의 애국심과 양심을 믿는다. 이해시키지 못할 때는 설명방식을 재고해야.
8. 국회와 야당의 비판을 경청하자. 그러나 정부를 짓밟는 것은 용서하지 말아야.
9. 청와대 외 일반 시민과의 접촉에 힘써야.
10. 언론의 보도를 중시하되 부당한 비판 앞에 소신은 바꾸지 않아야.
11. 정신적 건강과 건전한 판단력을 견지해야.

12. 양서를 매일 읽고 명상으로 사상과 정책을 심화해야.

13. 21세기를 대비하자. 나라와 국민의 미래를 명심해야.

14. 적극적인 사고와 성공의 상(像)을 마음에 간직해야.

15. 나는 할 수 있다. 하느님께서 같이 계신다.

김 대통령이 자신을 돌아보기 위해 직접 작성한 15개 수칙은 김대중 정부 국정운영 5년을 이해하는 데에 있어 가장 중요한 시크릿 노트이다. 현 윤석열 정부를 비롯해 역대 대통령의 국정운영을 계획, 추진, 평가하는 데에도 매우 중요하다.

아마도 김대중 대통령이 살아 계셨다면 당신이 친필로 쓴 대통령 수칙을 후임 대통령과 부인에게 전달했을 것이다. 혹은 적어도 대외적으로 이를 공표하며 국정운영에 유익한 적절한 조언과 쓴소리를 아끼지 않았을 것이다.

김대중 대통령은 재임 중에 전·노 두 전직 대통령 사면과 더불어 박정희 대통령 기념관 건립을 적극적으로 지원했다. 이는 위 대통령 수칙의 1번 항목의 내용인 '사랑과 관용의 원칙'을 실천한 것이다.

IMF 외환위기를 극복하기 위해서 철저하게 상황을 점검하고 국가위기관리 대책을 마련하기도 했다. 이는 '현안을 충분히 파악하고 관련 정보를 숙지해야' 한다는 대통령 수칙 4항에 해당한다. 그 결과 2001년 8월 23일, 예정보다 조기에 외환위기 극복을 선언할 수 있었다.

대북 햇볕정책 추진과 남북정상회담 성사라는 성과를 이룩하기까지는 각계의 의견을 최대한 반영하려 했다. '국회와 야당의 비판을 경청하자. (8항)'와 '청와대 외 일반 시민과의 접촉에 힘써야. (9항)', '언론의 보도

국정운영을 위한 DJ 시크릿 노트

김대중 대통령은 4번의 대권 도전 과정에서 당신의 수첩에 시크릿 메모를 꼼꼼하게 정리했다. 취임 초기에는 이를 바탕으로 새로운 국정운영 수칙을 구상, 정리했다. 그리고 이 '대통령 수칙'을 자주 들여다보며 마음을 다잡았다. 5년의 재임 기간에 김대중 대통령이 직접 작성한 '국정운영을 위한 시크릿 노트'는 무려 27권에 달하며, 여기에는 '성공적인 국정운영을 위한 대통령 수칙 15개 항'이 적혀 있다.

를 중시(10항)'한다는 수칙이 적용된 것이다. 이는 임기 말까지도 끝까지 지키기 위해 노력했다.

13항의 미래 대비 관련 수칙은 앨빈 토플러, 빌 게이츠, 손정의 등 글로벌 리더와의 소통으로 이어졌다. 김대중 대통령은 재임 중 IMF 외환 위기 당시 청와대로 빌 게이츠와 손정의를 초청하여 국가적 위기 극복의 해법을 자문하였다. 이에 대해 두 분은 입을 모아 초고속인터넷을 강조하였고, 김 대통령은 IT 기본법을 제정하여 이를 강력히 추진하였다. 그로써 김 대통령은 대한민국을 '21세기 최고의 지식경제 강국'으로 만들기 위해 치열하게 노력했다. 김대중 대통령과 빌 게이츠와 손정의를 비롯한 글로벌 CEO와의 소통은 대한민국의 국제 경쟁력 강화를 위해서는 물론이고 포스트 코로나 시대, 절망 속에서 성공의 비결을 찾는 전 세계 민주 시민들에게 멘토로서 주는 교훈적 내용이 무척이나 많았다. 이름하여 '특별한 1%의 행복한 부자 노트'라 명명할 수 있을 것이다.

모든 정책을 추진하는 내내 김대중 대통령은 이 수칙들을 읽고 또 읽었다. 특히 '적극적인 사고와 성공의 상을 마음에 간직(14항)'하고 '나는 할 수 있다. 하느님께서 같이 계신다. (15항)'라는 믿음으로 국정에 임했다. 그 결과 전반적인 국정운영의 성과는 좋았으며, 최근 들어 더 높은 평가를 받고 있다. 20여 년 전 쓰인 '성공적인 국정운영을 위한 DJ의 시크릿 노트'는 대한민국의 현직 대통령이 반드시 읽고 실천해야 할 성공 노트라고 할 것이다.

김대중 정부에서 유의미한 성과 중 하나로는 여성부 출범을 들 수 있다. 여성부가 출범한 2001년, 김 대통령은 말했다.

"여성부의 탄생은 축하하지만 빨리 없어질수록 좋습니다."

양성평등이 실현되면 사라져야 할 시한부 부서라고 생각했기 때문이다.

또한, 1998년 광복절 경축사에서 김대중 대통령은 '창조적 지식기반 국가의 건설'을 천명하며 야심 찬 프로젝트를 시작했다. 이 역시 오늘날 대한민국이 국제적 경쟁력을 갖는 근간이 되었다. 김 대통령은 앞으로 중요해질 지식 정보화 대국은 한국이어야 하고, 21세기 최대 강국은 우리나라가 되어야 한다고 믿었다. 2002년 11월 6일 김대중 대통령은 초고속 인터넷 가입자 1000만 명 돌파 기념행사에 참여하여 당신의 지식 정보화 대국에 대한 철학과 비전을 다시금 재확인하였다.

권노갑 김대중재단 이사장은 내가 이사장으로 있는 (사)한반도평화경제연구원이 2023년 1월 주최한 '김대중 대통령 탄생 99주년 국회 세미나'에서 이렇게 역설했다.

"최근 대한민국이 일본을 제치고 세계 6강에 진입한 것은 김대중 정부 시절 구축한 전 세계 최초이자 최고 수준의 초고속 정보통신망을 중심으로 지식 정보화 대국에 진입했기 때문입니다."

외교적 차원의 성과로는 김대중 대통령과 오부치 총리가 정상회담에서 합의한 '21세기 한일 파트너십' 공동선언을 들 수 있다. 특히 일본의 대중문화를 한국 시장에 개방하겠다는 결정을 내린 것이 인상적이었다. 김 대통령은 문화 쇄국주의가 더는 무의미하다고 판단했다. 결국, 일본 문화를 개방한 뒤 일본에서 한류 붐이 일어난 것을 봐도 선견지명에 탄복하지 않을 수 없다.

김대중 대통령은 이미 60년대 중반부터 '문화예술에 대해서는 지원은 하되 간섭은 하지 않는다'라는 명확한 입장을 가지고 있었다. 우리 민족이 중국으로부터 큰 영향을 받았음에도 중국 문화에 동화되지 않고 오히려 한글과 같은 독창적인 문화를 발전시키고, 중국을 비롯한 전 세계에 한류 문화를 수출하고 있는 '세계적 현상'에 주목하였다.

대통령에 당선된 이후 김대중 정부는 21세기 대한민국의 신성장 동력 산업으로 '문화'와 '지식정보화(IT)'를 핵심 근간으로 설정하였다. 특히 최근 전 세계적인 흐름이 되는 대한민국의 '신한류 열풍'은 김대중 대통령이 집권하던 2010년부터 보아와 소녀시대, 슈퍼주니어, 카라 등의 한국의 아이돌이 다시 한번 일본 내 한류의 물결을 일으키면서 본격화되었다.

김구 선생이 문화강국론의 이념을 대외적으로 표방했다면, 김대중 대통령은 IMF 외환위기 극복을 위한 핵심적 돌파구로 '지식정보화 강국의 토대 위에 한류의 글로벌 경제적 효과'에 주목하였다. 그 결과 2000년부터 서태지와 아이들을 필두로 하여 영화 쉬리, 보아의 일본 오리콘 차트 제패와 겨울연가를 통한 욘사마의 선풍적 열풍으로 이어졌다. 그리고 2010년대 중반에는 싸이의 강남스타일을 거쳐 방탄소년단, 봉준호 감독의 기생충, 넷플릭스의 오징어 게임으로 이어졌다.

김대중 대통령이 '한류(韓流)의 글로벌 개척자'였고, 신한류의 문화의 출발점이 바로 '문화대통령' 김대중의 한류 산업 육성에 대한 확고한 철학과 정책적 비전이었다.

최근 IT에 기반을 둔 국제적 한류 열풍이 대중문화를 비롯해 사회 각 분야에서 선풍적인 인기를 끌고 있다. 이는 김대중 대통령 재임 시절 '창조적 지식기반 국가의 건설', '문화 쇄국주의 타파를 통한 글로벌 K-한류의 확산' 정책을 주도적으로 전개한 덕분이다. 김 대통령의 철학과 비전이 빛을 발하는 순간이다.

최근 나는 김대중 대통령 탄생 100주년 사업의 글로벌 마케팅을 위해 세계 각지의 CEO들을 만났다. 이들은 입을 모아 "김대중 대통령의 초고속 정보통신망 구축과 IT 벤처 기업 육성, 일본 대중문화 교류 개방과 한류 문화의 국제적 진출 관련 성과가 없었다면 오늘의 대한민국은 불가능했다."라고 말했다.

영부인의 시크릿 노트

남편이 대권 4수를 거쳐 정권교체를 실현하자 이희호 여사는 남편이 준비된 대통령이었던 반면 당신은 그렇지 못했다고 겸손하게 자평했다.

"남편이 대선 4수를 하는 긴 세월 동안 나는 한 번도 영부인이 되면 무엇을 하겠다고 상상해보지 않았다. 그런 상상을 허락할 만한 주변 조건이 아니었다. 그저 만약 내게 기회가 온다면 어려운 이웃과 여성의 권익을 신장하는 일을 하고 싶다는 일념뿐이었다."

국내외의 대통령 부인들은 '영부인의 자질과 책임'이 얼마나 크고 막중한지 모르는 경우가 많다. 그래서 수많은 월권행위를 하거나 국민적 눈높이에 맞지 않는 국정개입으로 전 사회적 비난을 받곤 한다. 반면 대통령 당선 전후 이희호 여사의 보이지 않는 내조와 남편이 타계한 뒤 공백을 메우는 모습은 실로 국제적 본보기라 할 수 있다.

그럼에도 불구하고 이희호 여사가 받은 오해가 있었다. '한국의 힐러리'라는 별명이었다. 힐러리는 자신의 비서실을 이스트 윙에서 웨스트 윙으로 옮겼다. 대통령의 집무실과 비서실이 있는 자리였다. 그리고 대통령은 참모 회의에 힐러리와 동석했고, 힐러리 본인도 정책회의에 수시로 참석했다.

하지만 이희호 여사는 헌신적이고 적극적으로 남편을 도왔지만, 결코 월권을 행사하지는 않았다. 물론, 이 여사가 존경하는 엘리너 루스벨트는 퍼스트레이디 시절 정부의 정책과 다른 의견을 과감히 개진하기도 했다. 하지만 우리 문화와는 큰 차이가 있다는 것을 이 여사는 잘 알고 있었다.

그런 연유로 이희호 여사의 제2부속실도 자연히 낮은 곳, 소외된 곳으로 향했다. 영부인의 관심 분야에 초점을 맞춰 결식아동, 입양아, 소년원, 장애인, 북한 어린이 등 약자와 소외계층을 돕는 일에 집중했다. 이 여사 역시 영부인으로서 직접 챙겨야 할 목록을 꼼꼼히 메모했다. 투옥 시절 남편과 대화를 나누기 위해 메모했던 습관 덕분에 그리 어렵지는 않았다. 이미 영부인이라는 위치의 중요성과 업무 내용을 너무도 정확히 파악하고 있었다.

이희호 여사는 두 번 소록도를 방문했다. 소록도의 주민자치회장이 영부인 방문을 간곡하게 요청하는 편지를 보냈기 때문이다. 소록도는 우리 세대가 문둥병이라고 부르던 한센병 환자들을 가혹하게 소외시킨 마음의 빚을 지고 있는 곳이다. 소록도 가는 길은 꽤 멀었다. 하지만 '가도

가도 붉은 황톳길, 숨 막히는 더위뿐이더라.'라고 노래한 한하운 시인의 <소록도 가는 길>만큼은 아니었다.

2000년 5월, 이들은 오래도록 기다린 대통령 부인이 퍽 반가웠고, 그간의 설움이 북받쳐 한없이 울었다. 이희호 여사는 이들의 문드러진 손을 붙잡고 함께 울었다. 하지만 그날 이희호 여사를 향한 언론의 보도는 냉혹했다. 소록도 방문 내용에는 모두 침묵했으며, 이동 과정에서 발생한 교통체증에만 초점을 맞췄다. 억울했지만 대통령의 부인으로서 감당해야 할 몫이라고 생각했다.

대통령을 비롯한 정치지도자, 지방자치단체장에 이르기까지 공직자에게 중요한 것은 자신의 청렴성과 도덕성에 그치지 않는다. 부인, 자녀, 친인척의 철저한 자기관리도 중요하다. 많은 역대 대통령의 아들과 부인, 형제자매를 비롯한 친인척이 저지른 범법 행위는 사회적 비난을 받았고, 이들의 국정운영에도 큰 부담이 되었다.

오늘날의 정치 현실도 예외는 아니다. 윤석열 대통령의 장모와 부인을 둘러싼 각종 의혹은 여전히 풀리지 않고 있다. 민주당의 이재명 대표도 검경에 의해 10가지의 중차대한 의혹에 대한 강도 높은 수사를 본인과 아내와 아들 등 가족들이 받고 있다.

국정운영에 있어 대통령 부인의 역할은 대통령의 손길이 닿기 힘든 사회적 약자층을 세심히 어루만지는 데에도 미쳐야 한다. 여성, 청소년, 장애인, 노약자 등을 살피며 소리 없는 내조가 필요한 것이다. 이런 부분은 아랑곳하지 않고 지나치게 국정에 개입하거나 법인카드의 사적 사용 등 불법을 저지르거나 대통령 부인으로서의 적절한 처신을 크게 벗어나면

폭발적인 국민적 분노를 초래할 수밖에 없다. 나는 이희호 여사가 김대중 대통령을 내조하면서 이에 대해 깊이 우려하고 경계했던 것을 여실히 체감했다.

동서고금을 막론하고 일국의 왕이나 대통령의 부인을 향한 관심은 크다. 우리나라도 예외는 아니다. 육영수 여사, 이순자 여사, 그리고 최근 대통령 선거 과정에서 후보들의 부인과 관련된 도덕적 논란이 그 반증이다. 대통령만큼 부인의 역할이 중요하기 때문일 것이다.

이희호 여사 역시 평생 여성운동을 했기에 영부인의 위상과 역할을 깊게 고민했다. 여러 이유로 이 여사도 자기만의 메모와 노트를 정리했다. 이 여사는 엘리너 루스벨트, 팻 닉슨, 로잘린 카터, 낸시 레이건, 힐러리 클린턴, 로라 부시와 같은 미국 대통령 부인들을 만났다. 퍼스트레이디로서 동등한 자격으로 만난 영부인들은 힐러리와 로라 여사였다. 이희호 여사의 역대 미국 대통령 부인에 대한 평가를 들어보자.

"엘리너 여사는 1957년 인권의 날에 미국 남부 내슈빌에서 만났다. 흑인 인권 사각지대를 방문했던 유학생 이희호가 존경하는 마음으로 우러러본 인물이다.

로잘린 카터는 남편 김대중의 목숨이 위태로웠을 때 현직 미국 대통령 부인으로 힘을 보태준 생명의 은인이다. 퇴임 후에도 민주주의, 인권, 평화라는 가치관을 공유한 노벨평화상 수상자들로 오랫동안 돈독한 우정을 이어갔다.

낸시 레이건은 남편이 대통령으로 재임 중이던 1998년 6월 캘리포니아 새크라멘토에서 만났다. '사형수' 김대중의 구명운동에 큰 힘이 된 레이건 전 대통령을 예방하려 했으나 알츠하이머로 사람을 전혀 알아보지 못해 만날 수 없었다. 대신 낸시 여사에게 감사를 전했다. 낸시 여사는 사형수에서 대통령이 되어 방문한 우리를 반갑게 환영해 주었다."

미국의 퍼스트레이디들은 당당했다. 전문직 여성으로는 첫 영부인이었던 힐러리는 말 한마디 한마디에서 힘이 느껴졌다. 이희호에게 있어 미국의 영부인들은 본받고 싶은 존재였다. 젊은 시절 여성운동을 치열하게 전개하면서 강고한 남존여비의 가부장질서를 극복하고자 몸부림쳤던 경험이 있기 때문이다. 반면 최근 대통령 부인 관련 논쟁을 살펴보면 해외는 물론 국내에서도 과도한 국정 개입 논란에서부터 불법 혹은 편법적인 권한의 남용 그리고 공사(公私)를 구분하지 못하는 데서 오는 국정 난맥상이 도를 넘는 경우도 적지 않다. 때에 따라서는 심각한 문제로 비화할 수 있다는 걸 아는지 모르는지 말이다. 이런 점에서 이희호 여사의 조심성은 남편이 대통령이 되기 전이든 후든 상상을 초월할 만큼 엄격하였다.

이희호 여사는 국정운영에 개입하지 않으면서도 대통령의 공백을 메꾸고 소리 없이 내조했다. 사회적 약자와 여성의 권익증진에 이바지할 수 있는 자기 역할을 끊임없이 찾아 실천했다. 대통령 부인들의 과도한 국정개입과 정치인 아내들의 부적절한 처신에 국민이 분노하는 점을 고려하면 이희호 여사의 역할은 가히 모범적이었다. 평소 이희호 여사를 가까이에서 함께 뵙고 많은 것을 배워왔기에, 나의 20년 가까운 공직 생활 동안 나의 아내와 자녀들은 불미스런 논란에 휩싸인 적이 단 한 번도 없었다. 너무도 감사한 일이다.

청와대 사람들은 늘 교도소 담장 위를 걷고 있다는 말이 실감 나는 아찔한 순간도 없지 않았다. 보안기술 '패스 21'로 유명한 윤태식이라는 사람이 비디오 촬영 담당 청와대 직원을 통해 자신이 보유한 4천억 원 가치의 주식을 이희호 여사에게 기부하고 싶다고 전했다. 소외계층을 위해 많은 일을 하시는 데에 감명받았다는 것이다.

며칠 뒤 신원 조회를 해보니 부도로 인한 사기죄로 수용됐던 적이 있으며 혼인 빙자, 강간과 같은 범죄기록이 나왔다. 그리고 기억에서 잊힌 어느 날, 그는 살인 용의자가 되어 있었다. 이희호 여사는 아무리 뜻이 좋고 아름다운 일을 할 수 있더라도 대통령 부인으로서 그런 사람을 가까이하면 안 된다는 결론을 내렸다. 영부인은 그토록 중요하고 위험한 자리였다.

대통령과 영부인이 측근과 주변 관리를 얼마나 철저히 해야 하는지는 재론의 여지가 없다. 박근혜 정부 시절 측근의 국정농단 사태로 현직 대통령이 탄핵당하는 초유의 사태에서도 그 중요성을 알 수 있다. 김대중 대통령이 옥중서신을 통해 아내와 자식들에게 전한 것처럼 '지도자의 도덕적 책임과 가정의 화목, 수신제가의 중요성'은 아무리 강조해도 지나치지 않다.

국정운영의 책임자나 민주정당의 대표 등 리더의 지위에 오르면 개인적 도덕성을 지키는 것은 물론, 매사에 엄격한 자기관리가 필수적이다. 박근혜 전 대통령을 예로 들면, 최순실을 통한 국정농단 사건이 제삼자 뇌물죄에 속하는지, 다시 뜨거운 논란으로 불거진 태블릿 PC의 소유자가 누구인지, 검찰에 의한 조작이 있었는지에 대한 법률적 판단도 중요하다. 하지만 그보다 중요한 것은 김대중 대통령이 옥중서신에서 누누이 강조한 것과 같은 '수신제가(修身齊家)'다. 이희호 여사는 영부인의 막중한 책임을 거듭 자서전에 표현하기도 했다. 최고지도자의 심각한 도덕적 해이와 그로 인한 아전인수격 행태는 반드시 국민적 심판을 받게 될 것이다.

오늘날 한국 정치에서는 여야를 막론하고 지도층의 심각한 도덕적 해이 현상이 발생하고 있다. 게다가 '내로남불'이라고 하는 책임 전가 상황을 보는 국민의 분노도 한계치를 넘은 지 오래다. 그 정점이 아마도 2022년 대선이었을 것이다. 오죽하면 전 세계 언론이 '역사상 유례없는 최악의 대통령 선거'라고 표현할 정도였을까?

윤태식은 1980년대에 '수지 킴 사건'이라고 부르는 대표적인 간첩 조작 사건에 연루되어 있었다. 특히 1987년 1월은 전두환 정권이 최대 위기에 직면한 상황이었고, 공작정치는 이 난국을 타개하려는 목적으로 행해졌다. 당시 김대중과 이희호는 가택연금 중이었다.

윤태식은 이 시기 홍콩에서 부인 수지 킴을 살해한 범인으로 밝혀져 2001년 10월 긴급 체포되었다. 그전까지 그는 북한 공작원에게 납치되었다가 구사일생으로 탈주한 반공 투사로 행세했다. 그리고 수지 킴은 간첩으로 알려져 있었다.

안기부는 애초에 그의 거짓말을 인지하고 있었다. 하지만 격렬한 반정부 활동을 호도하기 위해 '북괴의 홍콩 교민 납북 기도 미수 사건'으로 둔갑해 악용했다. 심지어 태국에서 기자회견을 마친 뒤 윤태식을 서울로 데려와 은폐하고 있었다는 사실도 드러났다.

사건 발생 14년 후인 2001년 11월 13일, 윤태식은 아내 살인 혐의로 구속되었다. 사건의 경위는 간단했다. 윤태식이 수지 킴과 결혼한 뒤 잇따른 사업 실패 등으로 갈등이 생겨 부부싸움을 하다가 살해했다는 것이었다.

이후 그는 처벌이 두려워 싱가포르 북한 대사관에 월북 의사를 밝혔다가 거부당했다. 그러자 한국 대사관에 수지 킴이 간첩이며 그녀에게 납치되어 북한으로 향하던 중 탈출했다는 내용으로 거짓 자수를 했다. 한국 대사관은 이를 안기부에 알렸고 진실은 은폐, 왜곡되었다. 지금 생각해도 끔찍한 간첩 조작 사건으로, 국가권력이 얼마나 추악하게 타락할 수 있는지 여실히 보여주는 일이었다.

이희호 여사는 윤태식과 아찔한 인연이 될 뻔했던 사건을 하나님이 도우셨다고 생각했다. 그러잖아도 야당에서는 '패스 21 게이트'라고 명명하고 대통령 비서실을 겨냥하고 있었다. 그런 상황에서 이희호 여사와 제2부속실이 연루되었다면 어떻게 되었을까?

그리고 아이러니한 현실이지만, 윤태식은 2017년 만기 출소 후 스마트폰 전자화폐 사업을 새로 시작한 것으로 알려져 있다.

검찰의 표적 수사와 옷 로비 의혹

김대중은 다른 어떤 정치인보다도 검찰 표적 수사로 큰 피해를 보았다. 그렇기에 김대중은 기회가 있을 때마다 검찰의 정치적 중립성이 중요하다고 강조했다.

"검찰은 대통령 범죄도 수사하고 나는 새도 떨어뜨린다는 정치인을 순식간에 구속할 수도 있다. 검찰이 바로 서면 부정부패를 저지르지 못할 것이다."

하지만 과거 검찰은 권력의 지배를 받았으며 권력의 목적에 따른 표적 수사가 많이 이루어졌다. 1989년 용공 조작 당시 밀입북 사건과 관련해 검찰은 서경원 씨를 사흘간 잠도 재우지 않고 고문했다. 그 결과 그는 김대중에게 1만 달러를 줬다고 허위 자백했다.

"검찰이 바로 서야 나라가 선다."

김대중 대통령이 진짜 하고 싶은 말이었을 것이다. 해방 이후 한국 현대사에서 가장 뼈아픈 오욕의 역사이기도 하며, 오늘날 한국 정치 현실에서도 뜨겁게 타오르는 최대 쟁점이기도 하다.

중요한 것은 '검찰의 정치적 중립'이라는 당위적 명제가 아니다. '검찰 출신 대통령'과 '검찰이 요직을 독차지한 검찰 공화국'이 '공정한 법치주의 구현'이라는 시대적 소명을 다할 수 있을지가 중요하다.

이를 간과하고 사법적 힘의 논리에 도취해 반민주적, 독선적 강권 통치를 하면 국민의 응징이 내릴 수밖에 없다. 일차적으로는 선거가 될 것이며, 그것이 통하지 않으면 박근혜 정부 시절과 같이 탄핵이라는 국민적 심판이 언제든지 다시 제기될 수 있을 것이다. "만약 오늘 DJ라면" 김대중 대통령은 윤석열 대통령을 향해 "당신은 검찰총장이 아니라 일국의 대통령임을 명심하라. 그렇지 않으면 국민적 분노와 심판을 받게 될 것이다"라고 강력히 충고하였을 것이다.

2006년 8월 25일 김대중 대통령은 취임 후 처음으로 목포를 방문했다. 하의도에서 친인척이 찾아왔고, 유달산 품에서 보낸 그 밤은 정겹고 흥겨웠다. 다음 날 김 대통령은 광주 북구 망월동 5·18 묘역을 참배했다. 그날 김대중 대통령은 자신에게 용기를 준 두 가지를 고백했다.

"나는 원래 용기가 있다기보다는 겁이 많은 사람입니다. 우스운 얘기로, 밤에 어두운 곳에서는 '도깨비가 나오지 않을까?'하고 겁을 낼 정도입니다. 그런 나에게 용기를 준 것은 두 가지입니다.

하나는 크리스천으로서의 신앙입니다. 진정한 예수의 제자는 고통을 받는 사람을 위해 억압자와 싸우다 십자가에서 죽는 예수처럼 이 사회의 불의와 독재, 부패와 싸우는 사람입니다.

둘째는 역사에 대한 신앙입니다. 역사를 보면 악을 행한 사람이 당대에 벌을 받지 않더라도 후세에는 반드시 심판을 받습니다. 반면 바르게 산 사람은 당대에 성공하지 못하더라도 후세에 반드시 진정한 평가를 받게 됩니다."

5·18 민주 영령과 광주시민에게 감사의 인사를 전하는 동시에 후세에 반드시 진정한 평가를 받게 될 것이라는 위로의 인사를 함께 전한 것이다. 마치 억압자와 싸우다 십자가에 매달려 죽은 예수처럼 말이다.

김대중 대통령이 해외 방문 후 귀국길에 오를 당시 국내는 이른바 '옷 로비 의혹'으로 논쟁이 한창이었다. 1999년 당시 외화 밀반출 혐의를 받던 신동아그룹 최순영 회장의 부인 이형자 씨가 남편을 구명하기 위해 고위층 인사 부인들에게 고가의 옷으로 로비한 사건이었다. 결국, 이 의혹은 정치권으로 번졌고, 역사상 최초로 특별검사제가 도입되어 지루한 공방이 이어졌다.

그때마다 국민의 정부는 도덕적 타격을 입을 수밖에 없었다. 옷 로비 의혹이 국민의 분노를 유발한 데에는 IMF시기 중산층과 서민층의 박탈감과 상실감이 큰 영향을 미쳤을 것이다. 다음 날, 지휘 책임을 물어 김태정 법무부 장관이 해임되었다. 결국 특검은 의상실 주인이었던 앙드레 김까지 소환하였으나 '포기한 로비 사건'으로 결론지었다. 결국 알아낸 것은 증인선서 때 밝혀진 '앙드레 김의 본명'뿐이라는 우스개 소리도 낳았다.

이 사건의 당사자였던 이희호 여사는 당시를 더욱 고통스럽게 기억한다.

"나는 원래 사치와 거리가 먼 사람이다. 긴 시간을 유폐, 연금, 투옥으로 험난하게 보낸 사람의 배우자로서 그럴 만한 경제적, 정신적 여유가 없었다.

내가 오랫동안 단골로 삼은 곳은 남대문시장이다. 장관 부인들이 라스포사 옷가게에서 옷을 사고 재벌 부인에게 대납을 요구했다는 이 사건은 국회 사상 첫 특별검사제 도입을 거쳤다.

IMF 경제위기로 고통을 겪은 국민은 언론의 대대적인 보도로 인해 사건의 진실과는 무관하게 격하게 분노했다. 내가 어떻게 살아왔는지 너무나 잘 아는 남편으로서는 아내 이름이 옷 로비에 거론되는 것이 기막혔을 것이다.

교훈을 얻은 것에 비해 대가가 너무 컸다. 초기 '국민의 정부'의 도덕성에 큰 흠결을 남겼으며, 우리 부부의 행보에도 큰 타격을 주었다. 나는 되도록 외출을 삼갔다."

새천년민주당 창당, 그리고 힘들었던 길

새천년이 시작되던 2000년 1월, 새천년민주당이 창당했다. 이로써 김대중을 대통령으로 만든 새정치국민회의는 역사 속으로 사라졌다. 2000년 새천년민주당 창당의 성격은 1987년 평화민주당, 1997년 새정치국민회의 창당의 그것과는 차이가 있었다. 앞선 두 번의 신당 창당은 기성 민주당의 개혁성과 정체성 부재가 촉발했다. 반면 새천년민주당은 새로 집권한 새정치국민회의가 민주당 50년 역사의 정통성을 발전적으로 계승하고자 하는 통합적 의지의 발로였다.

이렇게 김대중은 국민과 함께하는 정통민주개혁세력의 시대정신을 반영하기 위해 당신의 정치생명과 열정을 바쳤다. 새로 태어난 민주당에는 나라를 다시 세우겠다는 꿈과 의지가 담겨 있었다. 모든 개혁의 완성은 총선 승리가 있어야 가능했다.

김대중 대통령은 50년 민주정당으로서의 정통성을 지향하면서도 '새 술은 새 부대에 담아야 한다.'라는 굳은 신념을 갖고 있었다. 이를 바탕으로 정치와 나라를 살리기 위해 신당 창당을 대내외적으로 선언한 것이다. 김대중 대통령은 새천년민주당의 창당이 필요한 시대정신과 소명을 이렇게 역설했다.

"새천년민주당의 창당이 왜 필요하겠습니까? 그것은 오늘의 우리 정치 현실을 보면 쉽게 이해할 수 있습니다. 너무도 비생산적이고 국민의 열망을 외면하는 우리 정치의 현실은 국민의 전면적인 불신과 비난의 대상이 되어 버렸습니다. 새천년의 21세기가 필요로 하는 정치의 안정과 개혁을 실현하려면 자신을 불사르고 각계의 인재들과 신당을 만드는 것이 불가피하다는 결론에 도달했습니다.

새천년민주당은 정치를 살리기 위한 정당입니다. 새천년민주당은 자유당 치하에서 창립되어 4·19 이후 집권한 민주당의 맥을 이은 정당입니다. 새천년민주당은 군사독재 아래에서 일관되게 민주화 투쟁을 해왔습니다. 그리고 마침내 우리 역사상 처음으로 여야 정권교체를 이뤄낸 50년 민주 정통의 정당이라 확신하는 바입니다."

그렇게 김대중 대통령은 새천년민주당을 창당하고 전열을 재정비했다. 또한, 남북관계 개선과 한반도 평화정착을 위한 구체적인 로드맵을 실천하기 시작했다.

2000년 3월 8일, 박지원 장관은 싱가포르에서 송호경 아태위 부위원장과 비밀리에 접촉했다. 동시에 양영식 통일부 차관을 단장으로 하는 준비기획단을 편성했다. 정상회담 준비에 관련된 제반 사항을 실무적으로 기획 조정하고 남북 접촉을 담당하는 조직이었다. 그리고 2000년 3월 9일, 김대중 대통령은 남북정상회담 개최를 앞두고 베를린 자유대학에서 통일독일에서 얻은 네 가지 교훈을 발표했다.

첫째, 독일의 통일은 민주주의와 시장경제를 함께 발전시킨 서독 국민의 저력 덕분에 가능했다. 둘째, 서독은 '접촉을 통한 변화'로 요약할 수 있는 동방정책을 일관적으로 추진해 동독과 서독의 상호 공존과 긴장 완화의 틀을 구축했다. 셋째, 서독은 진지하고 성의 있는 노력으로 통일 독일을 향한 주변국의 우려를 사전에 불식시켰다. 소련과 동구 공산권 국가들의 이해와 협력을 얻을 정도로 적극적으로 외교를 전개해 성공을 거두었다. 넷째, 여러 현실적인 어려움과 제약 속에서도 서독 정부는 인내심을 발휘하며 동독과 서독의 화해와 교류·협력 정책을 일관되고 성의있게 추진했다.

김대중 대통령과 빌리 브란트 전 서독총리는 마음을 주고받는 사이였다. 김 대통령은 브란트 총리를 '자신이 일생에서 만난 가장 좋은 선배이자 친구'라고 표현했다. 독일 통일의 아버지라 불리는 브란트 전 총리가 김 대통령에게 한 말도 매우 인상적이다.

"이제 우리는 통일을 이루었다. 동독과 서독을 가르던 베를린 장벽은 없어졌다. 하지만 여전히 마음의 장벽은 남아 있다. 부디 한국은 독일 통일이 범한 과오를 되풀이하지 않기를 바란다."

남북정상회담 준비를 위한 접촉은 2000년 4월 22일부터 5월 18일까지 5회에 걸쳐 판문점에서 개최되었다. 나는 당시 청와대 외교안보실 소속으로 회담 전반의 전략을 전담하는 남북정상회담 준비접촉 대표단의 전략담당 보좌관이었다.

당시 남북정상회담 준비접촉 단장이었던 양 차관은 기회가 있을 때마다 김대중 정부하에서 나의 역할을 강조해 주었다. 최근 국회에서 열린 <김대중 대통령 탄생 99주년 국회 세미나> 축사에서는 이렇게 말했다.

"최성 당시 청와대 외교안보비서실 행정관은 남북회담의 특별 보좌역이었다. 남북정상회담의 성사를 위해 김대중 대통령과 나, 그리고 북측의 회담 대표를 가교하는 핵심 역할을 했다."

5차례에 걸쳐 판문점에서 남북정상회담 준비접촉을 하는 동안 회담장에서는 갖가지 일이 벌어졌다. 남측 언론의 회담 과정 보도를 핑계로 북측 대표단이 강력하게 항의했고 고성이 오가기도 했다. 그런 일촉즉발의 위기 속에서 김대중 대통령과 청와대의 지침이 매우 절실했다. 나는 김대중 대통령에게서 배운 모든 외교적 경험과 훈련을 총동원해 양영식 단장과 함께 역사상 최초의 남북정상회담 개최 합의를 위해 모든 지혜를 짜냈다. 당시를 생각하면 이명박 정부 이래 최악의 남북관계가 된 작금의 현실이 너무도 안타깝다.

드디어 2000년 6월 남북정상회담이 개최되었다. 인민복을 입은 김정일 위원장이 평양 순안공항에 마중 나왔다. 남북정상회담 당시 차 안에서 무슨 이야기를 나누었는지 궁금해하는 사람들이 많았다. 김 위원장은 마음을 놓으라며 이렇게 말했다.

"북에 오는데 무섭지 않았습니까? 무서운데 어떻게 왔습니까?"

당시 청와대 외교안보실 소속 통일비서실에서는 대통령의 평양 방문 시 발생할 모든 시나리오에 대한 대책을 마련하고 있었다. 북한 군부의 저격 등 예상치 않은 비상사태도 발생할 수 있기 때문이었다.

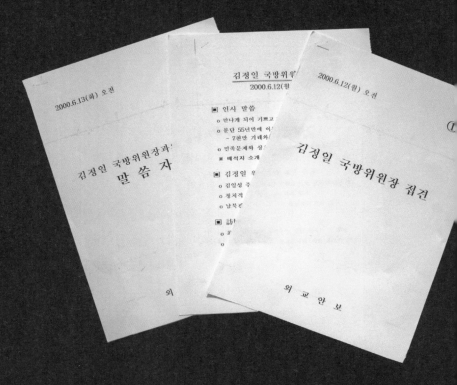

김정일 국방위원장 접견 및 관련 자료

나는 역사적인 1차 남북정상회담 준비접촉대표단의 전략담당 보좌관으로 판문
점 회담에 참여했다. 그리고 5차례의 준비 회담을 거쳐 남북정상회담을 극적으
로 성사시킬 수 있었다. 이후 청와대 외교안보비서실의 행정관으로 평양에서 개
최 예정인 김정일 국방위원장과의 회담에 대비해 김정일 국방위원장 접견 및 김
대중 대통령 말씀 자료 등 각종 시크릿 보고를 준비했다. 여기에는 평양에서 개
최될 예정인 남북정상회담 과정에서 발생할 수 도 있는 갑작스러운 비상사태에
대한 대처방안도 포함되어 있었다.

그렇게 김대중 대통령은 기적적으로 남북을 가로막은 철조망을 뚫었고, 금방이라도 통일이 될 것처럼 남북의 화해와 교류가 노무현 정부까지 이어졌다. 금강산 골프장이 착공되고, 평양 골프장에서는 국제골프대회가 열렸다. 나는 국회 남북교류협력의원모임의 대표 자격으로 세계 최고의 여성 골퍼들과 라운딩을 하는 행운을 누리기도 했다. 캐디는 북한 여성이 담당했고, 골프장 한편에서는 당 간부로 보이는 북한 인사가 제법 그럴듯한 골프 스윙을 하고 있었다.

김정일 위원장이 깍쟁이라고 부르던 개성공단에는 남한 기업들이 속속 입주했고, 분단 이후 최초의 남북경협 활성화를 위한 토론회가 열렸다. 대한민국 통일부 장관이 축사한 뒤 기업인과 학자들이 모여 자유롭게 토론했다. 북한의 지도급 간부들이 모두 보고 있는 자리였다. 이 행사도 내가 책임을 맡고 있던 (사)한반도평화경제연구원과 국회 남북교류협력의원모임이 주관했다.

정말 감개무량한 순간이었다.

기억에 남는 장면은 그 외에도 많았다. 평양 봉수교회에서 예배를 드리는 북한 주민들의 모습, 평양 김일성 생가와 주체사상탑, 공원을 거닐다 만난 시민들의 모습도 인상적이었다. 인민대학습당에서 영어 공부를 하는 학생들과의 대화나 김일성대학 기념전시관에 있는 김정일 위원장의 대학 시절 모습도 있었다. 남포의 서해갑문에서 소주잔을 기울이며 평양 안내원이 부르는 <심장에 남는 소리>라는 노래를 듣던 순간도 기억난다.

이처럼 김대중 정부부터 노무현 정부까지 남북화해와 협력은 당장 통일이 되어도 이상하지 않을 정도로 10년 동안 진행되었다. 하지만 거기까지였다. 이명박 정부 출범 이후 남북관계와 한반도 평화는 언제 전쟁이 터질지 모르는 일촉즉발의 상황으로 돌아갔다. 평화를 이루기는 쉬워도 깨지는 것은 한순간임을 여실히 느낄 수 있었다.

"나쁜 평화보다 좋은 전쟁은 없다."

나의 심장과 뇌리에 오랫동안 박혀 있는 강렬한 평화의 메시지다.

이런 위험은 남북관계나 한반도 평화에만 국한되는 것이 아니다. 최고지도자의 무능과 탐욕, 국민을 외면한 그들만의 카르텔에 의한 특권적 행보는 더욱 위험하다. 대한민국의 국가경쟁력과 당의 정체성을 책임지는 이들의 안일함으로 인해 그 국가와 정당이 수십 년간 이룩한 전통을 순식간에 모래성처럼 무너트리게 될 수 있다.

"역사와 전통을 세우기는 참으로 긴 세월이 필요하지만, 그것이 망가지는 것은 순식간이다."

김대중 대통령이 내게 이처럼 뼈아픈 충고를 반복해서 강조한 이유가 여기에 있을 것이다. 오늘의 위정자들에게 꼭 전달하고 싶은,《김대중 잠언집: 배움》에 적힌 시크릿 노트의 내용이다.

아태평화재단에서 《김대중의 3단계 통일론》을 집필할 때 가장 뜨거운 쟁점이 되었던 사안이 '연방제'였다. 특히 국내 보수 우익진영은 이 표현에 대해 '북한의 고려민주연방제에 찬동하는 친북적인 적화 혁명전략'이라는 색깔론을 수없이 제기했다.

나는 당시 김대중 이사장에게 '미국과 영국식 연방 단계를 거쳐 최종 완전통일단계로 진입하자.'라고 강도 높게 제안했고, 이는 최종 반영되었다. 북한의 연방제와 근본적으로 차별화하기 위해 미국과 영국식 연방제라는 구체적인 표현을 사용한 것이다. 지금 생각하면 일종의 묘수였던 것 같다. '친북 빨갱이'라는 수구세력의 불필요한 이념 공세를 차단하는 효과가 있었기 때문이다.

이후 남북정상회담이 진행되던 중 옆에서 듣던 임동원 원장이 대통령의 양해를 구하고 연합제와 연방제의 차이를 설명했다. 그러자 김정일 위원장이 말했다.

"김대중 대통령께서는 완전 통일이 10년에서 20년은 걸릴 것이라고 말씀하셨다고 알고 있습니다. 그런데 나는 완전 통일까지는 앞으로 40년, 50년이 걸릴 것으로 생각합니다. 그리고 내 말은 연방제로 즉각 통일하자는 것이 아닙니다."

이렇게 진지한 토론을 하다가도 김대중 대통령은 회담의 분위기를 전환하고자 농담을 던졌다.

"김정일 위원장의 본관은 어디입니까?"

"전주 김씨입니다."

"전주요? 아, 그럼 김 위원장이야말로 진짜 전라도 사람 아닙니까? 나는 김해 김씨요. 원래 경상도 사람인 셈입니다."

북한의 집권체계 성격상 김정일 위원장을 상대로 '진짜 전라도 사람'이라고 하기는 쉽지 않다. 이런 농담을 할 수 있다는 것은 김대중 대통령만이 가진 최고의 협상술이다. 김 대통령은 항상 최고의 연설과 협상은 상대방에게 함박웃음을 터트릴 정도의 유머를 던지는 것이라고 강조하곤 했다.

김대중 대통령은 후보 시절부터 집권 후까지 중요한 연설을 할 때는 항상 초반에 상대방이나 청중을 향한 유머를 던졌다. 아태평화재단 시절, 김대중 이사장은 미국 방문 연설문을 준비하는 나에게 이렇게 말한 적이 있다.

"연설 시작 5분 이내에 청중을 박장대소하도록 공감을 만들지 못하면 성공한 연설로 보기 어렵습니다."

그 말씀 덕분이었을까, 나는 8년간 고양시장으로 재직하는 동안 기회가 있을 때마다 현장에 있는 시민들에게 '아재 개그'를 선보였다. 아마 많은 시민은 나를 '썰렁한 시장'으로 기억하고 있을 것이다.

어쨌든, 당시 김대중 대통령이 보기에 김정일 위원장은 이해력, 판단력, 결단력이 있는 사람이었다. 김정일 위원장이 말했다.

"힘들고 두렵고 무서운 길을 오셨습니다. 하지만 공산주의자도 도덕이 있고 우리는 같은 조선 민족입니다. 절대 섭섭하지 않게 할 테니 염려하지 마십시오. 세계가 주목하고 있고 우리는 2박 3일간 대답을 줘야 합니다."

김 위원장은 연장자를 향해 깍듯이 예의를 지켰다. 그러면서도 정곡을 찌르는 말은 서슴없이 터트렸다. 그 순간 이희호 여사는 김 위원장이 버거운 대화 상대일 수 있다는 생각이 들었다.

김정일 위원장은 베일 뒤에 가려진 인물이었다. 하지만 우리에게 드러난 그의 모습은 그간의 소문과 억측을 모두 뒤집는 것이었다. 이희호 여사는 김정일을 가리켜 '정확하고 풍부한 어휘로 간략하면서도 완벽한 말을 쏟아냈다.'라고 평가했다.

지구상에서 가장 비밀스러운 나라의 시크릿 노트

북한 방문 이틀째인 2000년 6월 14일은 이희호 여사의 일정도 많았기에 하루가 빡빡했다. 이화여자대학교 장상 총장이 동행했다. 오전에 창광유치원과 수예연구소를 방문한 뒤, 대통령과 합류해 만경대 학생소년궁전에서 아이들의 공연을 관람했다. 이후 옥류관에서 평양냉면으로 식사를 했다. 강폭이 좁은 대동강 강변에 버드나무가 늘어져 한껏 푸른빛을 더했다. 만찬이 시작될 즈음 김정일 위원장이 앞 테이블에 앉은 이희호 여사를 발견했다.

"여사님, 이쪽으로 오십시오. 이산가족이 되면 안 됩니다. 김대중 대통령께서 그토록 이산가족 상봉을 주장하시는데 평양에서 이산가족이 되면 되겠습니까?"

좌중에 폭소가 터졌다. 이희호 여사는 중앙 테이블로 자리를 옮겨 김정일 위원장 왼쪽에 앉았다. 이 여사는 김정일 위원장에게 짧게 가족사를 언급했다.

"할머니가 개성 분이고 아버지는 송도고보를 나오셨다고 이야기를 하셨지요."

"여기서는 개성을 '깍쟁이'라고 합니다. 개성 음식이 맛있다고 해서 개성 토박이에게 음식을 청했는데 양이 적습니다."

김정일 위원장이 유머로 화답했다. 회담장 분위기는 화기애애했다. 마침내 남측의 임동원 원장, 북측의 김용순 비서가 여러 차례 수정해 완성한 공동선언문을 가져왔다. 2000년 6월 15일, 김대중과 김정일은 다음과 같은 5개항으로 이루어진 6.15 남북공동선언에 합의하였다.

(1) 통일문제를 우리 민족끼리 자주적으로 해결해 나간다.

(2) 나라의 통일을 위한 남측의 연합제안과 북측의 작은 단계의 연방제안이 서로 공통성이 있다고 인정하고, 앞으로 이 방향에서 지향시켜 나간다.

(3) 8.15에 즈음하여 흩어진 가족, 친척방문단을 교환하며 비전향 장기수 문제를 해결하는 등 인도적 문제를 조속히 풀어 나간다.

(4) 경제협력을 통하여 민족 경제를 균형적으로 발전시키고 사회,문화, 체육,보건,환경 등 제반 분야의 협력과 교류를 활성화하여 나간다.

(5) 이상과 같은 합의 사항을 조속히 실천에 옮기기 위해 빠른 시일 안

에 당국 사이의 대화를 개최한다.

김대중 대통령은 김정일 국방위원장이 서울을 방문하도록 정중히 초청하였으며 김 위원장은 앞으로 적절한 시기에 서울을 방문하기로 하였다.

기자들은 매우 중요한 역사적 장면인 만큼 촬영을 위해 다시 한번 손을 잡아달라고 요청했다. 김 위원장은 흔쾌히 승낙했다.

"그럼 오늘 배우 하십시다. 좋은 날인데 배우 한 번 하십시다!"

회담이 끝난 뒤 김 대통령은 소회를 밝혔다.

"젖 먹던 힘까지 다했다. 내 평생 가장 길고 무겁고 보람을 느낀 날이다. 회담 3시간 50분 중 3시간 30분이 긴장의 연속이었다. 절망적으로 생각해 두어 번 포기하고 싶은 심정도 들었지만, 이 길이 어떤 길인가."

76세의 대통령이 '젖 먹던 힘'을 강조하자 수행원들이 웃었다.

김대중 대통령은 각국 정상과 대화할 때 몇 가지 원칙을 갖고 있었다. 이 대원칙은 각국 주요 정상과의 대화에만 통용되는 것이 아니다. 국내 정치협상이나 중요한 경제적 비즈니스를 할 때도 지켜야 할 중요한 비결이라 할 수 있을 것이다.

첫째, 어떠한 경우도 상대에게 '아니다(No).'라고 하지 않는다.

둘째, 되도록 상대의 말을 많이 듣는다.

셋째, 상대방과 의견이 같은 대목에서는 반드시 '내 의견과 같다.'라고 말한다.

넷째, 할 말은 모아 두었다가 대화 사이사이에 집어넣고, 그러면서도 꼭 해야 할 말은 빠트리지 않는다.

다섯째, 회담 성공은 상대 덕분이라는 인상을 심어준다.

여섯째, 상대를 진심으로 대한다.

위 원칙 중 상대를 진심으로 대한다는 부분이 가장 중요하다. 특히 김대중 대통령은 김정일 위원장과 정상회담을 할 때 위 6가지 대화 원칙을 철저히 지켰다. 김정일 위원장이 화답한 것도 이런 김 대통령의 실사구시적 협상 태도에 감명했기 때문일 것이다. 대한민국의 대통령은 물론, 외국의 정상도 국정 시크릿 노트에 반드시 적어둬야 할 수칙이라고 할 수 있다.

이낙연 전 총리는 조지 워싱턴 대학에서 방문학자로 연구하면서 이상과 같은 김대중의 정상외교 및 외교협상에 대한 원칙을 소상히 인용하면서 윤석열 정부가 사우디를 방문하는 과정에서 이란을 주적으로 표현하면서 커다란 외교적 논란을 일으킨 사례를 적시하며, "준비된 외교대통령의 기본적인 자세"에 대해 충고를 하였다. 시의적절한 조언이었다.

나는 김대중 대통령을 가까이에서 모셨다는 이유로, 그리고 오랫동안 통일 분야에 종사한 전문성을 인정받아 북한을 20여 차례나 방문할 기회를 가졌다. 이 과정에서 어지간해서는 허락하지 않는 북한 내의 중요한 공간을 볼 수 있었다. 때로는 사진과 동영상 촬영도 용인해주었다.

그 덕에 나는 안내원의 도움을 받아 열 번 넘게 금강산, 개성공단, 남포 항, 평양 시내 곳곳을 둘러볼 기회를 얻었다. 민간 차원의 방문일 때는 북 한 주민들과 편안하게 소통을 할 수 있었다. 또한, 남북관계가 냉각되거 나 공식 방문에서는 가 보지 못했던 북한의 비밀스러운 공간도 나의 시 크릿 노트에 담을 수 있었다.

얼마 후 나는 재선 고양시장으로 <최성TV>라는 유튜브 채널을 개설 했다. 고양시장으로서의 개인적 행보는 물론, 북한 방문 시 촬영한 김일 성대학과 만수대의사당 내부 전경, 평양 봉수교회 예배 장면, 북한에서 가장 큰 골프장의 내부 모습, 남포항의 바닷가 정취와 인근 공장, 세계 각국의 정상과 국내 기업인들의 선물이 전시된 묘향산 국제친선전람관 등의 장면을 공개해 호평받았다.

한 번은 공중파 뉴스의 중심 꼭지에서 내가 촬영한 영상이 '북한 최초 의 미공개 영상'으로 소개되기도 했다. 평양 인민대학습당에서 열심히 영어를 배우는 학생들, 평양 봉수교회에서 남한의 기독교인들과 연합 예 배를 드리는 평양 주민들의 모습이 고스란히 방송에 나갔다. 여기에는 핵개발을 하는 와중에도 개혁과 개방을 추진한다는 북한 정권의 몸부림 을 대외적으로 과시하려는 의도가 담겨 있었다.

한편 2000년 8월 말 동교동 자택이 헐렸다. 1995년 일산으로 이사하 기 전까지 김 대통령 내외가 33년 동안 살았던 집이다. 사제 폭발물이 날 아들고 수십 번 연금을 당하면서도 동교동 집은 김대중이 몸을 뉘고 일 어난 공간이었다. 동교동 집에서는 신군부의 정치군인에게 끌려가기도

233

5막 _ 국정운영을 위한 시크릿 노트

했고, 대통령 선거에서는 세 번이나 떨어졌다.

　동교동 교도소라 부르던 동교동 시절은 역사의 뒤편으로 사라졌다. 우연이겠지만, 남북화해와 한반도 평화의 시대를 여는 고양시 시절에는 대통령 당선과 노벨평화상 수상이라는 영예까지 안았다. 그리고 바로 그곳에서 나는 새로운 정치 인생을 시작했다. 김대중 대통령과의 운명적 만남은 그분을 대통령에 당선시킨 고양시의 시장을 거쳐 그분이 태어난 하의도의 명예면장으로 봉사하는 오늘에 이르기까지 길고도 깊은 인연으로 이어지고 있다.

생애 최고의 선물을 받다

　2000년 10월 13일, 김대중 대통령은 노벨평화상을 받았다. 이 상을 목표로 했던 것은 아니었지만 꽤 긴 시간 몇 번이나 후보로 거명되며 물망에 올랐기에 이번에는 전 세계가 주목하고 있었다. 노벨위원회는 김 대통령의 선정 이유를 이렇게 밝혔다.

　"김대중은 강한 도덕성을 바탕으로 아시아 인권 제약에 대항하는 보편적 인권의 수호자로 동아시아에 우뚝 섰다. 버마 민주주의 지지와 동티모르 억압에 반대하는 그의 역할을 높게 평가할 만하다.

　김대중은 햇볕정책으로 남북한 사이에 50년 이상 이어진 전쟁과 적대감을 극복하려 노력했다. 그의 북한 방문은 두 나라 간 긴장 완화의 주요 동력이 되었다."

노벨상 수상 기자회견장에서 한 언론사 기자가 베르게 위원장에게 질문했다.

"수상을 위한 로비가 있었습니까?"
"있었습니다."
"어떤 것이었나요?"
"주지 말라는 반대 로비가 있었습니다."

심지어 2000년 4월 총선 유세장에서는 한나라당이 아직 받지도 않은 노벨상을 두고 네거티브 선거운동을 펼쳤다. 게다가 낙선한 원외 위원장들이 노벨상 수상 저지 원정 시위를 떠났으니, 참으로 부끄러운 일이 아닐 수 없었다.

노벨평화상 수상 발표 며칠 전인 10월 8일, 김대중 대통령은 최고위원으로 노무현 민주당 상임고문을 지명했다. 유력한 대선 주자였기 때문에 경쟁자들과 동등한 기회를 주는 것이 옳다고 생각했기 때문이다.
당시 대선후보를 둘러싼 물밑 경쟁이 민주당에서 본격적으로 벌어지기 시작했다. 김 대통령을 비난하는 대선 주자들의 목소리도 간간이 들려왔다. 하지만 민주당 대통령 후보자 국민 경선은 흥미롭게 진행되었고, 결국 노무현 상임고문이 선정되었다.
노무현 후보는 광주에서부터 돌풍을 일으켰기에 일부 주자들은 김 대통령과 노 후보 간의 밀약설을 퍼트리며 의혹을 제기했다. 하지만 당시 청와대 정무기획실에서 근무했던 나는 김 대통령이 후보 선정에 전혀 개입하지 않았다는 사실을 너무도 잘 알고 있다.

하지만 민주당 내 경선에서는 철저하게 중립을 고수했음에도 김 대통령은 내심 노무현 후보의 자질을 가장 높게 평가했을 것이다. 꼬마 민주당과의 통합과정부터 김 대통령의 후보 시절, 대통령 당선 후에도 노무현 당시 국회의원이 큰 지도자로 거듭날 충분한 기회를 말없이 제공했기 때문이다. 민주당 대변인, 최고위원 지명, 해양수산부 장관 임명, 민주당 상임고문 등 대권 후보로 성장하기에 손색없는 비중 있는 직책들이었다. 사실 김대중 대통령에게 그만한 기회를 받은 사람은 많지 않다.

이처럼 노무현을 향한 김대중 대통령의 신뢰와 기대는 컸다. 노무현 대통령의 탄핵과 이명박 정부의 과도한 수사로 자살을 결심한 상황에서도 대한민국에서 그의 죽음을 가장 비통해하고 슬퍼한 사람이 바로 김대중 전 대통령이었다. 대북송금 의혹으로 김 전 대통령의 최측근 인사였던 박지원 당시 비서실장 등이 구속되는 와중이었다.

사실 대북송금 특검 당시 김대중 전 대통령은 자신이 믿었던 과거 참모들에게 상당히 격노했던 것으로 알려졌다. 노무현 정부 들어 대북송금 특검과 처벌 방침을 옹호하는 듯한 태도를 청와대가 보였기 때문이다.

김대중 정부하에서 추진된 남북정상회담과 연결된 대북송금은 사법적 잣대만을 엄격하게 들이대기는 어렵다. 분단 상황에서 북한이라는 특수한 상대에게 비밀협상을 추진하는 과정에서 행해진 '대통령의 고유한 통치행위'에 해당하기 때문이다.

일각에서 제기하는 최근의 '민간 차원의 불법적인 대북송금 사건'과는 질적으로 다르다. 지금은 UN 차원에서 현금과 사치품 반입을 과거보다 엄격하게 제재하며 북한의 핵 개발을 강력히 막으려 하기 때문이다. 게다가 민간과 지자체를 막론하고 어떤 형태로든 현금 대북지원을 하려면 통일부와 국정원에 철저히 사전 및 사후 보고를 해야 한다. 혹여라도 천문학적인 액수의 대북지원금을 특정인의 정치적 목적에 이용하려는 불법적 성격으로 활용하려 했다면 문제는 더욱 심각할 것이다.

2023년 3월 현재 검찰은 김성태 쌍방울그룹 전 회장이 빼돌린 635억 원의 용처에 대해 수사력을 모으고 있다. 김 전 회장의 공소장에 이재명 당시 경기지사의 방북 비용 대납(300만 달러), 경기도의 북측 스마트 팜 사업 비용 대납(500만 달러) 명목으로 북측에 800만 달러(약 98억) 이상을 전달했다고 기재한 것으로 알려졌다. 물론 이재명 대표와 이화영 전 경기도 평화부지사는 이를 전면 부인하고 있다.

한편 김대중은 2001년 11월 새천년민주당 총재직에서 사퇴하기로 마음먹었다. 가장 큰 이유는 재보궐 선거에서 패하면서 당의 국민적 신임을 잃었고 당원 동지와 지지자에게 실망을 안긴 데에서 오는 책임감 때문이었다.

김대중은 정치 인생에서 사퇴와 은퇴, 새 출발을 위한 정계 복귀, 창당 시점을 항상 분명히 하고 있었다. 가장 중요한 판단 근거는 시대정신과 민심이었다. 눈앞의 이익을 위해 정치적 과욕을 부리지도 않았으며, 어떤 비난 속에서도 필요하다면 목숨을 버릴 각오로 결단을 내리고 실천에 옮겼다.

김대중 대통령의 서거 이후 오늘날까지 시대정신과 소명보다는 정치적 이해득실과 대권욕으로 끝없이 탐욕스러운 행보를 보이는 정치인들이 많다. 도도한 민심에 의해 퇴출당할 것이 명백함에도 낭떠러지 아래로 뛰어드는 어리석음을 반복하고 있다. 이들을 보면 김대중 정신을 계승하는 것이 어떤 의미인지 확실히 알게 된다.

그렇기에 나는 김대중 대통령 100주년을 앞두고 국회에서 개최한 '김대중 사상의 현재적 의미'를 주제로 한 기조연설에서 이렇게 역설했다. 솔직히 마음으로는 눈물을 흘렸고, 심장에서는 끓어오르는 분노를 간신히 억눌렀다.

"이제 정치권의 김대중 팔이 정치장사는 중단되어야 합니다. 가짜 김대중 정신이 아니라, 진짜 김대중 사상이 필요합니다. 김대중 사상의 핵심은 도덕성과 청렴을 토대로 한 행동하는 양심입니다. 국민과 역사를 두려워하는 지도자의 무한책임 의식입니다.

국민은 곧 여야 정치권의 김대중 팔이 정치꾼을 퇴출할 것입니다. 김대중 사상의 온전한 계승은 정치권의 김대중 팔이가 아니라 5번이나 죽을 고비를 넘기는 동안 김대중 선생을 지켜준 깨어있는 시민들, 워싱턴 망명 시절 목숨 걸고 싸웠던 해외 민주 동지들이 중심이 되어야 합니다. 더불어 김대중 대통령의 생가가 있는 하의도 1,700여 주민과도 함께 해야 합니다."

이런 나의 절규는 (사)한반도평화경제연구원에서 오랫동안 추진했던 <김대중 사상 계승발전을 위한 글로벌 민간위원회> 출범과 활동에 큰 힘이 되었다.

하지만 김대중 사상의 계승발전 과정은 쉽지 않았다. 2023년 2월 박지

시크릿 노트 : 절망에서 성공하는 비결

원 전 청와대 비서실장은 '이재명 대표는 김대중 대통령보다 훨씬 대단하다.'라며 'DJ라면 지금 이재명 대표를 중심으로 뭉쳐 윤석열 정부에 맞서 싸우라고 할 것'이라고 주장하기도 했다. 이에 대해 언론은 물론 국민의힘도 개인의 정치적 목적을 위해 김대중 대통령을 이용한다며 강력하게 비판했다. 김대중 정부 시절 청와대에서 비서관으로 있던 후배 동지조차 박 전 실장의 과거 경력을 일일이 거명하며 강도 높게 비난했다.

이런 상황에서 내 고민도 깊어져 갔다. 정치판에서 산전수전을 다 겪은 박지원 전 국정원장의 정치적 셈법을 모르는 것도 아니고, 오랫동안 정치 대선배로 김대중 대통령과 함께 동고동락했던 기억이 있기 때문이었다. 하지만 김대중재단의 김대중 사상 계승발전위원장으로서 2024년 1월로 예정된 '김대중-이희호 대통령 부부 탄생 100주년' 행사를 준비하는 처지에서 마냥 외면할 수는 없었다. 그래서 직접 박 전 실장에게 전화를 걸었다.

"왜 김대중 대통령보다 이재명 대표가 훨씬 더 대단하다고 말씀하셨습니까?"

"오해라고 다른 언론에 발표했어요."

"네, 그 기사도 읽어봤지만 저는 동의할 수가 없습니다."

"그동안 최 시장을 꾸준히 지켜봤지만……. 우적(友敵)을 구분할 줄 몰라."

"네? 무슨 말씀이신가요? 저는 실장님과 의견이 다릅니다. 언론이든 <최성TV>를 통해서든 명확히 해명하실 필요가 있다고 생각합니다."

"최 시장의 열정적 염려에 감사해"

이런 대화가 전화 통화와 문자로 오간 뒤 사태는 진정국면으로 접어들었다. 하지만 여전히 박 전 실장은 'DJ라면 내일 지구가 멸망할 지라도 이재명 대표를 중심으로 싸워야 한다고 할 것이다.'라고 주장하고 있다.

설상가상으로 문재인 전 대통령과의 개별 면담 과정에서도 이런 기본 입장을 문 대통령으로 부터 확인했다고 언론에 밝혀 논란을 증폭시키고 있다. 나는 결코 이런 주장에 동의할 수 없었다. 내 생각엔 '오늘 DJ라면 이재명 대표의 사법 리스크 해결을 위해 당 대표직을 당장 내려놓고 무혐의 판결을 받은 뒤 당당히 돌아오라. 당심도 중요하지만 민심이 더욱 중요하다. 국민을 두려워 하는 마음으로 즉각 당 대표직을 사퇴하라'고 이재명 대표에게 말씀하셨을 것이라고 누차 주장했다. 만약 내일 지구가 멸망한다면 더더욱 당장 대표직에 미련 갖지 말로 사퇴하라고 따끔히 충고하셨을 것이다.

어쩌면 한 걸음 더 나아가 이렇게 통렬히 질타하셨을지도 모른다.

'진정으로 김대중 정신을 계승하는 민주당의 정치지도자라면 청렴성과 도덕성이 정치 생명보다 더 중요하다. 이재명 대표 스스로 국회의원의 불체포 특권을 버리겠노라고 수차 국민앞에 공약하지 않았는가? 방탄 국회라는 오명(汚名)을 쓰지 말고 불체포 특권을 과감히 포기하고 국민과 역사앞에서 당당히 사법적 심판을 받고 당당히 돌아오시오'

그리고, 얼마 후 이재명 대표가 경기도지사 시절 비서실장을 역임했던 전 공직자가 극단적인 선택을 하였다. 유서에는 "이재명 대표는 이제 정치를 내려놓으시라. 더 이상의 희생은 없어야 한다"고 적혀져 있다고 언론에 보도 되었다. 정말 충격이었다. 나는 <최성TV>를 통해 한동안 고민하다가 '이재명 대표에게 보내는 공개편지'를 무려 한 시간 동안 낭독했다. 요지는 "즉각 당대표직을 사퇴하고 이제 정치를 내려놓아라"는 것이었다.

박지원 전 비서실장과의 논쟁은 단순히 김대중의 정치적 가문에서 큰형님과 막내 간의 논쟁이 아니다. 김대중 대통령 탄생 100주년을 앞두고 미래 세대들에게 김대중 정신과 사상의 핵심이 무엇인지, 김대중 정신의 진정한 계승자가 될 자격이 있는 자가 누구인지, 어떤 세력인지 판가름하는 중요한 순간이었다.

주여, 저희가 교만했습니까?

2002년 봄은 잔인했다. 김대중 대통령은 아들들의 비리 혐의로 여론의 뭇매를 맞고 있었다. 미국에 있는 셋째 홍걸을 향한 의혹이 산더미처럼 불어났다. 김 대통령이 미국에 보냈던 김한정 부속실장이 돌아와 우물쭈물하며 보고했다.

"홍걸 씨가 나서서 청탁한 일은 없습니다. 이용당한 것 같습니다."

김대중 대통령은 낙담하며 김 실장에게 말했다.

"수사에 성실하게 응하라 하시오. 죄가 있으면 받으라 하시오."

자기 아들임에도 현직 대통령인 김대중은 수사에 성실히 임하고 죗값이 있다면 달게 받으라는 준엄한 입장을 천명했다. '표적 수사', '정치보복'과 같은 말은 일절 운운하지 않았다.

사건 발생 전, 국정원 보고를 받은 김대중 대통령은 막내에게 여러 차례 경고했다.

"최규선과 어울리지 마라."

최규선 씨와는 나도 비슷한 경험이 있다. 당시 대통령의 한 측근 인사가 주선해 대통령직 인수위원회에서 인사를 나누었고, 청와대 재직 시절 우연히 딱 한 번 술자리를 가진 적이 있다. 하지만 그의 태도가 독특하고 위험해 보여서 중간에 자리를 박차고 일어났고, 동석한 동지에게도 더는 만나지 말 것을 강력히 권유했다. 하지만 나를 제외한 두 사람은 만남을 상당 기간 이어갔고, 결국 부정적인 의혹으로 9시 뉴스에 등장했다. 다행히 내 동료는 큰 문제에 연루되지는 않았다. 이런 상황에서 최규선과 홍걸의 부적절한 관계가 이어졌던 것 같다.

이른바 '최규선 게이트'는 당시 언론을 떠들썩하게 만들었다. 김대중이 대통령으로 재직하던 2002년 5월, 검찰은 대통령의 삼남 김홍걸이 체육사업자 선정 로비 등의 명목으로 36억 7천만 원 상당의 금품과 주식을 받은 사실을 파악했다. 이에 특정범죄가중처벌법상 알선수재 등의 혐의로 홍걸을 구속, 기소했다. 이 사건은 서울고등법원이 징역 1년 6개월에 집행유예 2년, 추징금 1억 6천만 원을 선고하며 마무리되었다.

사건이 조사 중일 당시 이희호 여사는 매일같이 기도했고, 간혹 구토하기도 했다. 평소 감기도 잘 걸리지 않을 정도로 건강한 이희호 여사마저 속절없이 무너졌다. 그리고 홍걸은 5월 16일 귀국해 이틀 뒤 구속되었다.

6월 21일에는 둘째 홍업도 구속되었다. 아들 둘을 감옥에 보낸 아버지로서, 김 대통령은 국민을 볼 낯이 없었다. 홍업과 홍걸은 이후 청와대에 발을 들여놓지 못했고, 나중에야 김 대통령은 홍업의 억울함을 알게 되었다.

홍업의 친구는 죄책감에 시달리다가 출소한 홍업에게 검찰의 요구대로 혐의를 인정했다고 사죄했다. 그리고 2008년 2월, 사망 이틀 전 유언으로 '검찰에 진술한 내용은 모두 거짓이었다.'라는 내용의 녹취록을 남겼다.

이희호 여사는 막내 홍걸이 사람을 쉽게 믿고 잘 따른다는 것을 알고 있었다. 오랜 미국 유학 생활로 국내 사정을 잘 모르기도 했고, 그에게 접근한 사업자에게 의심 없이 마음을 열었다. 김 대통령은 그런 막내의 '철없는 신뢰'를 알고 항상 사람을 조심하라고 일렀지만 막을 수는 없었다. 모든 것이 아버지의 부덕에서 비롯된 것이라고 후회하고 또 후회했다고 이희호 여사는 자서전에서 고백했다.

2002년은 이희호 여사에게도 큰 아픔이자 악몽이었다. 자식들은 아버지가 꿈을 이루는 순간 30여 년을 함께한 긴장의 끈이 풀렸다. 바로 그 순간 시험에 들게 되었다고 생각했다. '사형수' 아버지가 '대통령' 아버지가 되었다. 관객에게는 짜릿한 역전극으로 보였겠지만 자식들에게는 현기증 나는 롤러코스터와 같았을 것이다. 이 여사는 '정치는 아이들에게 최대의 적이었다.'라고 당시를 회상했다. 하지만 그 모든 변명과 이유는 군더더기에 불과했다.

"주여, 저의 기도가 부족했습니까? 저희가 교만했습니까?"

이희호 여사는 기도로 나날을 보냈다. 국민 보기가 부끄러워 고개를 들 수 없었다. 다음 날 빽빽한 일정이 있음에도 잠을 못 이루고 아무것도 먹지 못하는 남편을 보며 이 여사는 가슴을 치며 자신이 죄인이라고 되뇌었다. 셋째에 이어 둘째까지 구속되었을 때는 숨이 막혔다. 물 한 모금 넘어가지 않았고 아무 말도 할 수가 없었다.

하지만 김대중 대통령은 침묵했다. 대신 급속도로 쇠약해졌다. 의료진은 투석을 권했다. 그러던 2002년 5월 초, 비서실에서 연락이 왔다.

"여사님, ○○○ 회장에게 전화하신 적 있으십니까?"
"○○○ 회장이 누굽니까?"

큰 제철 회사 회장이라고 했다. 그 회사 홍보 담당이 기자들에게 "이희호 여사가 2000년 7월 ○○○ 회장에게 김홍걸을 만나 달라고 전화했다."라고 말한 것이다. 이희호 여사는 냅다 따져 물었다.

"모르는 사람에게 어떻게 전화 부탁을 합니까?"

야당의 한 젊은 의원은 검찰이 이희호 여사도 조사해야 한다고 주장했다. 언론은 홍보 담당이 권력의 희생양이 된 것처럼 보도했다. 처신을 잘

못한 아들로 인해 어미가 수모를 당하는 현실이 한없이 서글펐다. 아버지와 주변의 지적에도 불구하고 홍걸은 반발했고, 결국 사고를 냈다.

"아버지 말씀 듣지 않은 것을 후회합니다."

때늦은 후회였다. 미국에서 귀국했지만, 아버지가 두려워 청와대에도 오지 못했다. 5월 16일 검찰에 출두했고 18일에 구속되었다. 검찰이 일부러 이 날짜를 선택했는지는 알 수 없는 일이지만 참 야속하다. '김대중 대통령의 오늘'을 가능케 한 5·18 민주화운동 기념일에 '김대중 대통령의 셋째 아들'이 법정 구속되었다.

이희호 여사는 변호사를 통해 성경을 보냈다. 한 달 남짓 지난 뒤 둘째 아들도 구속되었다. 남편이 사형선고를 받았을 때도 이렇게 힘들지는 않았다. 이희호 여사는 자신이 낳은 셋째 홍걸이 구속되자 눈물로 편지를 썼다.

"이번 기회에 하나님을 만나 뵙기를 기도한다. 그곳에 있는 동안 특히 구약의 <욥기>를 읽어라. 곤욕과 질곡을 겪으면서도 하나님께 감사하는 것을 잊지 않는 데에서 욥의 위대함을 발견했기 때문이다.

2002년 5월 19일
너를 사랑하는 어머니"

대북송금 특검 그리고 건강 악화

2003년 2월 노무현 정부 출범 후 '대북송금 사건'이 터졌다. 한 야당 의원은 '현대상선이 4억 달러를 대출받아 금강산 관광의 대가로 북한에 보냈다.'라고 주장했다.

4월 22일 노무현 대통령의 초청으로 청와대에서 만찬 회동할 때 김대 중 전 대통령은 현대의 대북송금이 사법적 심사 대상이 되면 안 된다는 소신을 밝혔다. 하지만 특검은 김 전 대통령의 바람과는 정반대로 진행되었다.

현대 비자금 의혹으로 번졌고 특검은 사정없이 진행되었다. 결국, 국민의 정부 당시의 이기호 경제수석과 박지원 청와대 비서실장이 구속되었다. 불법 대북송금 사건 중 현대에서의 150억 원 수뢰는 무죄를 선고받았지만, SK그룹에서 7천만 원, 금호그룹에서 3천만 원을 수수한 것과 직권남용, 외국환거래법 및 남북교류협력법 위반은 유죄 판결을 받았다. 선고 결과는 징역 3년과 추징금 1억 원이었다. 이후 박지원 실장은 2007년 2월 사면을 받아 출소했다. 재판 진행 과정에서는 정몽헌 회장이 집무실에서 투신자살하는 비극적인 사건도 있었다.

특검의 여파인지 김 전 대통령의 건강은 악화일로였다. 5월 11일 김 전 대통령은 협심증 증세로 신촌 세브란스 병원에 입원했다. 심혈관 수술 이후 처음으로 혈액을 투석했다. 앞으로도 계속 신장 투석을 받아야 한다는 말에 그저 막막할 뿐이었다. 한동안 의식을 잃기도 했다. 1980년 사형선고를 받았을 때도 의연했던 김 전 대통령과 이희호 여사였지만 이때만큼은 두려웠다.

이런 죽음의 고비에서도 김대중 대통령은 특유의 여유와 유머를 잊지 않았다. 2007년 7월, 이희호 여사는 처음으로 남편에게서 생일 선물로 옷을 받았다. 아내가 자서전을 쓴다고 하자 남편이 특별히 부탁했다.

"당신 자서전에서 '대식가 김대중'이라는 오해를 좀 풀어주오. 말로라도 당신이 아니라고 하면 사람들이 믿어주지 않겠소?"

김대중 전 대통령은 편식하지 않고 뭐든지 잘 먹는 소탈한 식성이었다. 대식가로 오해를 받은 것은 군것질을 좋아하기 때문이었을 것이다. 인절미를 비롯한 떡과 사탕 종류를 즐겨 먹었으며, 여름에는 아이들이 좋아하는 딱딱한 아이스크림을 자주 먹었다. 이 정도면 대식가라고 할 수 있을 법도 하지만 김 전 대통령은 억울했다.

청주교도소에 수감 중일 때는 남편의 달덩이 같은 얼굴을 보고 이희호 여사가 놀리기도 했다.

"당신 얼굴을 보면 누가 옥살이하는 사람이라고 하겠어요?"

이희호 여사는 남편 김대중을 이렇게 평가했다.

"남편은 타고난 페미니스트다. 어머니와 두 아내를 평생 한없이 아끼고 사랑했다. 특히 세 며느리와 세 손녀를 아들보다 사랑한다. 우리 큰 며느리는 요즘 유행어로 '황금 메달' 감이다. 그에 비해 시어머니인 나는 '목매달' 감이다."

자신에게 이성적 매력이 없다고 자평하던 이희호 여사는 남편과 자식, 며느리에게는 항상 따스한 유머 감각을 지니고 있었다. 남편이 '아재 개그'에 능했던 것처럼 '어색한 농담'을 즐겼다.

2003년 새해 들어 김대중 대통령은 '동교동계' 해체를 천명하고 아태평화재단도 연세대에 기증하기로 했다. 그리고 대통령직에서 퇴임한 이후 동교동의 새 사저로 이사했다. 일부 언론이 '아방궁', '대저택'이라고 보도한, 새로 지은 집이었다. 침실은 침대 하나로 꽉 찼다. 침대 위에 앉아 어둠이 내리는 창밖을 한참 바라보았다. 지난 5년이 홀연 꿈만 같았다. 이내 잠이 쏟아졌다.

대통령 탄핵과 행동하지 않는 양심

김대중 대통령 퇴임 이후 국회에서는 헌정사상 처음으로 현직 대통령 탄핵소추안을 가결했다. 노무현 대통령이 17대 총선을 앞두고 선거 중립을 위반했다는 이유였다. 그런 일로 국민의 직접 투표로 선택받은 대통령을 국회에서 탄핵할 수는 없는 일이었다. 참으로 한심했다. 더욱이 믿기지 않는 것은 최병렬, 조순형 같은 정당 대표 등이 앞장섰다는 사실이었다.

이때 민주당에서는 김대중 전 대통령이 나서주기를 간절히 원했다. 한나라당보다 민주당이 더 위기였다. 열린우리당 입당을 거부한 사람들은 김대중만 바라봤다. 이들은 민주당이 김대중의 이념과 정책, 철학을 계승한 적자임을 강조했다. 추미애 의원은 호남 지역에서 삼보일배하며 휠체어를 탄 김홍일 의원과 민주당을 살려달라며 지지를 호소했다.

김대중 전 대통령을 향한 외침임을 모를 수 없었지만, 김 전 대통령은 나서지 않았다. 당시 열린우리당과 민주당의 분당을 보는 김 전 대통령의 진심은 알 수 없는 일이다. 하지만 아들과 함께 호남 지역에서 절절하게 호소한 데에 동참하지 않은 깊은 뜻은 충분히 헤아릴 수 있을 것 같다.

이후 국가정보원은 국민의 정부에서도 불법 도청이 있었다고 발표했다. 김영삼 정권 당시 요인들을 불법 도청했던 안기부 내 '미림팀' 수사 불똥이 엉뚱한 곳으로 튄 것이다. 2005년에 검찰이 '국정원 도청' 사건을 수사하면서 조사받은 전직 국정원장은 김영삼·김대중 정권의 김덕, 권영해, 천용택, 임동원, 신건 등 5명에 이르렀다. 김대중 대통령이 재임 시절 불법 도청을 근절하라고 수없이 지시했음에도 국정원장들이 이를 무시했다는 것이 믿기지 않았다. 검찰은 통신비밀보호법 위반 혐의로 임동원, 신건 전 국정원장에게 사전 구속영장을 청구했다.

나는 열린우리당에 입당해 김대중 대통령을 탄생시킨 고양시에서 국회의원으로 출마, 정식으로 정치에 입문했다. 그렇기에 내 고민도 크고 깊었다. 단 한 명의 연고도 없는 곳에서 치열한 당내 경선을 거쳐 당선되었다. 김대중 대통령의 후광을 내세워 고향인 광주에서 출마할 수도 있었고, 석사와 박사과정을 거쳐 연구교수까지 했던 대학의 연고지를 선택해 정치를 시작할 수도 있었다. 하지만 나는 김대중 후보가 대통령으로 당선된 제2의 고향 고양시, 그중에서도 남북교류협력의 전진기지가 될 경의선이 있는 덕양구 지역을 선택했다.

단 한 명의 연고도 없는 지역에서 청와대 낙하산 논란이 있는 토박이 후보와 치열한 경선 끝에 국회의원으로 당선된 사례는 거의 없을 것이다. 이때도 정략적 공천 음모는 강력했다. 정상적인 경선 대신 이른바 '전략공천'으로 터무니없는 후보를 만들곤 했기 때문이다. 중앙정치인들의 편법적이고 비정상적인 특정 후보 만들기 프로젝트가 당시에도 자행되었다. 가까스로 경선이 성사된 것은 내가 단식투쟁도 불사하겠다는 단호한 의지를 보인 덕분이었다. 출마할 때 '정치권에 있는 동안은 제2의 고향인 고양에 뼈를 묻겠다.'라고 한 약속도 아직 변함없이 실천 중이다.

김대중 전 대통령은 참여정부와 열린우리당에 겸손해지라고 일렀다. 국민에게 배우고 국민과 같이 가야 집을 나간 토끼들이 돌아오고, 새로운 토끼들도 불러들일 수 있다고 조언했다. '겸손하라.', '집토끼를 중시하라.'라는 당신의 정치 경험을 이미 이때부터 누차 설파하고 있었다.

나를 포함해 이른바 108명의 '탄돌이(탄핵으로 당선된 국회의원의 별칭)'들이 빠질 수 있는 '386 운동권의 자만과 독선의 카르텔 정치'가 위험하다고 여러 번 경고했다. 그런 경고를 무시한 민주당, 그리고 이제 586이 된 운동권 카르텔은 여야를 통틀어 집중적인 성토의 대상이 되고 있다.

김대중 대통령이 살아계셨다면 죽을 고비를 여러 번 넘기며 지켜온 민주당의 '민주', '평화', '인권', '정의'의 정신이 송두리째 무너지는 현실에 절규했을 것이다. '행동하는 양심이 필요합니다.', '행동하지 않는 양심은 악의 편입니다.'라고 이명박 정부를 향해 외쳤던 분노처럼 말이다.

2007년 10월 2일 노무현 대통령이 남북정상회담을 위해 평양으로 떠

시크릿 노트 : 절망에서 성공하는 비결

났다. '퍼 주기' 논란은 김대중 정부 때부터 많은 오해가 있었다. 과거 서독은 동독에 20년 동안 연평균 32억 달러를 지원했다. 반면 우리는 13년 동안 매년 1억 5천만 달러를 북한에 주었다. 남한 인구로 나누어 보면 1인당 연간 5천 원을 모아 북한을 도운 셈이었다.

김대중 전 대통령은 이명박 당선인의 국정운영을 크게 걱정했다. 대통령 취임사도 실망스러웠다. 철학과 비전은 거의 보이지 않았고, 정책은 나열에만 그칠 뿐 손에 잡힐 듯 구체적인 내용은 별로 없었다. 예상대로 이명박 정부 출범 이후 연일 촛불 시위가 벌어졌다. 4대강 사업부터 광우병 파동을 향한 국민적 분노까지 금방이라도 탄핵할 듯한 100만 명의 군중시위가 광화문 광장에서 이어졌다.

인터넷과 휴대전화 문자 메시지를 통해 형성된 광화문 촛불 시위 현장의 직접 민주주의는 아테네 광장 시절 이래 처음이었을 것이다. 김대중 대통령은 사이버 공간이 무한 팽창할수록 이렇게 체온이 느껴지는 현실적 지상 공간이 필요하다고 생각했다.

김대중 대통령은 오랫동안 대통령중심제를 지지했다. 정말로 원하던 것은 정·부통령제였지만, 한편으로는 당신의 생각이 많이 달라졌다고 자서전에 쓰기도 했다.

"대통령제에서 10명의 대통령이 나왔다. 이승만, 박정희, 전두환 등 독재자들은 비극적 종말을 맞았지만, 그 후로도 독재자나 그 아류들이 출현했다. 이를 막기 위해 이제는 대통령중심제를 바꾸는 것도 고려해볼 만하다.

5년 단임제는 책임을 물을 방법이 없다. 이제 민의를 따르지 않는 독재자는 민의로 퇴출해야 할 때가 되었다. 이원집정부제나 내각책임제를 도입하는 것도 나쁘지 않다고 본다. 10년 동안 민주 정부가 많은 것을 변화시켰고, 특히 우리 국민의 민주주의 의식이 매우 성숙했다고 보기 때문이다."

김대중 대통령이 자서전에 쓴 개헌에 대한 유연한 입장은 다소 의외였다. 하지만 제왕적 대통령제의 폐해가 잇따른 대통령 구속으로 이어지자 이 악순환을 끊을 방법을 다시 검토하려 한 듯하다. 특히 이명박 정부와 박근혜 정부를 경험하면서 준비되지 않은 무능한 대통령이 국정운영을 전적으로 책임지는 것이 얼마나 위험하고 해로운지 뼈저리게 통감했기 때문일 것이다.

나는 여전히 4년 중임제를 선호하며, 미국식 연방제 수준의 혁신적 자치분권을 통해 지역균형발전을 이루어야 한다고 생각한다. 이것이 실질적 민주주의를 완성하고 한반도의 평화적 통일로 가는 첩경이라 믿는다. 다만 김 전 대통령의 충고는 깊이 숙고해 볼 생각이다.

이명박 정부 내내 나라를 걱정한 김대중 전 대통령은 당신의 우려를 이렇게 표현했다.

"우익을 가장한 독재 세력이 고개를 쳐들고 있다. 한국의 우익은 친일파를 뿌리에 두고 있다. 지난 10년의 민주 정부를 생각하면 오늘의 현실은 참으로 기가 막힌다. 반민주, 반국민 경제, 반통일로 질주하는 것을 좌시할 수 없다. 오늘날 민주주의의 역주행 사태를 보면 지하의 의사, 열사들이 뭐라 할 것인가. 가슴이 아팠다."

일제의 식민통치 시절에 태어난 김대중은 정치를 시작한 1950년대 해방정국을 거치면서 100년에 가까운 근현대사를 몸소 겪었다. 그동안 김대중을 가장 괴롭힌 것은 '우익을 가장한 독재 세력의 반민주적 역주행'이었다. 이 과정에서 다섯 번의 죽을 고비를 맞았고, '사상적으로 매우 위험한 정치꾼'으로 매도되기도 했다. 그런데도 김대중은 민주, 인권, 평화, 통일, 사회정의라는 시대정신과 소명을 가슴에 새겼다.

나는 김대중 이사장 시절 '참된 애국의 길'을 역설하는 말을 자주 들었다. 그럴 때마다 나의 시크릿 노트에는 그 글을 꼼꼼히 메모하곤 했다. 지금 김대중 대통령이 생존해 있다면 그 말씀을 다시 했을지도 모른다.

"좌든 우든 국민을 바라보고 가야 한다. 극히 소수의 조직으로 자기 기득권에 집착하며 애국을 외치면 국민에게 외면받는다. 진정한 애국의 길은 절대다수의 국민을 바라보고 민주주의와 인권, 사회정의, 그리고 평화를 위해 싸우는, 행동하는 양심세력이다."

김대중 전 대통령은 밤마다 아내와 손을 맞잡고 간절히 기도했다.

"예수님, 이 나라의 민주주의와 민생 경제와 남북관계가 모두 위기입니다. 이제 저도 늙었습니다. 힘이 없습니다. 능력도 없습니다. 걱정이 많지만 어찌해야 할지 모르겠습니다.

예수님께서 저희 부부에게 마지막 힘을 주십시오. 마지막 지혜를 주십시오. 나라와 민족을 살펴 주십시오."

실로 눈물 어린 절규다. 자서전에서는 이렇게 다짐했다. 언뜻 국민을 향한 유언처럼 보이기도 한다.

"나이가 드니 눈물이 많아진다. 하기야 나는 어렸을 적부터 잘 울었다. 도깨비가 나올까 봐, 어머니가 돌아가실까 봐 울었다. 그런 내가 그동안 거대한 독재정권과 싸운 것은 아마도 그 눈물이 시킨 연유일 것이다.

눈물처럼 맑은 것이 어디 있을까. 독재정권과 맞서 싸우다 희생된 젊은이들도 여리고 고왔다. 그들은 맑고 순수하기에 목숨을 던져 불의와 싸웠을 것이다. 그들을 생각하면 자꾸 눈물이 나왔다.

나는 죽을 때까지 불의와 싸울 것이다. 어찌 나 혼자 원로로 대접받으며 고고한 척할 수 있다는 말인가. 눈물을 닦고 다시 호통칠 것이다."

민주화 운동의 대원로로 나이가 들어가던 김대중 대통령은 국민을 향해 이렇게 호소했다. 90대의 프랑스의 노(老) 혁명가 스테판 에셀이 <분노하라!>라는 저서를 통해 프랑스 청년들에게 민주주의와 사회정의 실현을 위해 투쟁할 것을 촉구한 것과 같은 맥락이었다.

이런 김대중 전 대통령의 외침과 절규, 기도는 이명박 정부에만 국한되지 않는다. 국정농단 사태로 헌정사상 최초로 탄핵당한 박근혜 정부 때도 예외는 아니었다. 그리고 지금도 비슷한 절규와 외침은 광화문 촛불집회와 전국 곳곳에서 이어지고 있다.

나는 지난 2021년 민주당 대선 경선 과정에서 김대중의 행동하는 양심에 입각한 시스템적 대응을 촉구했다. 여야를 막론하고 대선후보의 도덕성 논란이 불거졌고, 국정운영 능력을 봐도 경륜과 역사의식이 부족했기 때문이다. 이런 후보들이 사법적 리스크를 안고 대통령에 당선된다면 국민이 심각한 정신적, 물질적 손해를 볼 것이라는 우려가 있었다.

이런 나의 우려는 현실이 되었다. 윤석열 정부가 출범한 이후 정부는 정부대로, 야당은 야당대로 위험수위를 훨씬 넘겨 악화 일로를 걷고 있다. 김대중 대통령이 생전에 강조한 '어떤 성과를 이루려면 오랜 세월이 걸리지만, 이를 망가트리는 것은 한순간이다.'라는 충고가 새삼 절실히 다가온다.

오늘 김대중 대통령이 환생하신다면 위정자들과 민주당 지도부, 국민에게 뭐라고 하실지 두려운 마음으로 상상해본다. 그리고 나에게는 생전의 말씀이 환청처럼 들려 잠에서 깨곤 한다.

다시 찾은 새만금에서의 소회

2007년 4월 김대중 전 대통령은 새만금으로 향했다. 김 전 대통령은 항상 같은 호남 지역이면서도 상대적 박탈감을 호소하는 전북에 미안한 마음을 갖고 있었다. 당신이 전남 신안 출신이며, 광주 5·18 민주화운동에 심리적 부채를 느꼈기 때문이었다. 그래서 퇴임 후 새만금을 방문해 국제해양관광지로서의 글로벌 비전을 실현하기 위한 특별법 제정을 역설한 것이다.

먼저 부안군 새만금 홍보관을 방문했고 방조제와 고군산 국제해양관광지를 시찰했다. 새만금 사업 착공의 산파 역할을 한 김 전 대통령이 새만금 특별법 제정을 연일 지원하자 법 제정에 힘이 실렸다. 김 전 대통령은 4월 5일 전북지사와 전북도의회 의장, 전북대 총장 등 도내 각계 인사 200여 명이 참석한 오찬 자리에서 말했다.

"한덕수 신임 총리가 조만간 인사차 집에 방문하기로 예정되어 있습니다. 새만금 특별법이 조기에 제정될 수 있도록 정부 차원에서 적극적으로 협조해 달라고 당부할 생각입니다."

김 전 대통령은 이어 전북도민이 만족할 정도로 현안을 챙기지 못한 데에 미안한 마음을 전하며 새만금 특별법 제정 지원을 통해 그간의 도민 지지에 보답하겠다고 힘주어 말했다. 이어 전주 한옥마을에서는 향후 개발 방향을 구체적으로 제시했다.

"새만금은 선진농업지대, 중국 시장을 겨냥한 신산업지대, 매년 1억 명에 달하는 중국인 관광객을 유치하는 관광지대로 개발되어야 합니다."

또한, "새만금을 농업과 신산업, 관광의 삼위일체를 이루는 경쟁력 있는 환서해권의 허브로 개발하기 위해서는 새만금 특별법이 제정되어야 한다. 전북도지사 및 전북 출신 국회의원들과 상의해 특별법이 제정될 수 있도록 미력이나마 힘을 보태겠다."라고도 역설했다. 새만금 전시관에서도 "감개무량하고 가슴이 벅차다."라고 말하며 새만금을 향한 애정을 드러냈다.

김 전 대통령은 새만금 사업의 돌파구를 연 장본인이 본인이라는 점을 강조하는 것도 잊지 않았다.

"지난 91년 야당 총재 시절 노태우 대통령과 담판을 지어 새만금 사업을 착공할 수 있었다."

새만금 사업은 시작된 지 30년이 지나도록 뚜렷한 성과를 내지 못하고 있다. 이런 상황인 만큼 하루속히 크고 작은 장애물을 극복해야 한다. 그래야 국민적 지혜를 모아 김대중 전 대통령이 강조한 것처럼 '전북은 물론 대한민국을 뛰어넘어 포스트 코로나 시대 환서해권의 허브로 발전할 수 있을 것'이다.

죽어서도 죽지 마십시오

김대중 대통령 퇴임 이후 검사 출신인 한나라당 주성영 의원은 김 전 대통령이 100억 원의 무기명 양도성 예금 증서(CD)를 가지고 있다고 주장했다. 이에 그치지 않고 이희호 여사가 은행에서 6조 원을 출금했다는 말도 덧붙였다. 김 전 대통령이 고소했지만, 검찰 수사는 지지부진했다.

그러던 2022년 9월 27일, 김 전 대통령의 저격수 역할을 했던 주성영 전 의원은《박정희와 김대중》이라는 책을 낸 사연을 공개하며 이렇게 말했다.

"과거 국회의원 시절 폭로한 김대중에 관한 내용은 모두 허위, 날조된 것이었다는 사실을 알게 되었다. 김대중 전 대통령께 용서를 빈다. DJ에 관해 공부할수록 이분이 대 정치가일 뿐만 아니라 철학자, 사상가, 경세

가라는 확신이 들었다."

그는 김대중 전 대통령이 대구·경북 지역 원로들의 건의를 전폭 수용해 대구 섬유산업을 살리는 '밀라노 프로젝트'를 실행한 것을 높게 평가했다. 또한, 박정희 전 대통령 기념관 설립 공약을 지킨 것도 빼놓지 않고 언급했다. 김대중 대통령이 생전에 이런 내용을 들었다면 주 전 의원에게 뭐라고 말씀하셨을지 궁금해진다.

노무현 대통령 내외의 친인척과 측근들의 비리가 줄줄이 터졌고 심지어 아들까지 의혹의 대상이 되었다. 검찰은 소탕 작전을 하듯 노 대통령의 부인, 아들, 딸, 형, 조카사위 등을 불러 너무하다 싶을 정도로 조사했다. 법을 어기더라도 수사 기밀을 발표하며 여론몰이를 이어갔다. 노 대통령의 신병 처리에 관해서도 여러 설을 퍼트렸다.

김대중 대통령은 노무현 대통령의 자살이 이명박 정권의 강요에 의한 것이나 마찬가지라고 생각했다. 당시에는 여러 사정으로 추도사를 공개하지 못했지만, 이후 자서전을 통해 비로소 노 전 대통령의 영전에 조사를 바쳤다.

"노무현 대통령, 당신.

죽어서도 죽지 마십시오. 우리는 당신이 필요합니다. 당신이 우리 마음속에 살아서 민주주의 위기, 경제위기, 남북관계 위기 등 3대 위기를 헤쳐나가는 데 힘이 되어 주십시오.

당신같이 유쾌하고 용감하고 탁월한 식견을 가진 지도자와 한 시대를 같이했던 것을 큰 보람으로 생각합니다. 저승이 있는지는 모르지만, 저승이 있다면 거기서도 기꺼이 만나서 지금까지 하려다 못한 이야기를 나눕시다.

그동안 부디 저승에서라도 끝까지 국민을 지켜주십시오."

이렇게 김대중 대통령조차도 힘들게, 절규하면서 보내드린 분인데, 최근 이인규 전 대검찰청 중앙수사부장이 노무현 전 대통령 수사 상황이 담긴 회고록을 출간하면서 "누가 노무현을 죽였나"라는 부제와 함께 "노 전 대통령 관련 혐의가 모두 사실이었다"는 확인되지 않은 의혹을 담았다. 심지어 문재인 전 대통령을 향해서는 "노무현 전 대통령의 시계는 조사에서 빼자"고 요청했다면서, "담당 검사에게 의견서 한 장 낸 적이 없는 무능한 변호인"이라는 모욕적인 언사까지 인터뷰에서 하였다.

어느 누가 담당 수사관에게 의견서를 제출하는 경우가 있는가? 더욱이 일국의 대통령을 중앙지검에서 조사하고 있는데...

이 책은 누가 뭐래도 검찰 출신 대통령 체제에서 두 전직 대통령을 이간시키고, 자신의 정치적 행위를 정당화시키기 위한 의도성을 지닌 자기변명성 출간이라는 의혹을 받기에 충분하다. 당시 노무현 전 대통령을 청와대에서 모셨던 비서관들은 이 책에 대해 "노무현 대통령을 두 번 죽이는 정치검사의 일방적 주장"이라는 강도 높은 반발을 이어갔다.

2009년 6월 11일은 매우 중요한 날이었다. 6·15 남북공동선언 9주년 기념행사가 있었기 때문이다. 김대중 전 대통령의 표정과 떨리는 연설은 마치 공개 유언을 하는 듯했다. 당일 현장에 있던 내 가슴에도 쩌렁쩌렁 울리는 듯했다.

"여러분께 간곡히 피맺힌 마음으로 말씀드립니다. '행동하는 양심'이 됩시다. 행동하지 않는 양심은 악의 편입니다."

김대중 전 대통령은 위기의 시대를 이겨내려면 '현명한 국민'과 '국민을 위한 지도자의 출현'을 매우 중요하게 여겼다. 전두환 정권 시절 사형수 신분으로 옥중에 있을 때도 마찬가지였다. 그리고 2005년 연세대 리더십센터 초청 강연에서는 이렇게 연설했다.

"시저와 아우구스티누스가 없었다면 대로마제국의 형성은 어려웠고, 팍스 로마나의 평화도 불가능했을 것이다. 진시황이나 한고조가 없었다면 중국이 서구사회보다 2000년이나 앞서 봉건제도를 타파하고 근대적인 군현제도를 실현한 것도 생각하기 어려웠을 것이다. 처칠이 없었다면 정복하려는 히틀러의 칼날을 무찌르고 영국과 유럽을 구하는 데에 훨씬 더 많은 희생을 치러야 했을 것이다.

이렇게 어떤 민주국가라도 다수 국민의 열망을 집결해 정책화하고 실천하는 선도적 역할을 하는 지도자가 없으면 결코 성공할 수 없다. 이는 회사나 정부 기관 등 모든 조직에 공통으로 적용되는 진리다."

생의 끄트머리에서

김대중 전 대통령은 주 3회 월, 수, 금요일에는 신장 혈액투석을 받았다. 서재에 마련된 침대에 꼬박 4시간 30분 동안 누워 있어야 했다. 투석 치료를 받으면 5년을 넘기기 힘들다는 것도 알고 있었지만, 그 기간이 지난 후에도 이 땅에 발을 딛고 살 수 있다는 것이 축복이라고 생각했다. 이렇게 하루하루 생명을 주는 사람들과 예수님께 감사했다.

투석을 받지 않는 날은 아침부터 여유로웠다. 김 전 대통령은 뜰에 있는 나무와 화초의 이름을 순서대로 외우고 있었다. 장미꽃이 피면 당신이 돌봤으니 당신의 것이라고 우기며 아내에게 꽃구경 값을 내라고 했다. 아내는 돈이 없다며 차용증을 써 주었다. 100만 원짜리도, 10만 원짜리도 있었다. 김 전 대통령은 자서전에 '내가 이를 보관하고 있는 줄 아내는 모를 것이다.'라고 썼다.

어린 시절 소꿉장난을 하는 아이들 사이에서나 있을 법한 이야기다. 하지만 김대중과 이희호 부부는 평생을 죽음의 고통 속에 살면서도 신에게 의지했고, 임종을 맞이하는 순간까지 유치하면서도 순수한 사랑을 이어갔다. 나는 김대중 전 대통령 내외를 '세상에서 가장 아름다운 부부이자 미더운 동지'였다고 감히 확신한다. 우리 부부 역시 두 분의 사랑과 결혼생활의 반의반만이라도 닮고 싶다.

김대중 전 대통령이 마지막으로 남긴 두 권의 자서전은 여러 의미를 지닌다. 어떤 면으로는 일제의 침탈 이후 분단과 전쟁을 거치는 과정에 있었던 한국 현대사 100년의 역사적 고증이었다. 김대중 개인적으로는 '하느님과 역사, 그리고 자신의 양심 앞으로 쓴 비밀스러운 일기'이자 '민주 정부의 출범과 성공적인 국정운영을 위한 시크릿 노트'라 할 것이다.

《이희호 자서전 동행》도 마찬가지다. 현직 대통령이었던 김대중보다는 영부인이라는 상대적으로 자유로운 위치에 있었기에 오히려 더 솔직한 내용을 담고 있다. 공개하기 힘든 부부간의 뒷이야기도 흥미롭다. 김대중 대통령이 놓치는 빈틈을 정확히 메우면서 당신 자신의 독특한 문학적 정서와 여성적 감수성을 적극적으로 활용했다.

김대중 대통령은 자신에게 닥친 피할 수 없는 육체적 죽음을 예감하고 있었다. 그래서 자서전에 유언에 가까운 마지막 편지를 남기고 홀연히 떠나갔다.

"평생 악의 속삭임에 무수히 흔들렸음을 고백한다. 그러나 하느님과 국민을 배반할 수 없었다. 굳건히 나를 지켜준 아내를 낙담하게 할 수 없었다. 아이들에게 거짓을 가르칠 수 없었다.

나는 정치를 심산유곡에 핀 순결한 백합이 아니라 흙탕물 속에 피어나는 연꽃 같은 것이라 여겼다. 악을 보고 행동하지 않는 은둔과 침묵은 기만이고 위선이다.

인생 끄트머리에서 돌아보니 너무도 많은 고비가 있었다. 그 고비마다 또 헤아릴 수 없이 많은 사람이 있었다. 그들이 진정 고맙다. 나 때문에 고통받고 다치거나 죽은 사람들이 얼마나 많은가. 나는 많은 사람을 울렸다. 그러면서도 그들의 눈물을 제대로 닦아 주지 못했다. 그들에게 진정 용서를 구하고 싶다."

울보 대통령 김대중의 고백은 이어진다.

"나는 참 눈물이 많은 사람이다. 혼자 조용히 앉아 내가 은혜 입은 것을 생각하고 있노라면 나도 모르게 눈시울이 뜨거워진다. 그리고 그가 개인이든 단체든 국내든 국외든 기회가 있으면 꼭 은혜를 갚아야겠다고 다짐한다. 그래서 나는 성격적으로 누구를 오래 미워하지 못한다. 내가 너무도 슬프고 한 많은 경험을 했기 때문에 내 옷소매에 눈물이 떨어질 때 내 손목을 잡아 주던 사람의 은혜를 절대로 잊지 못한다."

유언 같은 김대중 전 대통령의 고백은 여기서 끝나지 않는다.

"한순간이라도 정신을 놓으면 목숨을 잃는 칼날 위에 섰고, 때로는 부귀영화의 유혹을 받기도 했지만, 매번 바른 선택을 했다고 생각한다. 살아온 길에 미흡한 점은 있으나 후회는 없다. 우리가 한때 세상 사람들을 속일 수는 있겠지만 역사를 속일 수는 없다. 정의는 역사의 편이다. 나는 마지막까지 역사와 국민을 믿었다."

2009년 8월 18일, 그렇게 큰 별이 졌다.

한국 근현대사 100년의 중심이었던 김대중 대통령이 서거했다. 진보와 보수, 남녀노소를 막론하고 모든 국민이 오열했다. 전 세계의 지도자들 역시 진심으로 애도의 뜻을 표했다. 김대중 대통령의 친구이자 동지라 할 수 있는 빌리 브란트 전 서독 총리와 아웅 산 수 치 여사, 넬슨 만델라, 그리고 김 대통령을 멘토로 삼고 있는 클린턴 미국 대통령까지 조의를 표했다. 이들 모두 '글로벌 민주주의와 인권의 상징인 인동초'의 서거에 애틋하고 애절한 감정을 느끼고 있었다.

북한에서는 김정일 위원장이 조화와 함께 조문단을 파견했다. 나 역시 장례위원회의 일원으로 김 전 대통령의 가족과 함께 북한의 조문단을 가까이에서 안내했다.

큰 별을 떠나보내며 나는 전 세계인과 뜨거운 눈물을 흘렸다. 바로 옆에는 친형님 같았던 김 전 대통령의 장남 김홍일 전 의원이 부축받고 서있었다. 이미 깊은 병으로 몸을 제대로 가누지도 못하는 상태였다.

김대중 대통령 서거 이후 미국의 저명한 시사주간지 <뉴스위크>는 나라를 변혁시킨 전 세계의 지도자 11인을 선정해 '트랜스포머'(Transformer)로 발표했다. 여기에는 독일을 유럽과 EU의 중심국가로 만든 헬무트 콜독일 총리, 미국 로널드 레이건 대통령과 함께 냉전 시대의 마지막 10년 서방 정책을 주도한 마거릿 대처 영국 총리가 포함되었다. 노동조합 운동에서 시작해 솔리대리티(Solidarity, 연대) 운동의 지도자이자 1990년 폴란드 최초의 대통령이 된 레흐 바웬사, 오늘날의 중국을 초강대국으로 키운 덩샤오핑 총리, 남아공의 넬슨 만델라도 이름을 올렸다.

<뉴스위크>는 김대중 대통령을 두 번째로 소개하며 세 가지 업적을 열거했다. 첫째는 최초의 정권교체로 한국의 민주주의 이룩, 둘째는 아시아 외환위기의 성공적 극복, 셋째는 햇볕정책으로 이룬 남북화해였다.

김대중 전 대통령이 서거하자 전 세계 정상들이 추도사를 발표했다. 국내 각계의 인사도 마찬가지였다. 수많은 추도사 중 나의 마음을 울린 것은 전남도지사로 재직 중이던 이낙연 지사의 추도사였다. 당시 이낙연 지사의 추도사는 이랬다.

"대한민국의 가장 강렬하고 가장 충실했던 위대한 시대가 끝났다. 나의 작은 인행(忍行)에도 그 시간으로 청춘이 끝났다. DJ께서 제1야당 대통령 후보로 결정되신 1970년대에 나는 대학 1학년생이었다. 그 해에 나의 누추한 청춘도 본격 시작했다.

그 후 1997년 12월 DJ는 마침내 대통령이 되셨다. 2000년 나는 DJ의 공천으로 국회의원이 되었다. 내 삶은 DJ를 빼고 설명하기 어렵다. 앞으로도 그럴 것이다. 마치 아버지와의 이별을 알지 못하는 어린아이처럼 나는 DJ의 서거를 제대로 이해하지 못하는 것 같다.

나는 DJ 서거를 제삼자로서 말할 수가 없다."

시대정신과 소명을 찾아 아스팔트 위에서 최루탄을 맞으며 눈물 흘리던 열정 가득한 내 청년 시절 통일 열망에 불씨를 지핀 이가 김대중 전 이사장이었다. 그런 나에게 무한신뢰와 무한기회를 제공한 거의 유일한 분도 김대중 전 이사장이었다. 유독 이낙연 지사의 추도사가 인상적이었던 이유는 청년 시절 김대중과의 운명적 만남이 나에게 미친 정신적 영향력도 매우 비슷하기 때문이었을 것이다.

1971년 4월 장충단공원의 대선 유세장에 몰린 백만 인파 속에는 청년 이낙연도 있었다. 그리고 16년 뒤인 1987년, 이낙연은 동아일보의 전담 기자로 두 번째 대선에 도전한 김대중 후보를 만났다. 이낙연은 1991년 동경 특파원으로 일하던 시절 부친께서 별세하시던 순간을 회상하며 말했다.

"김대중 대통령으로부터 이낙연 기자는 변함이 없는 사람이라는 말씀을 들은 것이 아버지 인생의 마지막 자랑거리였고, 나에게는 마지막 효도였다."

훗날 이낙연은 문재인 정부의 총리를 거쳐 민주당 당 대표가 되었다. 그리고 비록 패했지만 '도덕성과 실력을 지닌 준비된 대선후보'로 당 경선을 완주할 수 있었던 것도 김대중 대통령의 가르침 덕분이라고 수시로 자평했다.

김대중 전 대통령 덕분에 이어진 이낙연 전 총리와 나의 특별한 인연은 내가 아태평화재단과 17대 국회의원과 재선 고양시장을 거쳐 오늘에 이르기까지 오랫동안 이어졌다. 김대중 대통령 서거 13주년 워싱턴 추도행사, 김대중 대통령 100주년 기념 글로벌 민간위원회 출범 과정 등 중요 국면마다 시의적절한 조언을 계속 받을 수 있었다. 이 전 총리는 특히 김대중 대통령 당선의 결정적 기여를 하였던 (사)한반도평화경제연구원의 상임고문으로, 큰 도움을 주셨다. 다른 상임고문인 권노갑 김대중재단 이사장, 김홍업 김대중평화센터 이사장, 정태익 김대중 정부 청와대 외교안보수석께도 표현할 수 없는 많은 도움을 받았다. 거의 백지 수표를 위임해 줄 정도의 무한 신뢰였기에 더더욱 감사드린다.

2023년 1월, 김대중 대통령 탄생 99주년을 앞두고 국회에서 '김대중 사상의 현재적 의미'를 주제로 토론회가 열렸다. 나는 이 자리에서 '대외적으로는 DJ 사상의 계승을 내세우면서 실상은 자신의 정치적 특권을 연명하려는 정치권의 DJ 팔이'를 강하게 비판했다.

나아가 '진정한 김대중 정신의 진수'를 재정립하고 '미래 100년을 위한 새로운 가치와 철학'을 정립하기 위한 글로벌 프로젝트를 발표했다. 여기에는 '김대중·이희호 대통령 부부의 100주년 기념 전기(傳記)인 《시크릿 노트》의 국내 및 국외판 발간, 다큐멘터리 영화, 웹툰 소설, 뮤지컬, 드라마 및 대중영화, 국제학술세미나 등에 이르는 다양한 장르의 문화 콘텐츠를 망라했다.

노무현 전 대통령의 비극적 죽음 이후 김대중 전 대통령은 급격히 쇠약해졌고 끝내 기력을 회복하지 못하고 2009년 8월 18일 세상을 떠나셨다. 이희호 여사는 47년 동안 함께한 '동역자'를 보내야 했다. 서거 이후의 빈자리는 이 여사가 채웠다. 김대중 정신이 고스란히 녹아있는 민주당과의 관계도 조용히 이어나갔다.

2012년 12월 21일 즈음이었다. 박근혜 후보와의 대선에서 패배한 민주진영은 갈 길을 잃은 채 절망에 빠져있었다. 당시 문재인 전 민주통합당 대선후보는 이희호 여사를 예방해 대선 패배의 아쉬움을 달랬다. 문 후보는 송구한 마음을 표하며 이렇게 말했다.

"제가 정권교체를 바라는 국민 여망에 부응하지 못했습니다. 김대중 대통령의 유지였는데 그 유지를 받들지 못한 셈이 되었습니다."

그러자 이 여사는 웃으며 문 전 후보를 격려했다.

"김대중 전 대통령도 몇 번을 떨어졌는데요······."

2013년 12월 문재인은 "1219, 끝이 시작이다"라는 저서를 출간하면서 다음과 같이 의미심장한 글을 남겼다.

"저는 정치를 시작한 지 얼마 안 됐지만, 정신적으로는 김대중 대통령과 노무현 대통령으로 이어지는 민주화 정치 세력의 적통을 잇고 있다는 자부심을 가지고 있습니다. 민주당을, 진화한 민주주의에 부응하는 정당으로 변화시키는 것, 그것이 2017년에 패배를 되풀이하지 않는 길이라고 생각합니다.

많은 시민들이 민주당 갖고는 도저히 안 되겠다고 하는 이유는 크게 두 가지입니다. 하나는 국민들의 삶과 너무 동떨어진 정당이 됐다는 것입니다. 또 하나는 민주당으로는 중도와 무당파, 나아가서는 합리적 보수까지 끌어안는 것이 불가능하다는 것입니다. 그래 가지고는 새누리당을 이길 수 없다는 것입니다. 바로 그것이 민주당 혁신의 과제입니다."

2019년 6월 10일, 이희호 여사 역시 신촌 세브란스 병원에서 향년 96세의 일기로 파란만장한 삶을 마감했다. 김대중 대통령이 2009년 8월 18일 서거했으니 '김대중 전 대통령의 부인'으로 꼬박 10년 동안 홀로 공적 활동을 수행한 것이다. 특히 여성과 아이, 북녘 동포를 향한 마지막 열정은 끝까지 불타올랐다. 당시 문재인 대통령은 이희호 여사의 서거에 깊은 애도의 뜻을 표했다.

"오늘 이희호 여사님께서 김대중 대통령님을 만나러 가셨습니다. 평생 동지로 살아오신 두 분 사이의 그리움은 우리와는 차원이 다르지 않을까 생각해 보았습니다. 우리는 오늘 여성을 위해 평생을 살아오신 한 명의 위인을 보내드리고 있습니다.

여사님은 '남편이 대통령이 되어 독재하면 제가 앞장서서 타도하겠다.'라고 하실 정도로 늘 시민 편이셨습니다. 그리고 정치인 김대중을 '행동하는 양심'으로 만들고 지켜주신 우리 시대의 대표적 신앙인이자 민주

시크릿 노트 : 절망에서 성공하는 비결

주의자였습니다."

문재인 전 대통령의 이 추도사야말로 이희호 여사를 향한 가장 정확한 평가라 할 수 있다. 여기서 주목할 점은 이희호 여사를 김 전 대통령의 부인이 아니라 '여권신장 및 남녀평등을 위해 헌신한 위인 중 한 분'으로 평가했다는 점이다.

나 역시 이 점에 주목한다. 이희호 여사 탄생 100주년에 즈음한 현재에 당신의 의미는 무엇일까. 일제 식민지 시대 봉건적 가부장제 속에서 항상 차별 없는 남녀평등의 사회를 위해 치열한 여성운동과 인권운동을 국제적으로 전개한 글로벌 여성 운동가라는 점이 아닐까.

2023년 1월, 설날을 앞두고 시크릿 노트의 원고 수정작업을 열심히 하고 있던 어느 날 아침, 문재인 전 대통령과 통화할 기회를 가졌다.

"요즘, 주로 뭐 하시고 지내나요?"
"김대중·이희호 대통령 부부의 전기(傳記)를 쓰고 있습니다."
"아, 그래요. 내가 조만간 양산에 조그만 책방을 내려고 하니, 한 번 양산으로 놀러 오세요."
"네, 잘 알겠습니다. 조만간 양산으로 찾아뵙겠습니다."

가까운 장래에 '김대중·이희호 대통령 부부의 100년의 삶'을 회고하는 《시크릿 노트》의 책을 출간한 이후 양산의 문재인 대통령 책방에서 <김대중·문재인 두 대통령 부부의 특별한 인연과 비하인드 스토리>를 주제로 막걸리 한 잔을 마시며 진솔한 토크를 해 보고 싶다.

이희호 여사는 이런 유언을 남기고 우리 곁을 영원히 떠나셨다.

"지금까지 남편 김대중과 저를 사랑해준 국민 여러분께 감사합니다. 국민이 서로 사랑하고 화합해서 행복한 삶을 사시기 바랍니다. 하늘나라에 가서 우리 국민을 위해, 민족의 평화통일을 위해 기도하겠습니다. 또한, 동교동 사저는 대통령 사저 기념관으로 쓰고 노벨평화상 기금은 대통령 추모 사업 기금으로 사용해 주십시오."

안타깝게도 이 2017년 유언장과 관련해 삼남 김홍걸 의원은 동교동 사저와 노벨평화상 기금 처리 과정에서 크고 작은 불협화음과 사법적 논란을 일으켰다. 게다가 21대 국회의원 선거 당시 더불어시민당 비례대표 의원으로 재산신고를 하는 과정에서 김홍걸 의원은 여러 의혹을 받으면서 더불어민주당에서 제명까지 되었다. 그로 인해 삼남 김홍걸 의원은 이희호 여사 서거 이후에도 많은 국민에게서 혹평을 받았다. 만약 김 전 대통령과 이 여사가 살아생전 이 모습을 보았다면 김홍걸 의원의 구속 당시 느꼈던 것보다도 큰 상처를 입었을 것이 분명하다.

시크릿 노트 : 절망에서 성공하는 비결

6막

생가에서
발견한
시크릿 노트

김대중 이희호 대통령 부부
탄생 100주년 기념
전기(傳記)

두 차례의 공천학살, 그리고 나의 시크릿 노트

나와 김대중 대통령의 운명적 만남은 아태평화재단의 창립 핵심 멤버로 참여할 때 시작되었다. 당시 김대중은 대선 패배의 책임을 지고 정계 은퇴를 선언한 뒤 영국에서 유학하며 '새로운 시작을 위한 길'을 찾고 있었다.

두 번째 운명적 만남은 김대중 대통령 내외가 서거하신 이후 하의도를 찾았을 때였다. 김대중 대통령을 탄생시킨 제2의 고향 고양시에서 재선 시장을 마치고 부당하게 공천배제를 당한 상황이었다. 그리고 하의도에서 나는 '살아있는 김대중 정신과 그분의 가르침'을 새롭게 만났다.

김대중 전 대통령을 가까이서 모시며 쓴 《김대중의 3단계 통일론》, 《The Sunshine Policy》, 《김대중 잠언집: 배움》을 하의도 생가에서 다시 접했다. 이때 생생하고 쩌렁쩌렁한 김 전 대통령의 목소리가 내 심장에 들려왔다. 이어 진행된 2021년 민주당의 대선 경선 과정에서는 도저히 받아들일 수 없는 반민주적이고 불공정한 정치행태에 분노했다. 그래서 하의도의 한 여관에서 집필한 책이 《분노하라! 그리고 선택하라!》였다. 이때 생전의 김대중 이사장과 몇 주 동안 깊은 대화를 나누었고 오늘에 이르렀다.

나는 김대중 대통령의 가르침처럼 공천배제의 '위기'를 두 번째 박사논문 집필의 '기회'로 삼아, <다시, 새로운 시작>을 한 것이다. 갑작스럽게 그것도 너무도 억울하게 공천이 배제된 이후 나의 건강은 무척이나 악화되었다. 병명을 알 수 없는 '스트레스성 피부질환'에서부터 크고 작은 질병이 생겨나 지금까지도 고생하고 있다. 절망 속에서 희망을 찾아 나섰고, 그 출

하의도 생가에서 발견한 DJ 시크릿 노트

《김대중 잠언집: 배움》은 '절망에서 성공의 비결을 찾는 DJ의 시크릿 노트'라 할 수 있다. 김대중 대통령의 지근거리에서 그분의 주옥같은 명언과 잠언을 메모해 모아 두었다가 출간한 책이다. 베스트셀러 반열에 오른 이 책은 지금도 김대중 대통령의 《옥중서신》과 《김대중 자서전》 그리고 《이희호 자서전 동행》과 함께 하의도 생가에 전시되어 있다.

그밖에도 하의도 생가에는 내가 아태평화재단 책임연구위원 시절부터 청와대 재직시까지 모든 열정을 바쳐 연구작업에 참여했던 《김대중의 3단계 통일론》을 포함하여 김대중의 햇볕정책과 남북정상회담 관련 국문, 영문 저서가 전시되어 있었다.

구는 나의 멘토이셨던 김대중 대통령께서 누누이 강조하셨던 '새로운 시작을 위한 배움의 길'이었다. 그 결과물이 바로 25년 전 고려대학교에서 받은 북한의 김정일 체제에 대한 박사논문에 이어 두 번째 박사논문을 한양대에서 행정학으로 받았다. 그것도 4차산업의 성과를 토대로 한 스마트 위기관리 시스템에 관한 연구였다.

"내가 최 시장이었다면 암에 걸렸거나 자살했을 거야."

이렇게 덕담하던 한 동료 시장은 지금 국회의원으로 자신의 꿈을 펼치고 있다. 하지만 '김대중의 못다 한 꿈'을 이루려는 간절한 소망이 있었던 나는 비민주적인 사천(私薦)의 카르텔로 두 번이나 좌절하면서도 한 가닥 희망을 찾아 하의도로 떠났다.

김대중 대통령은 당 대표와 총재를 역임하던 시절 특별한 공천 원칙이 있었다. 각 분야 최고의 전문가와 인재를 발탁하는 것이었다. 때로는 재야 운동권에서 찾아내기도 했고 젊은 피를 수혈하거나 안보, 경제, 여성 전문가를 발굴하기도 했다. 당신을 포함해 측근, 그리고 당내 지도부와 외부 지인을 통해 최고의 적임자를 찾는 노력은 긴 정치 인생에서 끝까지 관철한 원칙이었다.

김대중 총재 시절 국회의원 공천과 관련한 경험이 있다. 김대중 아태평화재단 이사장의 최측근 전문가였던 나는 종종 권노갑 고문의 요청을 받아 통일문제에 자문하곤 했다. 1999년 추운 겨울날, 공천작업을 하던 권 고문이 불쑥 내게 물었다.

"지금 최 박사 나이가 몇이지?"

"30대 중반입니다."

"젊구먼, 다음에는 정치 한 번 꼭 해보라고."

"제가 정치하는 것을 도와주시려면 지금 하시는 공천 추천 명단에 저를 넣으면 되지 않습니까? 다음에 정치하게 되면 그때는 제가 고문님을 잘 챙겨드리겠습니다."

퍽 당돌한 답변이었지만 한편으로는 반농담 반진담이었다. 당시 나는 현실 정치에 투신할 생각이 전혀 없었기에 어떤 현안에 대한 주제든 자유롭게 논할 수 있었다. 당시 논란이었던 권노갑 고문과 한화갑 국회의원과의 불편한 관계나 당 일각에서 제기되던 권 고문 사퇴 주장 등 정풍운동에 대해서도 솔직한 견해를 밝혔다. 이런 내 소신은 김대중 이사장에게도 마찬가지였다.

아태평화재단 책임연구위원으로 왕성하게 활동하던 시절, 정계에서 은퇴한 김대중 이사장을 둘러싼 권력의 충성경쟁은 점입가경이었다. 김이사장의 특별한 신뢰와 총애를 받던 나도 견제 대상이었다. 이에 나는 김 이사장에게 재단을 그만두고 학교로 돌아가겠다고 사의를 표명했다. 서울에 있는 한 대학의 교수 채용 공채에서 이미 3차 면접까지 통과, 최종 합격해 나만 결심하면 되는 상태였다. 그때 김대중 이사장은 강한 어조로 물었다.

"최 동지, 이 정도의 견제도 못 견디면 앞으로 어떻게 정치를 하려고 그래요?"

"저는 정치 안 할 겁니다. 학교로 돌아가 학생들을 가르치겠습니다."

결국, 재단 임원진의 간곡한 설득과 시대적 소명인 '해방 이후 최초의 여야간 정권교체 실현'을 수행한 뒤 대학교수의 길로 돌아가겠다고 결심했다. 이후 기적처럼 정권교체가 이루어졌고, 나는 대통령직 인수위 전문위원을 거쳐 청와대에서 외교안보, 정무기획 행정관을 지냈다.

그리고 17대 국회의원을 거쳐 한 차례 좌절을 겪은 뒤 김대중 대통령을 탄생시킨 고양시의 재선 시장으로 '화려하게' 정치 무대에 데뷔했다. 국회의원에 출마한 것도 원래 꿈꾸던 대학교수의 길이 요원해진 것이 이유였다. 30대 후반의 젊은 나이에 청와대 국장으로 근무하다 보니 선출직이 아니고는 마땅히 갈 자리가 없었다. 하지만 김대중 대통령의 말씀처럼 역경이 있으면 순경(順境)이 있고 기쁨이 있으면 슬픔과 좌절이 뒤따랐다.

고양시에서 벌어진 공천 학살의 진상

고양시장 3선 도전과 이후 진행된 국회의원 공천에서 '불공정한 공천 학살'로 두 차례나 연이어 정치적 사형선고를 받은 것이다. 특정 정치세력과 유착한 사이비 시민단체 세력의 정치적 공세, 그리고 직간접적으로 결탁한 일부 공천 심사위원들에 의해 이루어졌다. 나는 영문도 모른 채 피눈물을 쏟으며 준비한 8년의 시정 활동 성과와 십수 년 동안 쌓은 정치적 경험, 행정적 성과를 고스란히 남기고 떠나야 했다. 한 번도 아니고,

두 번이나 강제로 이루어진 일이었다.

가장 가까운 곳에서 동지로 여겼던 정치인들에게 배신당한 것이 더욱 마음 아팠다. 나는 자기 식구 챙기기식 사천(私薦)에 희생당했다. 공천 반대 이유도 이해할 수 없었다. '민주당 대선 경선에 참여했기 때문'이라는 해괴한 논리였다.

적지 않은 국민과 당원들은 민주당 경선 과정에서 내가 보인 활약에 유의미한 평가를 하고 있었다. 그런데 지역 정치인들은 자신의 보좌관과 측근을 당선시키려고 탐욕만 부리고 있었다. '민주당 경선 출마 과정에서 사전 협의가 되지 않았다.'라는 터무니없는 사실과 '대선 경선에 참여했으면 지자체장 출마는 포기해야 한다.'라는 궤변이었다.

나의 공천을 노골적으로 반대한 지역의 유력 정치인 카르텔은 '조폭 연계설', '불법 정치자금 제공 논란'으로 얼룩진 사법 리스크가 심각한 후보들을 편파 지원했다는 의혹까지 받았다. 특히 지역의 토호세력과 조폭세력이 연계되어 특정 후보를 지지하고, 이를 토대로 지역 정치에서 각종 대규모 개발 사업을 통해 불법적인 이익을 취하려는 '지역 토호 카르텔'은 전국적으로 깊숙이 뿌리내린 실정이다. 차제에 전국적으로 척결해야 하는 핵심 과제가 아닐 수 없다.

나를 향한 공천학살 시도는 단순히 고양지역의 선거 판도뿐 아니라 전국 단위에서 엄청난 후폭풍이 몰아칠 수 있는 사건이었다. 이에 나는 민주당 지도부에 구체적 근거와 소명을 요청하는 재심을 청구했다. 하지만 이런 비공개 재심청구 자료는 역으로 지역의 실세 정치인에게 불법적으로 전달되었고, 청와대발 가짜뉴스까지 가공되면서 최악의 사천(私薦)으로 치닫고 말았다.

당시 고양시 지방선거 후보 적합도 조사에서 나는 37.2%의 지지를 받고 있었다. 이는 다른 네 명의 민주당 후보들의 지지율을 합한 것(15.1%)보다 2배가 넘는 수치였다. 상대 당의 후보와 비교하면 무려 29.3%가 앞서 5배에 달했다.

몇몇 지역 국회의원은 당내 사전 의논도 없이 민주당 대선 경선에 참여했다며 내게 터무니없는 비난을 가했다. 한 여성 변호사는 경기도당의 공천 심사에서 같은 의문을 제기했다. 내게는 지역에서 떠도는 터무니없는 의혹에 관한 질문만이 반복되었다. 결국, 당시 경기도 경선관리위원장은 한 언론과의 인터뷰에서 '일부 시민단체의 고발'을 언급하며 공천 배제 이유를 간단히 언급했다. 이해할 수 없었다. 물론 이 역시 나중에 무혐의로 밝혀졌다.

이에 나는 경기도당과 중앙당에 재심청구 요청서를 제출했다. 지역 내 유력 정치인과 당시 고양시장 예비후보 그리고 지역 토호세력의 유착에 관한 충격적이고도 명백한 증거를 제출했다. 2018년 4월 경기도당과 중앙당에 재심을 신청하며 제출한 자료는 대략 다음과 같았다.

경기도 공심위 과정의 불공정성과 부당성
문재인 정부의 성공을 위한 헌신적 노력의 결과
고양시 의원별 협치 주요 예산 현황
경쟁력을 확인할 수 있는 여론조사 결과
불법적 선거 브로커 고발과 변호사 소명 자료
일부 시민단체의 허구적 공천반대에 대한 의견서
지역 국회의원과 특정 후보간 불법 정치자금 수수 의혹 제보
조폭 세력과 연계된 특정 예비후보 관련 의혹 보도

시크릿 노트 : 절망에서 성공하는 비결

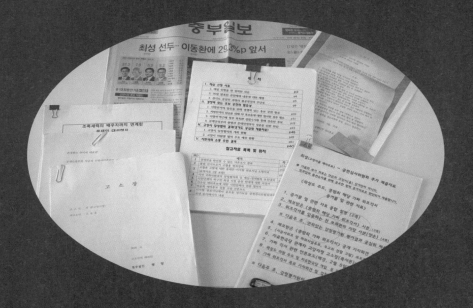

전례 없는 공천학살 관련 증거 자료

한 번도 아닌 두 차례에 걸친 '불공정한 공천 학살'에 대한 나의 재심 청구 자료들이다. 당시 경기도당과 중앙당에 재심을 신청할 때 내가 제출한 자료는 <경기도 공심위 과정의 불공정성과 부당성> <경쟁력을 확인할 수 있는 여론조사 결과> <불법적 선거브로커 고발과 변호사 소명자료> <조폭 세력의 배우자까지 연계된 특정 예비후보 관련 의혹 보도자료> 그리고 <불공정한 공천개입의 법적 근거자료> 등이었다. 더욱 충격적인 사실은 위와 같은 대외비 재심 청구자료가 외부로 유출되어 나의 처지를 더욱 어렵게 만들었다는 사실이다.

같은 해 5월에는 민주당 최고위원회에 보냈다. '적어도 5인 경선에는 참여할 기회를 주어야 하는 것 아닙니까?'라는 내용의 눈물겨운 호소문이었다. 추미애 당시 당 대표와 청와대 정무비서실에도 이러한 서신을 보냈으나 대답은 돌아오지 않았고, 오히려 악의적으로 내 발언을 왜곡한 소문만 들려왔다.

오히려 철저한 대외비를 요구했던 이 법적 근거자료는 지역 내 유력 정치인에게 역정보로 전달되었고, 나는 더 큰 불이익을 당했다. 심지어 누군가가 검찰에 상세한 내용을 전했는지, 나의 전 보좌관에게 구체적 내용에 관한 질의서를 보내기도 했다.

어느 정도 시간이 흐른 뒤 조선일보를 비롯한 일부 언론사의 기자들이 인터뷰를 제안했다. 어떻게 알았는지 '너무 억울하겠다. 실체적 진실을 공개해서 명예를 회복하고 정치적으로 재기하라. 도와주겠다.'라고 회유한 것이다. 하지만 나는 문재인 정부와 민주당을 위해 단호히 거절했다. 당시 나의 공천학살과 관련한 시크릿 노트는 분량이 상당하며, 아직도 소중하게 보관 중이다.

3선 고양시장에 도전하는 과정에서 벌어진 공천학살 시도는 2년 후 국회의원 재출마 과정에서 더욱 심각한 형태로 나타났다. 국민의힘 지도부는 이른바 '가짜 각서 파동'을 제기했는데, 즉각적인 고소와 더불어 범인의 법정 구속으로 나와는 무관하다는 것이 명백히 밝혀졌다. 하지만 유력한 후보였던 내가 일부 정치권과 언론의 야합으로 이미 두 번째 공천학살을 당한 뒤의 일이었다.

이 2차 공천학살의 원인이 되었던 '가짜 각서 파동'은 국민의힘 전신인 자유한국당 관계자가 고소하면서 촉발했다. 최근 대장동 게이트에서 50억 클럽 수수 의혹을 받은 모 의원이 주도해 국민의힘 당 대표 직인이 찍힌 문서를 근거로 고소했다는 언론 보도가 있었다. 나 역시 즉각 고소했고, 기자회견을 열어 반박 의견을 냈다. 감정평가원의 인장(印章) 진위 감정 결과 등 구체적인 법적 근거자료를 제시했고, 정치생명을 걸고 여러 의문점을 해소한 결과 하루 만에 논란은 사그라들었다.

하지만 당시 이해되지 않았던 것은 의혹을 받았던 다른 한 인물이 자신의 인장이나 서명을 끝까지 공개하지 않고 오랫동안 침묵으로 일관했다는 사실이었다. 가짜 각서의 범인으로 의혹을 받고 있는 처지에서, 직접 인장을 찍거나 서명한 적이 없다면 기자회견장에서 감정평가 의견서를 제출하면 될 일이었다.

게다가 가짜 각서 파동의 이면에는 민주당 내 다른 후보와의 불법적인 밀약과 거래가 있었다는 유력한 제보와 법적 근거 등 의혹이 여전히 남아 있는 상태이다. 가까운 장래에 이 역시 핵심관계자의 양심선언을 통해 실체적 진실이 밝혀져야 할 것이다. 그래야 김대중 대통령이 누누이 강조했던, '진실이 끝내는 승리한다.'라는 진리가 실천될 수 있다.

나의 공천 과정에서 상상하기 힘든 불공정한 작업을 배후에서 한 것으로 비난을 받던 지역과 중앙의 정치인들은 이후 문재인 정부의 실세로 부상하는 화려한 정치적 부상 과정을 거쳤다. 하지만 대부분의 경우 인사청문회 과정에서 일반 시민들이 보기에는 너무도 부끄러운 각종 의혹 투성이로 비난의 대상이 되었다. 또 다른 핵심 인사는 문재인 정부의 핵심 정책의 잇단 실패로 지역은 물론 온 국민의 지탄의 대상이 되었다. 과도한 탐욕이 낳은 자업자득이라는 생각이 들었다.

중앙정치에서는 유력 대권 후보의 도덕성 논란과 사법 리스크가 여전히 매일같이 제기되고 있다. 지방정치를 보면 청렴한 목민관을 뽑는 선거에서 온갖 부도덕한 행위를 일삼는 후보가 당선되어 시정을 운영하는 경우도 적지 않다. 과연 국민과 시민은 누구를 믿고 살아야 할 것인가? 시종일관 지도자의 도덕성을 강조했던 김대중 대통령의 강렬한 외침이 여전히 우렁차게 내 가슴에서 메아리친다.

결국, 코로나 시국에서 치러진 총선에서는 이해찬 당 대표가 1년 전부터 강조했던 '시스템 공천'을 찾아볼 수 없었다. 그야말로 엉망진창이었다. 출마 지역에서 활동하기는커녕 이 지역 저 지역을 기웃거리던 철새 정치인이 낙하산 공천을 받았다. 핵심 실세의 추천에 의해 며칠 만에 비례대표 최우선 순위에 발탁되는 경우가 비일비재하였다. 언젠가는 정치권의 '공천학살사'에 대해서는 책을 한 권 쓰고 싶다. 내가 경험한 것만 해도 근거자료는 넘치니 말이다.

민주당 유력 실세와 연결된 보이지 않는 손의 무서운 위력도 체감할 수 있었다. 당선되면 대장동처럼 대규모 개발사업이 있을 때 특정 건설사에 우선 참여 권한을 부여하겠다고 약속해 달라는 터무니없는 요구도 있었다. 게다가 특정 여론조사 기관이나 유튜버와의 우호 관계도 공천 통과의 주요 변수가 되었다. 공천 심사위원들이 지역의 건설사 등과 밀접한 관련이 있다는 의심을 하게 되는 여러 정황도 발생했다. 많은 언론에서 이를 지적했고, 근거자료도 다수 제시했다. 결국, 그 후폭풍은 다소의 시간이 흐른 후 민주당 대선 참패라는 결과로 이어졌다.

최근 특례시로 승격된 고양시도 대규모 개발계획 과정에서 크고 작은 진통을 겪었다. 하지만 나는 시장 재임 시절 '공공성'이라는 원칙에 따라 국내외 전문가로 구성된 TF팀에 의해 철저히 시정을 운영했다. 그로 인해 '전국 최초의 실질 부채 제로 도시'가 되었고, '통일 한국의 실리콘 밸리 프로젝트'라는 대규모 개발사업도 성공적으로 진행될 수 있었다. 성남시의 '대장동 게이트'나 '백현동 게이트'와 같은 대형 비리는 상상할 수조차 없는 일이었다. 인구 108만이 넘고, 1년 예산이 2조가 훨씬 넘는 고양시 같은 경우는 민간 개발 업자에 의한 엄청난 특혜 유혹이 일상적이다. 인·허가 과정에서 약간의 편의만 제공해 주면 평생의 정치자금을 해결해 주겠다는 유혹에서부터 고양시 산하 사회단체에 대한 우회적 재정 지원을 통해 차기 선거에 큰 도움을 주겠다는 그럴듯한 반대급부를 수시로 제안받는다.

이 과정에서 조금이라도 흔들리면 지자체장의 운명은 풍전등화에 빠지게 된다. 현존하는 지방자치단체장 관련 법률적 요건은 사소한 법인카드 사용에서부터 부하 직원의 직무유기나 배임행위 그리고 제3자를 통한 다양한 형태의 뇌물수수 행위에 대해서는 대단히 엄격하기 때문이다. '철저한 법치주의 정신'과 '신념어린 공정성'이 없으면, 결코 지방정부의 수장 즉 목민관이 절대 되어서는 안 되는 이유이다. 종종 지역의 정치인들이 이런 목민관의 처지를 모르고, 무리한 정치적 요구를 하는 경우가 비일비재하다.

지금까지도 많은 분들이 성남시의 대장동 게이트처럼 '50억 클럽'도 만들고, 조폭들이나 지역 토건세력과 연계하여 수 백억 정치자금도 만들어 놓지 그랬느냐고 농담을 던질 때면 솔직히 내 마음속에서는 분노심이 끓어 오른다. 너무도 참담하고 슬픈 심정이 들 때가 한 두 번이 아니었다.

얼마나 힘들게 지켜 온 청렴성과 공공성인데, 이렇듯 쉽게 농담을 던질 수 있단 말인가?

때로는 후임 시장이 전임 시장의 행정을 번복하면서 시행착오를 겪는 상황은 비일비재하다. 최근 벌어진 '고양시 신청사 이전 논란'도 이미 90% 이상 진행된 행정절차가 전면 중단되고 다른 지역에 신청사 부지를 확정하면서 주민의 반발이 거세지고 있다. 여기에 일산과 덕양의 지역 차별 논란이 더해지면서 향후 고양특례시의 균형발전에 큰 차질이 빚어질 우려도 있다.

따라서 전임 시장 시절에 의회를 비롯하여 지역 주민들과의 소통 속에서 행정적 절차가 거의 마무리 된 '신청사 이전 문제'가 후임 시장의 독단적 결정에 따라서 전면 백지화하는 사태는 어떤 이유로도 정당화될 수 없다. 이에 대한 법적·행정적 절차에 대한 타당성을 포함하여 전체 고양시민과 신청사 이전 대상 지역 주민들의 민원 등을 종합하여 합리적이고 공정한 정책 결정이 이루어져야 할 것이다.

만약 이 과정에서 명백한 불법 행위가 발생하고, 그 수준이 전체 고양시민이 수용하기 힘든 상태라면 법이 보장하고 있는 주민소환 절차도 필요할 것이다. 현행법에 따르면 주민소환투표권자의 3분의 1 이상의 투표와 유효 투표의 과반수의 찬성으로 확정된다. 다산 정약용은 "목민관은 왕보다 더 중요하다. 그 이유는 목민관이 실정을 했을 경우 그 피해가 즉각적으로 백성들에게 고스란히 가기 때문이다"고 경고했다. 이런 비상적 사태가 고양시에서 발생하기 전에 공정한 협치 행정이 관계자들 사이에 이루어지기를 바란다.

전임자의 행정행위가 공정하고 합법적이었다면 정치적 알력다툼과는 무관하게 존중해야 마땅하다. 불공정하고 편법적인 보복 감사나 타당한 이유도 없는 정략적 정책수정은 더더욱 삼가야 한다. 내 경우도 시 공직자와 의회 그리고 외부 법률 전문가와 해당 지역 주민들과의 협치 행정을 통해 이루어진 수많은 시정행위가 후임 시장에 의해서 전면적으로 부정되고, 나와 함께 성실하게 일했던 공직자들이 대거 경찰과 검찰에 고양시에 의해서 고발되어 장기간 수사를 받는 과정을 지켜보면서 끓어 오르는 분노를 참기가 어려웠다. 결국 모두 무혐의 처분되었다.

민주당의 경선과 공천에서 승리한 것은 적지 않은 경우 일부 보이지 않는 손과 깊숙이 연계되었거나 586 등 일부 운동권과 결탁한 후보였다. 민주당의 위기는 이제 시작일 뿐이다. 이들은 김대중 정신을 입에 올릴 자격이 없다. 김대중 정신을 전면적으로 배신한 세력이 오히려 김대중을 팔고 있다. 어쩌면 나 역시 이런 비난을 벗어날 수 없다는 생각에 항상 경계하는 마음으로 살아가고 있다.

비록 대선 당시 지지율을 낮았지만, 나는 민주당 대선 경선 과정에서 9차례 열린 거의 모든 TV토론 당시 인터넷 검색 실시간 1위에 오르기도 했다. 그리고 '김대중 정신을 계승하고 도덕성을 지닌 준비된 후보'라는 나의 주장이 어느 정도 파장을 일으켰다.

왜 당시 민주당 대선 경선에 출마했는지 아직도 많은 이들이 묻는다. 그에 대한 답변은 예나 지금이나 변함이 없다. 주저 없이 말할 수 있다. 일국의 대통령은 심각한 범죄경력 없이 도덕성을 지니고 풍부한 행정 경험이 있는 통합적 지도자여야 한다는 확신 때문이다. 경선 당시 내가 주장한 대로 범죄경력 공개로 후보자들의 자질을 좀 더 철저히 검증했다면, 2023년 오늘 우리가 겪고 있는 여·야 지도자의 도덕성 논란은 더 이상 일어나지 않았을 것이다. 그뿐만 아니라 '준비된 대통령'이 '청렴성과 도덕성을 지닌 야권의 지도자'와 함께 멋진 협치 행정을 펼치는 역사적인 장면을 볼 수 있었을 것이다.

지난 대선과 지금 우리 사회에 만연한 정치지도자의 도덕성 논란을 보면 나의 이런 철학과 확신이 잘못되지 않았음을 재차 확신하게 된다. 아마 앞으로도 더욱 빛을 발할 것이다. 이어진 공천학살로 아픔을 삼키고 있을 때 김대중 대통령을 가까이에서 모셨던 원로 변호사님과 박지원 당시 의원에게서 짧지만 굵은 문자 메시지가 왔다.

"최 시장, 김대중 대통령은 사형선고까지 겪었잖소."
"김대중 대통령처럼 참고 다시 미래를 준비하면 더 큰 일이 열릴 것이오."

당시에는 큰 위로가 되지 않았던 것이 사실이다. 하지만 어느 정도 시간이 흐른 이후 여야를 막론하고 많은 정치인이 '부정의와 부패의 카르텔'에 갇혀 정치생명을 스스로 중단했다. 혹은 외부의 강제력에 의해 정치 퇴출을 당하는 광경도 목격했다. 충격적이었다.

하지만 나는 25년 전 김대중 대통령을 탄생시킨 싱크탱크를 계속 운영하며 아직도 바보스럽게 '김대중의 정신, 철학, 사상, 그리고 김대중의 못다 이룬 꿈'을 실천하려 한다. 나는 여기저기를 방문해 공부하고 새로운 실천을 모색하며, 김대중·이희호 부부 탄생 100주년 기념사업의 추진을 위해 국제적으로 모든 열정을 바치고 있다.

김대중 대통령과 이희호 여사는 당신들의 100년 인생에서 가장 힘든 순간마다 서로를 이렇게 위로했다.

"옥중에서 사형선고까지 받았는데, 이 정도 고통쯤이야."

나도 힘들 때마다 아내와 서로에게 위로의 말을 건넨다. 그때마다 아내는 '고통의 순간보다는 영광의 순간이 더 있지 않았느냐' 면서 '최소한의 상식도 저버린 민주당에 대한 미련은 버리고, 정치가 아닌 새로운 길을 선택하라'고 강력히 권유했다. 그리하겠다고 약속하고 5년 가까이 다양한 도전을 시도해 보았지만, 아직도 여전히 민주당의 권리당원으로서 김대중 사상의 계승을 위한 실천적 활동에 미쳐있다. 그런 남편과 아빠를 바라보는 가족들의 시선에 걱정이 가득하다.

"김대중 대통령도 5번이나 죽을 고비를 넘기셨는데, 이 정도 고통쯤이야."

70세가 넘는 나이에 영국 유학을 하던 시절, '실업자' 김대중이 쓴 책의 제목이 바로 <새로운 시작을 위하여>였다. 이제 나도 60의 나이를 바라보며 김대중 대통령 탄생 100주년을 앞두고 '최성의 새로운 시작'을 꿈꾸어 본다.

대통령 후보의 범죄경력을 공개하라

내가 2016년 민주당 대선 경선에 참여했을 때 가족과 주변 지인들은 큰 충격을 받았다. 걱정과 의구심을 품은 질문도 쏟아졌다.

"대체 왜 민주당 대선 경선에 나가는 거야?"
"너무 과욕부리는 거 아니야?"

하지만 내 결심은 확고했고, 소신도 명확했다. 대통령 후보의 최우선 자질은 도덕성과 국정운영 경험이며, 민심과 당심이 다른 후보와 견주었을 때 나를 어떻게 평가하고 판단하는지 알고 싶었다. 당시 특정 후보의 확인된 범죄경력 4가지를 해당 후보가 직접 공개했고, 그 외에도 각종 비리와 스캔들 의혹이 확산하고 있었다. 김대중 대통령에게서 보고 배운 '대통령의 자격'과는 큰 차이가 있었다. 그래서 직접 경선에 참여해 대통령의 자격을 갖춘 사람을 향한 국민과 당원의 판단을 믿고 싶었다.

예비경선을 치르는 내내 나는 청와대와 국회, 시정 경험을 토대로 '풍부한 국정운영 경험'과 '지도자의 도덕성', 그리고 'DJ 정신과 사상의 계승'을 내세웠다. 하지만 이미 공고해진 대선 구도와 지지율은 변하지 않았고, 내 예상과 믿음도 크게 어긋났다. 그렇게 나의 야심 찬 대권 도전 프로젝트는 최악의 지지율이라는 결과만 남기고 좌절되었다. 그로 인해 '3선 고양시장 도전', '국회의원 재도전'의 꿈도 산산이 부서졌다. 대선에 도전했던 사람이 지방선거 경선에 나오면 안 된다는 이해할 수도, 용서할 수도 없는 '지역 정치인들이 야합한 공천배제 음모' 때문이었다.

그렇게 5년이 지나 하의도를 찾은 나는 김대중 대통령에게 몇 번이고 질문했다.

"대통령님, 정말 저의 도전이 무모하고 잘못된 것이었습니까?"

김대중 대통령에게서 배운 <잠언>이 대답이었다. 때로 민심은 변덕스럽고 유혹에 이끌려 잘못된 판단을 하지만, 결국 국민과 역사를 믿고 행동하는 양심을 보이면 끝내 승리한 인생을 살게 된다는 것이었다. 민주당 대선 경선 당시 나 홀로 소리 높였던 주장이 떠올랐다.

"대통령 후보에게는 그에 걸맞은 도덕성이 필요하다. 그래서 나부터 전과기록이 없는 범죄경력증명서를 공개한다. 다른 세 후보도 공개할 용의가 있는가?"

"만약 다른 세 후보 중 한 명이 대통령에 당선된다면 음주운전과 같은 크고 작은 전과가 있고, 논문 표절 시비 논란이 있는 후보를 장관직에 임명할 것인가?"

너무도 당연한 이 질문은 TV토론 생중계를 통해 국민에게 가감 없이 전달되었다. SNS 상에서 연일 뜨거운 반응은 물론 민주당 경선 과정에서 적지않은 반향을 일으켰다. 그렇게 5년의 세월이 지난 지금, 새롭게 선출된 대통령과 당시 경선에 참여했던 민주당 후보들의 사법적 의혹이 계속 불거지고 있다. 아니 걷잡을 수 없이 확산일로다. 이는 당시 나의 외로운 주장과 외침이 '김대중 대통령의 행동하는 양심을 실천하는 용기'였음을 확인시켜 주었다.

다른 한편 솔직히 혼란스러운 정치 상황은 자주 연출된다. 당시 이재명 후보의 논문 표절 의혹에 대해 내가 질문을 하자, 이 후보는 "변희재 같은 한심한 질문"이라는 식으로 나를 폄훼했던 적이 있다. 그런데 요즘은 극우진영에 가까웠던 보수 유튜버인 변희재씨가 "윤석열 탄핵"에 앞장 서며 이재명 당 대표를 중심으로 한 진보진영의 논객들과 환상적인 연대를 하고 있는 웃지 못할 해프닝이 연출되고 있기 때문이다.

최근 진보 성향의 유튜브 방송인 <백브리핑>과 <정치신세계>에 내가 출연했을 때는 사회자들이 당시 대선 경선 장면을 송출하기도 했다. 많은 시청자가 내 발언과 행동을 적극적으로 지지하며 응원하는 댓글을 달아 주었다. 방송이 끝난 뒤 댓글을 하나하나 꼼꼼히 읽는 내내 경선 당시 아내와 흘렸던 뜨거운 눈물이 다시 얼굴을 타고 흘러내렸다.

DJ로부터의 배움

김대중 대통령의 철학과 사상을 평가하는 데에 가장 중요한 자료는 《옥중서신》과 《새로운 시작을 위하여》다. 이 책들을 중심으로 김대중 탄생 100년의 정치적 행보를 종합하며 '행복하고 성공적인 삶을 위한 김대중의 시크릿 노트'를 정리할 수 있었다. 약 30년 동안 김대중·이희호 두 대통령 내외분의 곁에서 직접 들은 잠언도 함께 녹여냈다. 내가 최종적으로 정리한 <김대중의 절망에서 성공하는 비결>은 다음과 같다.

<김대중의 절망에서 성공하는 10가지 비결>

1. 무엇이 되느냐보다 어떻게 살 것이지 먼저 생각하라.

2. 가화만사성이고, 수신제가 치국평천하다.

3. 행동하는 양심이 되어라.

4. 서생적 문제의식과 상인적 현실감각을 가져라.

5. 10년 동안은 한 우물을 파라.

6. 매사에 실사구시 하라.

7. 나무도 보고 숲도 보아야 한다.

8. 화이부동(和而不同) 하라.

9. 사람 섬기기를 하늘같이 하라.

10. 길은 끝나는 곳에서 다시 시작한다.

김대중은 절망적 위기속에서 성공하는 10가지 비결 중에서 '무엇이 될지보다 어떻게 살 것인지 먼저 생각'하는 삶의 목표를 가장 중요시 했다. 그리고 '가화만사성'과 '수신제가'를 우선하며 다양한 형태로 '행동하는 양심'이 되는 구체적인 방법론을 제기했다. 더불어 절망 속에서 희망을 찾는 비결로 '서생적 문제의식'과 '상인적 현실감각', '실사구시', '화이부동'의 철학을 실천하며 보여주었다.

이밖에도 "10년은 한 우물을 파라", "사람 섬기기를 하늘같이 하라" "길은 끝나는 곳에서 다시 시작한다"는 자신의 정치인생에서 얻은 소중한 경험을 절망에서 희망을 찾아 성공을 꿈꾸는 사람들에게 주옥같은 삶의 지혜를 남겨 주었다.

김대중 대통령은 사형선고를 받고 감옥에 있으면서 가족들에게 양서를 보내 달라고 수시로 요청했다. 그중에서도 고전 중의 고전인 피터 드러커의 《단절의 시대》를 가장 감명 깊게 읽었다. 대통령 시절에도 이 책은 성경과 함께 국민에게 강력히 추천하는 도서였다.

《단절의 시대》는 1969년에 출간되었지만, 김대중 대통령에게 미친 영향은 컸다. 비단 경제와 경영 분야만이 아니라 정치와 사회, 철학의 전 분야까지 확장되었다. 피터 드러커는 《단절의 시대》에서 기업가의 시대, 세계화의 시대, 다문화 및 지식의 시대 등을 거론하며 각각의 시점에서 과거와의 단절을 분석했다. 특히 정보화 시대의 도래와 세계화, 마케팅의 중요성과 기업의 사회적 책임에 대한 특별한 통찰력을 제공했다.

김 대통령과 마찬가지로, 피터 드러커의 관찰 대상은 인간과 사회였다. 인간과 조직과 사회가 모두 상호 작용하면서 존재하기에 이를 종합적으로 관찰하지 않으면 시대를 제대로 이해할 수 없다고 생각했다. 그가 자신을 '사회생태학자'라고 부르는 이유도 여기에 있다.

경영평론가, 컨설턴트, 신문기자, 대학교수 등 여러 직업을 거친 피터 드러커는 《경영의 실제》에서 매니지먼트 연구라는 분야를 체계화했다. 또한, 대량생산의 원리에 입각한 고도 산업사회로 현대를 규정하고 기업의 본질과 이를 바탕으로 한 경영관리 방법을 전개한 현실주의자였다. 저자가 특히 강조하는 '스마트 위기관리 시스템 이론가'의 측면이 강하게 드러난 것이다.

그런 점에서 피터 드러커의 시크릿 노트라고 할 수 있는 후속 서적들은 《단절의 시대》가 출간된 1960년대 말부터 오늘날까지 커다란 반향을 일으키고 있다. 김대중 대통령은 피터 드러커를 새로운 미래를 준비하는 과정에서 '배움의 미더운 동지'로 삼을 만큼 비중을 두었다.

나는 1990년대 중반, 30대 열혈청년이었다. 이때 김대중 대통령을 처음 만났고, 최근까지 30여 년 가까이 나의 정치, 인생 멘토로서 모셨다. 이때 듣고 배운 김대중 대통령의 정치철학, 성공한 인생론, 삶의 가치와 목표 등에 관한 주옥같은 말씀을 《김대중 잠언집: 배움》에 담았다. 책을 출간해 전해드린 뒤 63빌딩에서 김대중 대통령 내외분을 만났을 때 이희호 여사님께서 해주신 덕담은 아직도 생생하다.

"잘 읽어봤어요. 그런데 어떻게 대통령 말씀보다 더 잘 썼어요?"

김 대통령 생전에도 크게 공감했던 잠언들, 하지만 지금 더 크고 깊게 다가오는 그분의 말씀을 나의 시크릿 노트에 다시 정리해 보았다. '절망적 위기 속에서 행복과 성공을 이루는 김대중 대통령의 철학과 비전'은 무엇이 있을까?

절망에서 성공하는 DJ 시크릿 노트

김대중은 젊은이들을 위해 '세상을 사는 지혜'를 언급했다.

"인생에서 중요한 것은 '되는' 것이 아니라 '사는' 것이고, '무엇'이 아니라 '어떻게'에 있다. 우리 사회에는 '무엇'이 되기만 하면 '어떻게'라는 측면은 얼마든지 정당화할 수 있다는 생각이 만연한 것 같다.

수단 방법 가리지 않고 목표를 달성하는 데에 삶의 의미가 있는 것이 아니다. 수단과 방법을 가리며 사는 바로 그 삶의 과정에 의미가 있다. 그렇게 살면서 목표를 달성하면 좋은 것이고, 설령 목표를 이루지 못해도 그 인생은 값진 것이다."

김대중 대통령의 '세상을 사는 지혜'는 일반 시민뿐 아니라 한 나라를 책임지고 이끄는 지도자들에게 요구되는 가장 중요한 자질이다. 자신의 정치적 야망이 아니라 국민이나 시민의 행복과 더 나은 세상을 만들기 위해 어떻게 노력할지에 중점을 두어야 한다.

그렇다면 젊은이들이 특히 관심 있는 '진정으로 성공한 사람'은 누구일까? 성공과 부자의 관계는 어떤 것일까? 김대중 대통령은 나름의 성공 철학을 이렇게 역설했다.

"어떤 사람은 부자가 되는 것을 성공이라 생각하고 어떤 사람은 유명해지는 것을 성공이라 여긴다. 부자가 되거나 유명해지는 것을 성공이라고 말한다면 이는 '이룬' 것, 즉 성취의 결과물로 성공 여부를 판단하는 것이다. 하지만 나의 성공관은 다르다. 나는 성취한 것의 부피와 무게로 성공을 재는 데에 찬성하지 않는다. 나는 바르게 사는 것이 곧 성공하는 삶이라고 생각한다. 성공하기 위해 바르게 살아야 한다는 것이 아니라, 바르게 사는 것 자체가 바로 성공이라는 것이다."

'행복한 부자'를 정의하는 김대중 대통령의 시각은 독특하다.

"사람은 가난해지지도, 지나치게 부유해지지도 말 일이다. 우리는 가난해도 부유해도 다 같이 돈의 노예가 된다. 알맞게 갖고 자유인이 될 일이다."

"가난이 두려운 것이 아니다. 가장 두려운 것은 가난한 자들이 자신의 가난을 억울하게 여기는 것이다. 그런 사회는 아무리 물질적으로 성장하더라도 건강한 사회라고 할 수 없다."

김대중 대통령은 '인생의 위대한 성공은 절망의 시절에 나온다.'라는 독특한 경험철학을 갖고 있었다. 이를 바탕으로 역사 속의 성공사례로 다산 정약용 선생을 언급했다.

"우리는 위대한 성공들이 순경의 시절보다 역경의 시절에 더 많이 쏟아지며 그 사람을 역사에 길이 남을 인물로 만드는 경우를 흔히 본다. 베토벤, 헬렌 켈러, 사마천, 그리고 조선 말엽 정다산 등이 그렇다. 나는 다산이 그렇게 훌륭한 업적을 이룰 수 있었던 원인으로 그가 겪은 수많은 역경을 꼽는다. 다산 정약용은 전남 강진에서 18년 동안 유배 생활을 하며 수백 권에 달하는 주옥같은 불후의 명작을 남겼다. 《목민심서》와 《경세유표》(經世遺表) 등이 유배지에서 나온 대표적 저작물이다."

김대중 대통령은 신실한 가톨릭 신자이면서도 불경을 인용해 삶이 고통스러워도 자신을 위로하고 힘껏 응원해야 하는 이유를 찾았다.

"부처님은 《백유경(百喩經)》에서 '사람으로 태어나기가 얼마나 어렵냐면, 마치 눈먼 거북이가 망망대해를 떠내려가다가 썩은 나무토막을 만나이를 붙잡고 그 나무토막에 뚫린 구멍을 찾아 빠져나가는 것과 같다.'라고 했다. 사람으로 태어난 것의 귀중함을 얼마나 절실히 묘사한 말씀인가? 아무리 삶이 고통스럽더라도 다른 동물이 아니라 사람으로 태어났다는 것만으로도 그런 고통의 시련과 대결해 인생을 의미 있게 살아보겠다는 의욕을 갖기에 족하지 않을까?"

김대중 대통령은 행운이 때로는 험한 모습으로 온다고 했다.

"인간만사 새옹지마(塞翁之馬)라 했다. 행운이 언제나 아름다운 모습으로 미소를 지으며 우리에게 찾아오지는 않는다. 때로는 험한 모습으로 으르렁거리며 오기도 한다. 오늘의 내가 있는 것은 그런 시련과 역경에 최선의 대응을 하기 위해 애쓴 결과라고 생각한다."

정치적으로 탄탄대로를 걷던 내 정치 인생에도 두 번이나 가혹한 공천학살이 닥쳐왔다. 그런 시련과 역경을 '인간만사 새옹지마'이며, '나에게 오는 새로운 행운'으로 받아들이고 있는 내 모습에 놀라곤 한다. 숲도 보고 나무도 보되, 따로 보지 않고 밀접한 상호연관 속에서 통합적으로 보려는 변증법적 사고를 갖추려고 노력했다. 경험을 통해 그렇게 해야만 사물을 올바르게 판단할 수 있고 실패를 줄이고 성공률을 높일 수 있음을 깨달았다.

김대중 대통령이 강조한 '숲과 나무를 보는 변증법적 사고'는 나의 '스

시크릿 노트 : 절망에서 성공하는 비결

마트 위기관리시스템'으로 발전했다. 김대중 대통령 스스로는 '스마트 위기관리시스템'이라는 표현을 사용하지는 않았지만, 모든 정치상황을 대처함에 있어서 골든 타임의 중요성을 강조하고, 각계 각층의 전문가를 중용하면서도 중간중간에 피드백 시스템을 작동하면서 최종 목표를 향한 시스템을 계속 업그레이드하는 방식으로 모든 현안에 대한 위기관리를 하였기 때문이다. 이 과정에서 인적·물적 자원을 최대한 활용하는 한편 최신 빅 데이터를 실시간으로 파악하여 자신을 비롯한 종합 컨트롤 센터에서 이를 통합적으로 관리하는 소위 '스마트 위기관리시스템'의 모범적 운영을 보여주셨기 때문이다.

특히 '전체' 조직과 '개별' 상황을 종합적으로 바라보는 김 대통령의 변증법적 사고가 위기관리의 위험요소를 줄여 실패를 사전에 막고 성공률을 높일 수 있었다. 개인이든, 조직이든, 국가든 마찬가지다. 이것을 나는 '스마트 위기관리시스템 혁명'이라고 부른다. 모든 사물을 창조적으로 바라보는 혁신적 발상은 중요하지만, 그 중심에는 시스템 혁명이 있어야 한다. 내가 피터 드러커와 김대중 대통령을 학문적 멘토로 삼는 이유이기도 하다.

김대중 대통령이 생각하는 '바람직한 리더의 5가지 자질'이 있다. 미래 지도자가 될 청년들은 반드시 유념해야 할 말이다.

"우리의 바람직한 인물은, 첫째, 투철한 역사의식과 명민한 통찰력으로 나라의 갈 길을 정립하고, 둘째, 민의를 하늘의 뜻으로 받들 뿐 아니라 국민이 모든 분야에 참여하도록 적극적으로 독려해 국민이 자기 힘으로 자기 운명을 개척하도록 해야 한다. 셋째, 도량과 자제의 끈기로써 대립하는 의견과 이해를 조정하고, 넷째, 근면·성실·헌신으로 자기 임무를 수행하며, 다섯째, 젊은이들에게 희망과 의욕과 참여의식을 고취하는 지도자여야 할 것이다.”

김대중 대통령이 언급한 바람직한 지도자 조건은 향후 걷고자 하는 올바른 지도자의 길에 대한 자기 철학이었다. 한편으로는 오늘의 대한민국을 이끄는 여야 지도자 모두 깊이 새겨야 할 가르침이 아닐 수 없다. 안타깝게도, 이 땅에 사는 위정자들의 자질과 신념은 평범한 시민들의 역사의식과 민주적 소명의식보다 현저히 부족하다.

김대중 대통령의 이러한 믿음은 민본주의 철학에서 출발한다. ‘역사 속의 진실한 건설자’는 바로 백성이라는 점이다.

“역사는 만리장성은 진시황이, 석굴암은 김대성이, 경복궁은 대원군이 만들었다고 기록한다. 아무도 의심하지 않지만 잘 생각하면 터무니없는 허구다. 진실한 건설자는 그들이 아니라 이름 없는 석수, 목수, 화공 등 백성의 무리였다. 우리는 이 사실을 정확히 깨달을 때 이름 없는 백성들을 향한 외경심과 역사의 참된 주인에 대한 자각을 새로이 하게 된다.”

이러한 생각은 1980년대 옥중에서 터득한 정치적 신념과도 밀접히 연결되어 있다.

“정치가 진정으로 할 일은 억압받는 자와 가난한 자의 권리와 생활을 보장하고 그들을 정치의 주체로서 참여케 하는 것이다.”

김대중 대통령은 길을 잃고 헤매는 청년들에게 애정 어린 조언을 아끼지 않았다. 행복한 부자와 성공을 갈망하는 MZ 세대 청년들을 위한 시크릿 노트라고 할 수 있을 것이다. 먼저, 김 대통령은 '10년쯤 한 우물을 파라.'라고 조언했다.

"진로문제로 고민하는 요즘 젊은이들에게 나의 경험담과 함께 꼭 들려주는 말은 한 우물을 파겠다는 심정으로 10년을 일하라는 것이다. 그 정도의 진득함이 있어야 한다. 그래야 승부가 난다. 그저 막연히 한 직장에 죽은 듯 붙어 있으라는 뜻이 아니다. 자기가 판 구덩이에 들어가 주저앉아 있는다고 해서 물이 나오지는 않는다. 끈질기게 우물을 파야 한다. 10년을 열심히 파면 반드시 수맥은 나오기 마련이다."

그리고 구체적 성공법으로는 청년들에게 가장 필요한 것으로 '창조적 모방'을 제시했다.

"엄밀히 말해 인간의 창조적 작업은 모두 모방에서 빚어진 것이다. 문제는 얼마나 창조적으로 모방하여 새로이 자기 것으로 발전시키느냐에 달려 있다.
그렇다면 창조적 사고는 어떻게 해야 할까?
먼저 모든 일에 흥미를 느끼고 그냥 지나치지 말아야 한다. 특정 대상에 흥미를 집중하면 관찰이 된다. 체계적으로 관찰하며 깊게 파고들면 연구가 된다. 이렇게 이미 존재하는 것을 집중적으로 탐구해 나갈 때 비로소 창조적 모방이 일어난다. 우리는 필요할 때 대담하게 모방해야 한

301

다. 그러나 이를 창조적으로 모방할 때만 내가 성장하고 사회적으로 발전할 수 있다.”

성공적인 사회생활 지혜도 가르쳐 주었다. 먼저 ‘경청은 최고의 대화’라고 역설했다.

“민주주의는 대화의 정치다. 민주주의를 위해 독재와 싸운다는 사람들이 남에게 말할 권리를 주지 않고 내 주장만 하는 것은 하나의 비극이라 하지 않을 수 없다. 경청이야말로 최고의 대화이다. 남의 말에 귀를 기울일 줄 모르는 사람은 대화의 실격자요, 인생의 실격자다.”

《손자병법》을 인용해 싸우지 않고 이기는 방법도 전수했다.

“인류 역사상 가장 뛰어난 전쟁 교범이라고 하는 《손자병법》은 ‘싸우지 않고 이기는 것이 최고의 승리’라고 한다. 손자는 ‘병법의 진수는 정도(正道)와 백성의 복리를 지키는 데 있다. 이것을 떠나면 사악한 도구로 전락한다.’라며 원칙을 철저히 엄수한다. 하지만 일단 전술 면으로 들어가면 이간, 모략, 분열, 위장, 선동 등 온갖 술책을 다 가르친다.”

김대중은 손자병법을 통해 온갖 이간과 모략, 분열과 위장, 선전과 선동이 난무하는 정치판에서도 ‘백성의 복리를 지키는 정도(正道)’를 강조하며 ‘싸우지 않고 이기는 방법’을 설파했다. 그래서 정치는 예술이며, 흙탕물 속에서 피어나는 연꽃이라고 비유했는지도 모른다.

이외에도 누구나 알고 있지만 실행할 수 있다면 무한한 잠재력이 발휘될 다양한 성공 수단도 제시했다. 먼저, 국제 공용어인 영어를 배우고 자기 삶의 목표, 과정, 시행착오 등을 상세히 메모할 것을 조언했다. 실제로 내가 가까이에서 본 김대중 대통령은 당신의 삶을 365일 메모하고 성찰하고 중간 점검하며 최종적인 목표를 이루기 위한 구체적인 실행 계획을 수립했다. 이것이 김 대통령의 성공 비결이었다.

김대중은 사실 '대학 콤플렉스'가 있었다. 꼭 그 이유 때문만은 아니지만, 1992년 9월 만 70세의 나이에 김대중은 러시아 외무성 산하의 외교 대학원에서 정치학 박사학위를 받았다. 정식 박사를 논문과 구두시험을 통해 받음으로써 대학을 다니지 못한 콤플렉스를 자기 계발 의지로 승화시켜 완전히 극복하였다. 가까이서 지켜본 김대중과 이희호 부부의 100년의 인생은 "끊임없는 배움의 과정"이었다.

마지막으로 손자뻘에 해당하는 미래 청년들에게 희망의 메시지를 주는 것도 잊지 않았다.

"우리는 넘어지면 끊임없이 일어나 새 출발을 해야 한다. 인생은 종착지가 없는 도상의 나그네다."

"이기심과 탐욕은 가장 큰 죄악이다. 이기심은 자기를 우상화하고 탐욕은 탐욕의 대상을 우상화한다."

죽음과 같은 절망을 이겨내는 비결도 이렇게 제시했다.

"내 인생은 온갖 수모와 고통을 참고 견디도록 정해진 운명이었다. 육체적인 고통도 있었고 정신적인 고통도 있었다. 나는 슈퍼맨이 아니다. 연약한 육체와 제한적인 정신을 가진 인간에 불과하다. 울분과 분노로 미칠 것 같은 심정이 되기도 했고, 수없이 많은 좌절감에 빠졌다. 나를 견디게 해준 것은 하느님과 역사와 국민을 향한 나의 철석같은 믿음이었다.

오늘만 참고 견디자. 그러면 내일은 새날이 온다. 내일이 아니면 하루만 더 참자. 어쨌든 참으면 변화가 온다. 그러면서 이를 악물고 참았다. 나는 그 때문에 어떤 어려움도 참고 이겨낼 수 있었다."

김대중 대통령은 여러 번 죽을 고비를 넘겼다. 견디기 힘든 절망의 순간이었을 것이다. 그런 시기마다 당신의 생명과 생존을 지켜준 것은 그가 믿는 하느님과 역사와 국민이었다.

그렇다면 절망과 좌절 속에서 오늘의 나를 지탱하는 힘은 무엇인가? 내 자신에게 묻고 또 묻지 않을 수 없다.

행복한 부자 10계명

김대중 대통령은 정치 입문 이후 네 번 대권에 도전하고 다섯 번 죽을 고비를 넘겼다. 이 과정에서 세 아들과 가족, 그리고 국민에게 자신의 인생철학과 성공한 삶을 위한 지혜를 꾸준히 전달해 왔다. 특히 사형선고를 받고 감옥에서 수많은 책을 읽고 가족과 깊은 신앙에 입각한 역사적

워싱턴 망명 시절 김대중의 비공개 육성 테이프 사진

김대중과 관련된 시크릿 노트는 김대중 자신의 친필 메모뿐 아니라 가까운 동지들을 통해 다양한 형태로 작성되고 전달되었다. 대표적인 것이 1980년대 워싱턴 망명 시절 김대중과 함께 목숨을 걸고 민주화 운동에 참여한 '인권문제연구소' 동지들이었다. 이들은 김대중의 육성 연설을 모두 녹음해 국내 동지들에게 전달했다. 조지 워싱턴 대학에서 최초로 시국강연회를 할 때 녹음한 육성 강연 연설 테이프도 그중 하나다. 해당 대학에서 유학 중인 이낙연 전 총리를 비롯하여 당시의 원로 민주화 동지와 함께 김대중의 민주화 운동 여로(旅路)을 다시 걸으며 김대중의 정신을 다시 새기는 작업은 매우 뜻깊었다. 워싱턴 미주 방송으로 부터 입수한 비공개 육성 테이프는 연세대 김대중 도서관에 기증했다.

대화를 나누었다. 그러면서 '진정으로 행복해지는 자유인의 지혜'를 터득했고 꾸준히 설파하려 했다. '행복한 부자가 되기 위한 특별한 시크릿 노트'라고 명명할 수 있다.

나는 10년 가까이 모시면서 이런 김대중 대통령의 <행복한 인생을 위한 지혜>를 직접 듣고 메모했다. 때로는 이 '시크릿 노트'를 직접 건네받기도 했다. 그 결과 이를 엮은 《김대중 잠언집: 배움》이 베스트셀러에 올랐고, 그 인세로 고양시장 선거에 출마해 당선되었다. 김대중 대통령은 돌아가신 이후에도 내게 은혜를 베푸셨다.

얼마간 시간이 지난 이후, 나는 '김대중 대통령 탄생 100주년'을 앞두고 김 대통령의 여로를 다시 찾았다. 고향 하의도부터 청소년기를 보낸 목포, 본격적인 정치 인생을 시작한 동교동과 혹독한 죽음의 문턱을 넘어 외롭게 투쟁했던 워싱턴 망명에 이르는 긴 여정이었다.

특히 감개무량했던 것은 워싱턴 미주 방송이 그동안 기록하고 모아서 최초 공개한 워싱턴 망명 시절의 강연 녹음테이프를 듣는 순간이었다. 최초의 시국강연회가 열린 조지 워싱턴대학에서 조국의 민주주의를 향한 절절한 마음이 느껴졌다. 당시 목숨을 걸고 함께 투쟁했던 워싱턴의 원로동지, 그리고 같은 대학에서 유학 중인 이낙연 전 총리가 동행해 더욱 뜻깊은 자리였다.

안타까운 소식은 김대중 선생의 워싱턴 망명 시절, 미 대사관의 현직 외교관으로서 근무하면서 독재정권에 분노하여 미국으로 망명했던 이근팔 선생이 최근에 작고했다는 소식이었다. 당시 김대중 선생의 비서실장으로 일하던 이근팔 선생은 집권한 이후에도 고국으로 돌아와 요직을 맡는 것을 거부하고 조용히 사시다가 세상을 떠나신 것이다. 김대중 사상의 진정한 계승자는 바로 이런 분들일 것이다.

김대중과 관련된 시크릿 노트는 김대중 자신의 친필 메모뿐 아니라 가까운 동지들을 통해 다양한 형태로 전달되었다. 대표적인 것이 1980년 대 워싱턴 망명 시절 김대중과 함께 목숨을 걸고 민주화 운동에 참여한 '인권문제연구소' 동지들이었다. 이들은 김대중의 육성을 녹음해 국내 동지들에게 전달했다.

'사형수'의 신분에서 벗어나 미국의 워싱턴 D.C.로 망명했던 김대중 선생과 처한 위치는 매우 다르나, 대한민국의 민주주의와 민주당의 혁명적 혁신을 위한 이낙연 전 민주당 대선 예비후보의 고뇌에 찬 저서에 담길 핵심 메시지도 벌써 궁금해진다. 당시 입수한 김대중 선생의 비공개 육성 테이프는 연세대 김대중 도서관에 기증했다.

이후 대선 4수 만에 기적적으로 대통령에 당선된 일산 사저까지 여러 차례 방문했다. 이 과정에서 김대중 대통령의 삶의 철학과 지혜를 재조명하고 김대중 사상의 뿌리와 핵심적 가치와 정신을 찾기 위해 다시 길을 떠났다.

이때 내 관심은 네 번의 대권 도전 끝에 승리를 거둔 정치적 측면에 있지 않았다. 5번이나 마주친 죽음의 공포에서 어떻게 생존하고 그 속에서 당신의 행복과 가치를 찾아 나가는 과정이었다. 인간적 고뇌와 성찰, 절망에서 희망을 찾는 김대중 대통령의 시크릿 노트에 초점이 맞춰져 있었다.

특히 사형선고를 받은 뒤 김대중 대통령과 이희호 여사가 나눈 세상에서 가장 아름다운 러브레터는 새로운 충격이었다. 이 과정에서 내가 새롭게 발견한 '김대중의 행복한 부자 10계명'이 있다.

<김대중의 행복한 부자 십계명>

1. 나만의 '행복한 부자' 철학을 세워라.

2. 실패를 두려워하지 마라.

3. 돈의 노예가 되지 마라.

4. 구체적 목표를 세워라.

5. 몸도 마음도 건강해라.

6. 행복한 집을 만들어라.

7. 한 우물을 파라.

8. 스마트 시스템으로 관리하라.

9. 빅데이터와 네트워크를 활용하라.

10. 신앙적 믿음 속에서 베풀고 나누어라.

물론 내가 김대중 대통령의 잠언 속에서 찾은 보물 같은 비밀 열쇠이다. 평소에 즐겨 찾아 읽던 "세상의 특별한 1% 행복한 부자들의 시크릿 노트"와도 일맥상통하였다. 저마다 다른 위치에서 '성공한 인생'을 위해 노력한 동서고금의 여러 지도자의 '부와 행복 그리고 건강과 성공'을 위한 비결이 너무도 공통적이었다는 점이 놀라웠다.

김대중 대통령은 청년 시절 목포일보 사장과 해운업 CEO를 경험하며 나름의 행복 철학을 정립했다. 돈의 노예가 되지 않고 주변 이웃과 나라를 위해 베풀고 나누는 것이 자신의 행복을 지키는 길이며, 마음의 부자가 되는 방법이라는 것이었다. 조금 거창하게는 민주주의와 사회정의,

시크릿 노트 : 절망에서 성공하는 비결

분단된 조국의 평화적 통일에 이바지하는 삶이 김대중의 '행복한 부자 철학'이었다.

김대중 대통령은 이에 그치지 않고 '행복한 부자가 되기 위한 구체적 목표'를 세워 1년 365일 구체적인 실천 전략을 행동에 옮기면서 수시로 이를 체크하고, 궁극적으로는 시스템을 업그레이드할 것을 주문하였다. 이 과정에서 자신이 가지고 있는 각종 정보와 네트워크 등 요즘 유행하는 '스마트 시스템'이 풀 가동되었다. 가장 중요한 것을 이를 몸소 하루도 빠짐없이 실천하였다는 것이었다. 그 결과 대통령에 당선되셨고, 노벨평화상 수상이라는 영광도 얻을 수 있었다.

특히 중요한 근간은 자기가 믿는 종교적 확신과 신앙적 실천이었다. 이런 종교적, 철학적 고민은 1980년 감옥에서 아내와 자식에게 보낸 편지에 구체적으로 적혀 있다.

한편 공적으로든 사적으로든 목표를 철저히 수립하고, 가정적으로는 가화만사성과 수신제가 치국평천하와 같은 가훈으로 행복한 가정을 이루려 했다. 더불어 육체적 건강은 물론 정신적 건강을 위해 책을 읽고 사색하고 성찰하는 배움의 삶을 평생 일관한 분이 김대중 대통령이었다.

위기관리 시스템 혁명의 10대 수칙

김대중 대통령은 행복한 부자가 되기 위해 항상 '위기관리 시스템'을 가동하는 '네트워킹 리더'이자 '시스템 리더'였다. 내가 만난 김대중 대통령이 다른 정치인, 행정가, 리더와 달랐던 점은 죽을 고비를 넘기면서도 행동하는 양심을 실천한 진정한 사회운동가라는 점이었다.

또 한 가지 특이한 점은 정규학력은 고졸이지만 고학(苦學)과 끊임없는 배움과 민주화 투쟁을 통해 현장에서 지혜를 얻었다는 점이다. 김 대통령은 이를 정치와 국정운영에 실사구시적으로 적용한 유능한 정치인이자 준비된 대통령이었다.

무엇보다도 학교와 현장에서 정치학과 행정학을 배우고 실천한 내가 가장 높이 평가하는 것은 김 대통령의 실사구시적 철학과 '스마트 시스템에 입각한 위기관리 리더십'이다. 30대에 영국 유학 시절 김대중 전 대선후보에게 발탁되어 아태평화재단, 대선 경선 예비후보, 청와대, 국회의원, 재선 시장을 거치는 과정에서도 김 대통령의 영향이 컸다. 당신에게서 보고 듣고 배우며 현장에서 실천하고 다시 배우는 기나긴 배움의 과정이 오늘의 나를 가능케 한 것이다.

그 결과 평범하기 그지없던 광주의 개구쟁이 소년은 김대중 대통령에게 과분한 사랑을 받는 참모가 되었다. 그리고 정치와 행정 영역에서 부끄럽지 않은 성과를 내었으며 청렴하고 성실한 행보를 이어올 수 있었던 데에도 김 대통령의 영향이 컸다.

또 하나의 성과는 최근 행정학 박사 논문에서 체계화한 '최성의 스마트 위기관리시스템 10대 수칙'이다. 어떤 면에서는 '김대중 대통령의 국정운영 15가지 수칙'과도 그 맥을 같이 한다. 김대중 대통령의 민주 정부 출범, 준비된 대통령을 향한 수십 년간 노력의 결과를 가까이서 보고 배우고 실천적으로 적용한 노력의 결과이기도 하다.

김대중 대통령은 일제하에서는 하의도의 농민운동을 직·간접적으로 경험하고, 해방 후에는 한반도 평화와 민주 정부 수립을 위한 민주화 운동, 한국전쟁과 IMF 국가위기 극복을 위한 범국민적, 민족적 노력을 추진했다. 이 과정에서 항상 국민과 위정자, 여야 정당과 언론, 나아가 국제사회와의 연대를 끊임없이 생각하고 실천했다. 그래서 세계적 석학인 영국의 앤서니 기든스 교수와의 토론에서도 당신이 구상하는 민주주의를 '글로벌 데모크라시(Global Democracy)'라고 명명할 수 있었다.

내 두 번째 박사 논문인 <복합재난 및 국가위기 극복을 위한 스마트 위기관리시스템 10대 수칙>의 핵심은 여기서 탄생했다. 김대중 대통령의 철학과 사상, 글로벌 민주주의의 정의를 종합해 천안함 사태, 세월호 참사, 메르스 사태를 비교하면서 내용을 체계화했다. 나아가 김대중 정부에서 경험한 IMF 외환위기와 북핵 위기에서부터 박근혜 정부하에서는 메르스 사태 등 각종 신종 감염병 및 복합재난 위기 등을 극복하는 과정에서 겪은 성과와 시행착오도 반영하였다.

특히 8년 동안 고양시장으로 재임하며 3천여 명의 공직자와 110만에 달하는 고양시민과 함께한 시정 운영 경험도 철저히 반영하였다. 당시 이 수칙은 다른 지자체의 벤치마킹 대상이 되기도 했다. 이낙연 국무총리는 전국 지자체장 화상회의에서 "고양시에서 시범 시행한 '고양 형(型) 스마트 위기관리시스템 10대 수칙'을 전국적으로 적용하라."라고 지시했다. 최근에는 '코로나19 바이러스와의 글로벌 전쟁을 이겨내기 위한 국가위기 극복 수칙'으로 활용되기도 했다.

스마트 국가위기관리 시스템 혁명은 코로나19 바이러스를 비롯한 신종 바이러스 뿐만 아니라 우크라이나 전쟁과 같은 다양한 국가적 위기에 대한 첨단화된 대응을 주된 목적으로 작동되고 있다. AI(인공지능)와 Big Data(빅 데이터), Cloud(클라우드) 시스템과 같은 4차 산업혁명의 성과를 토대로 포스트 코로나 시대에 대한 대응은 물론 총성없는 글로벌 경제전쟁의 시대를 이겨나가야 한다.

이런 노력은 국가적 위기 뿐만 아니라 도덕성을 상실한 채 충성심에 의존하는 봉건적 정당 구조의 혁명적 타파에도 적용되어야 한다. 각계각층의 전문 인력을 충원하고, 상생과 통합의 협치를 위해서 사이버 정당시스템의 과감한 도입을 비롯하여 '스마트 시스템에 기초한 혁신 공천'과 4차 산업혁명 시대에 대비한 민생개혁정책을 추진하는 방향으로 급전환되어야 할 것이다.

이제 코로나19 바이러스와의 전쟁은 소강 국면으로 접어들었고, 계절 독감과 같은 엔데믹의 관점에서 대응해야 할 것이다. 하지만 원숭이 두창 바이러스, 오미크론 등 신종 및 변형 감염병이 계속해서 우리의 건강과 행복을 위협할 우려가 있다.

최근에는 튀르키예 강진이 발생해 많은 사상자를 냈으며, 금세기 최악의 지진 중 하나로 거론되고 있다. 이러한 상황도 복합재난에 대한 통합적 국가위기관리시스템에 의해 예방하고, 골든 타임을 놓치지 않도록 적기에 대응해야 한다. 정부와 지자체, 시민들이 위기관리시스템을 종합적으로 재점검하고 더욱 첨단화된 형태로 개선해야 가능한 일이다. 그 핵심이 바로 '스마트 위기관리시스템 혁명'이다.

'최성의 스마트 위기관리시스템 혁명의 10대 수칙'은 다음과 같다.

<최성의 스마트 위기관리시스템 혁명 10대 수칙>

1. 골든 타임을 놓치지 마라.
2. 빅데이터를 적극적으로 활용하라.
3. 통합적 위기관리가 필수다.
4. 돌발 위기에 대비하라.
5. 현장 전문가가 중요하다.
6. SNS를 적극적으로 활용하라.
7. 원칙을 지키되, 유연하게 대응하라.
8. 분권화된 의사결정을 하라.
9. 위기관리의 피드백이 중요하다.
10. 스마트 시스템을 업그레이드하라.

적기에 통합적 위기관리를 하며, 돌발 상황에 대비하고 현장 전문가의 의견을 경청하고 국민과 소통하는 것, 그리고 원칙을 지키되 실사구시적으로 유연하게 대처하는 것은 김대중 대통령의 위기관리 핵심 수칙이었다. 그리고 '분권화된 의사결정', '위기관리의 피드백 시스템', '첨단 시스템의 업그레이드'는 정치 인생을 통해 온몸으로 터득한 지혜였다.

이러한 과정을 거쳐 내가 발견한 <김대중의 혁신 리더십>의 10가지 특징은 다음과 같은 것이었다.

<김대중의 혁신 리더십의 10가지 특징>

1. 골든타임을 놓치지 않는 결단의 리더십
2. 첨단화된 정보를 중시하는 빅데이터 리더십
3. 복합위기를 효과적으로 관리하는 통합적 위기관리 리더십
4. 문제해결을 위한 창조적 리더십
5. 현장 전문가를 중시하는 전문가 리더십
6. 시민적 참여를 중시하는 소통의 리더십
7. 확고한 원칙에 기초한 유연한 리더십
8. 각계각층의 전문성에 기초한 분권화된 리더십
9. 국제화와 지방화를 포괄하는 글로컬 거버넌스 리더십
10. 위기관리 시스템을 중시하는 시스템 리더십

자신이 어떤 위치에 있든, 위기를 기회로 만드는 <김대중의 혁신 리더십>은 현실 속에 적용하기 안성맞춤인 '스마트 시스템 리더십'의 모범적 형태를 보여준다.

김대중 대통령에게서 얻은 배움은 정계 은퇴 이후 아태평화재단 창립 시기부터 시작한다. 그리고 해방 이후 최초의 여야 정권교체 노력부터 대통령 당선, IMF 위기 극복과 남북정상회담 성사, 민주 정권 재창출에 이어졌다. 그리고 개인적으로는 17대 국회의원이자 재선 고양시장을 거쳐 정치적 좌절을 경험하고 오늘에 이르기까지 무려 30여 년 동안 표현할 수 없을 정도로 큰 가르침이 되었다. 핵심은 그 어떤 절망과 좌절도 내가 중심을 잡고 주도적으로 대응하면 반드시 희망과 성공으로 연결될 수 있다는 멘토 김대중의 가르침이었다. 돈으로 환산할 수 없는 내 삶에

있어서 "행복과 성공의 시크릿 노트"가 되었다.

김대중 대통령의 말과 행동, 실천을 위한 시스템의 작동 구조, 성공과 실패를 거듭하며 새로운 배움을 찾는 모습은 내게 모범이 되었다. 그리고 이를 바탕으로 전반적인 위기관리시스템을 업그레이드하는 전 과정이 내게는 엄청난 배움이 되었다. 30년에 걸친 김대중 대통령과의 운명적 만남과 동행에서 당신의 시크릿 노트를 나의 머리와 심장에 각인시켰고, 내 시크릿 노트에 몇 번이나 새로 메모했다. 그렇게 《김대중 잠언집: 배움》과 <분노하라! 그리고 선택하라!>가 탄생했다.

김대중 정신을 잃어버린 2022년 대선

지난 대선 경선 때도 모든 후보는 김대중 정신의 계승을 내세웠다. 민주당 경선이 특히 심했다. 하지만 '김대중 정신'은 정치적 구호에 불과했다. 그 정수라 할 수 있는 '국민을 최우선으로 하는 시대정신의 구현'과 '행동하는 양심'은 어디에도 없었다. 4차 산업혁명의 시대를 주도해 나갈 신(新)성장동력 산업의 육성을 포함하여 협치와 통합에 기초한 상생의 정치를 통해 글로벌 경제전쟁의 시대를 이겨나갈 수 있는 국가 발전전략은 찾아보기 어려웠다.

단군 이래 최대의 부패 스캔들로 평가되는 이른바 '대장동 게이트'도 본질과는 무관한 방향으로 흘러갔다. '대장동 게이트'의 핵심 의문은 누가 주범이며, 누가 공범인지에 있었다. 하지만 논란은 전혀 엉뚱한 방향으로 흘러갔고, 지금도 일각에서는 본질을 외면한 채 책임을 전가하는 데에만 급급하다.

언론의 보도와 검경 수사, 그리고 국민의 분노에도 불구하고 민주당 내에서는 문제 제기를 최소화했다. 사안이 사안인 만큼 '내부 총질'이라는 프레임에 갇힐 우려가 있었기 때문이다. 나는 당시 이낙연 후보 대선 캠프의 총괄부본부장으로서 TV 토론팀에 참여했는데, 과할 정도로 신중한 이 후보의 태도가 인상적이었다. 지지층은 문제를 제기하라고 강력하게 요청했지만, 이 후보는 가장 핵심 사안에 대한 원론적인 입장을 요구하는 정도로만 질문했다.

더욱이 2021년 9월 28일에는 이재명 후보 측에서 대장동 게이트와 관련하여 고발한 3건의 공직선거법 위반 명예훼손 사건이 서울중앙지검 공공수사2부에 배당되었다. 그리고 다음 날 검찰이 회천대유자산관리와 주요 사건 관계자들의 사무실·자택 등을 압수수색했다. 이 과정에서 유동규 전 본부장이 창밖으로 전화기를 던지는 증거인멸의 시도가 있었다.

따라서 이낙연 후보가 지극히 상식적인 수준의 문제제기를 하기 이전부터 여·야 정치권과 검찰과 경찰은 '대장동 게이트의 몸통과 꼬리'에 대한 의혹이 이미 확산된 시점이었다.

하지만 상대 후보는 오히려 역공을 취했다. 이해할 수 없었다. 계속되는 의혹 관련 질문에는 답변하지 않았고, 지난 대선 경선 때와 같은 '국민의힘과 같은 논리', '근거 없는 내부 총질'과 같은 프레임 씌우기 행태가 반복되었다. 경선 때는 물론, 대선에서 민주당이 패한 뒤에도 이낙연 후보에게 '대선 패배의 책임을 덧씌우는 비겁한 책임 전가' 행위가 전방위적으로 자행되었다. 말 그대로 '악마화' 과정이었다.

경선 과정도 대통령 후보를 뽑는 과정이라고 하기에는 너무도 불공정했다. 코로나19 시국이라는 핑계로 국민과 당원의 경선 투표 참여가 원천적으로 제한되었다. 게다가 후보자 사퇴 시 사표 처리방식 등에 대해 이승만 정권 시절에나 가능할 법한 사사오입(40%대 득표율을 50%대로 만들어주는 기형적 방식)식의 당헌 당규 해석이 이루어졌다. 이뿐만이 아니다. 당 대표의 심각한 사법 리스크 문제를 사전에 차단하기 위해 '정치보복의 여지가 있는 기소의 경우는 당직 배제 원칙에서 예외로 한다'는 편법적 방식으로 당헌당규가 개정되었다. 윤석열 대통령의 탄핵을 전제로 현 당대표의 출마 가능성을 열어두기 위해 "현직 대통령이 중도에 궐위되었을 경우 치루어지는 대통령 선거의 경우는 당 대표가 1년 전 사퇴하는 것을 예외로 하는" 당헌 개정안 역시 새롭게 논의되는 코미디 같은 현실이다.

이에 2021년 9월 15일, 나는 <최성TV>에서 긴급 라이브를 통해 하루 종일 민주당 선거관리위원회와 지도부의 결정을 강력히 비판했다. 헌법정신 위배, 법치주의 부정, 당헌·당규 위반, 공정 경선과 당내 민주주의 위협 등 4가지의 문제점이 근거였다. 민주 정부의 정권 재창출을 위한 과정이라기보다는 '특정인의, 특정인을 위한 경선'이라는 비판을 받을 수밖에 없었다. 적어도 당내 민주주의와 공정한 경선 절차를 중요시했던 김대중 정신의 관점에서 보면 그랬다.

오히려 각종 사법 리스크와 의혹 속에 당선된 자당 후보를 지지하며 온갖 수모를 감수했던 이낙연 후보를 향한 따돌림과 정치공세가 더욱 심해졌다. 마치 대선 패배를 예상하고 낙선 책임을 전가하기 위한 사전 공세로 보일 정도였다. 부모가 자녀의 투표권에도 영향력을 미치지 못하는 요즘 같은 시대에 캠프 구성원이 다른 당 후보를 지지했다고 해서 이를 대선 패배의 주요 원인으로 지목하며 책임을 전가하는 작태도 버젓이 진행되었다. 그리고 지금도 예외는 아니다.

문제는 상대 후보는 물론 그 후보의 지지자를 향해서도 악의적인 매도 행위를 일삼는다는 것이다. 차마 글에 옮길 수 없을 정도로 패륜적인 단어를 동원해 비난하고, 극우 보수진영에서도 하지 않는 '친일파', '전두환 비호 수구세력', '권모술수의 대가' 심지어는 '성희롱 및 성추행범'과 같은 낙인을 찍는다. 대통령이 되기에 부족함이 많은 청렴과 도덕성을 반성하기는커녕 지방선거와 총선에서 다시 지지해달라고 호소할 뿐이었다. 대패할 것은 불 보듯 뻔했다.

김대중 정신은 어디서도 찾아볼 수 없었다. 지도층의 도덕성을 강조하며 수신제가, 가화만사성을 정치의 기본으로 생각한 DJ의 철학은 실종되었다. 대선 패배, 지방선거와 총선 참패 등 국민의 심판이 이어지는 상황에서도 책임을 지는 모습을 보이기는커녕 최고 책임자는 무한책임을 느낀다며 더욱 중요한 직책을 맡았다. 심지어 이를 위해 관련 당헌·당규까지 개정했다. 그런데도 일각에서는 '김대중 대통령에 버금가는 혹은 훨씬 더 대단한 지도자'라고 극찬하는 코미디 같은 현실이 벌어지고 있다. 김대중 대통령이 진노할만한 일이다.

온갖 사법적 의혹을 받으며 국민적 심판을 눈앞에 둔 당 대표를 비판하면 내부 총질, 적을 이롭게 하는 이적행위로 간주한다. 그런 이들에게 노골적으로 공천학살을 예고하는 '차기 총선 공천배제 명단'도 어렵지 않게 찾아볼 수 있다. 이것이 1956년 김대중이 입당하고 새롭게 창당한 민주당의 참혹한 현실이다.

너무도 불공정한 대선 경선 이후 민주당 당원은 물론 국민의힘 지지자들조차 자당 후보의 도덕성에 대해서 심각한 회의를 했다. 국민들 대다수 역시 '최악의 대선후보 중에서 누구를 선택할 것인가?'를 두고 심각한 고민에 빠졌다. 나 역시 예외가 아니었다. 이런 고민을 중장기적으로 해결하기 위해 나는 <최성TV>의 구독자와 평소 나의 정치적 소신을 지지하는 분들을 중심으로 <좋은 대통령과 유능한 정부를 위한 글로벌 시민모임>과 <한반도평화경제연구원의 국제적 네트워크>를 새롭게 조직하고 강화해 나갔다. 당장은 아니더라도 가까운 장래에 반드시 이루어야 할 우리들의 공통된 목표이기 때문이다.

이런 나의 결심은 17대 국회에 초선의원으로 당선했을 때도, 비록 초선의원이었지만 <국회개혁 초선연대>와 <국회 남북교류협력 의원모임>의 대표로서 혁신적인 역할을 주도했던 경험에서 출발하였다. 항상 김대중 대통령으로부터 배운 시대정신과 소명을 잊지 않고, 당장의 정치적 이해득실에 급급하지 않고 중장기적인 개혁정책을 일관되게 추진하고자 하는 내 나름의 정치철학 때문이었다.

지난 두 번의 민주당 대선 경선을 지금 회고하는 것은 통렬한 자기반성의 필요성 때문이다. '누가 김대중 정신을 계승했는가?'라는 질문보다는 '김대중 정신이 얼마나 훼손되었으며, 왜 잇따른 선거 패배로 이어질 수밖에 없었는가?'를 생각해야 한다. 선거 승리라는 정략적 목표를 달성하기 위함이 아니다. 김대중 대통령이 죽을 고비를 넘기면서 목숨보다 소중히 여긴 '민주주의', '인권', '사회정의', '한반도 평화'의 가치를 위한 '행동하는 양심'의 실천을 위한 절박한 물음이다.

김대중은 민주당을 매우 중요시했다. 그러면서도 민주당 지도부가 민심과 당심을 외면하고 청렴성과 도덕성을 상실한 채 계파 간 나눠 먹기에 혈안이 되면 단호히 새 정치를 표방하며 신당 창당이라는 기치를 들었다. '새정치국민회의'를 창당해 해방 이후 최초의 역사적 정권교체를 성공시킨 것이 대표적인 예다. 이 과정에 내가 주도적으로 참여해 핵심 역할을 할 수 있었다는 것이 지금도 자랑스럽다.

윤석열 정부와 이재명의 민주당 간에 벌어지는 사법 리스크 논란을 보면 점입가경이라는 단어밖에 떠오르지 않는다. 민주당은 윤 대통령의 부인을 향한 특검 요구, 장모 봐주기 수사 의혹 제기 그리고 행안부 장관의 탄핵 의결 등에 모든 당력을 집중하고 있다. 윤 대통령 탄핵과 사퇴를 요구하는 촛불 시위도 매주 열리고 있다.

지난 대선 당시 윤석열 후보 부인의 도이치모터스 주가조작 사건, 장모 관련 각종 혐의, 대장동 게이트에 연루된 여당 측 인사의 50억 클럽 의혹이 불거진 바 있다. 특히 대장동 게이트로 인해 무려 50억의 인센티브를 제공받은 곽상도 전 의원의 경우는 "아들이 경제적으로 독립하고 있어 경제적 공동체로 볼 수 없기 때문에 뇌물죄로 볼 수 없다"는 기상천외한 무죄논리로 무혐의 처리되었다. 함께 무혐의 처리된 김만배씨의 재구속으로 인해 향후 추이를 지켜보아야 하나, 대한민국의 법치주의는 최악의 상태로 전락하고 있는 실정이다.

윤석열 정부는 검찰총장 출신의 대통령이 운영하는 '사상 초유의 검찰공화국'이라는 오명을 피하기 위해서라도 이에 대한 공정한 수사를 펼쳐야 할 것이다.

윤석열 정부는 이재명 대표의 10여 가지 사법 리스크 의혹에 고강도 조사를 이어가고 있다. 대선 경선 때부터 각종 심각한 문제들은 전방위적으로 제기되어 왔다. '대장동 게이트 의혹'부터 '성남 FC 후원금 의혹', '변호사비 대납 의혹', '김성태 전 쌍방울 회장의 대북송금 사건' 등이다.

박지원 전 비서실장과 판이한 내 생각은 이재명 대표의 사법 리스크를 바라보는 시각의 차이와 직결된다. 반독재 투쟁을 하며 수차례 죽을 고비를 넘긴 김대중 대통령과 지금 수사받는 이재명 대표는 질적으로 다르다는 것이 내 생각이다.

특히 가장 위험해 보이는 의혹은 쌍방울의 대북송금 문제다. 이 사안은 김대중 정부 당시 행한 대북송금 논란과는 질적으로 크게 다르다. 강도 높은 대북제재 상황에서 사기업의 불법 대북현금 지원 문제는 물론, 문재인 정부의 통일부와 국정원에 사전 및 사후 보고가 이루어졌는지도 심각한 쟁점이다.

윤석열 정부와 국민의힘 지도부가 이미 쌍방울의 대북송금을 두고 정치공세를 강화하고 있기 때문이다. 이들은 이 사건을 '대선을 앞두고 천문학적인 현금을 지원해 북한의 특정 대선후보 지지를 얻어내기 위한 신북풍 공작의 일환'으로 보고 있다.

김성태 쌍방울 전 회장의 검찰 진술은 문제를 더욱 키우는 측면이 있다. 당시 이재명 경기도지사의 방북을 위해 3백만 달러를 북측에 제공했으며, 대북 메신저로 이화영 당시 경기도 평화부지사를 내세워 북측 핵심관계자와 다양한 경로로 합의했다는 진술이 나온 것이다. 한 언론사가 입수한 쌍방울 그룹과 북측의 경제합의서에 따르면 '최소 300조 원의 가치로 추정되는 북한의 광물채굴권을 보장받는 대신 1억 달러를 지급하기로 합의'했다는 것이다. 이 합의서의 성격에 대해 검찰과 이화영 전 평화부지사 측은 정반대로 해석 중이다. 이 합의가 유력 대선주자였던 이재명 경기도지사의 후광 때문에 가능했고 '800만 달러+α'는 그 대가로 쌍방울그룹이 경기도 차원의 스마트팜 사업비와 이 지사의 방북 비용을 대납했다는 것이라고 보고 있다.

반면 이화영 전 부지사 측은 "이 계약이 쌍방울그룹이 독자적으로 대북사업을 전개해왔다는 증거이고 '800만 달러+α'는 사업권 획득을 위한 계약금"이라고 주장한다. 이재명 더불어민주당 대표가 이 사건과 관련해 기소되면 필연적으로 반복될 수밖에 없는 쟁점이다. 사법부의 최종 판결을 기다려야 하겠지만, 만약 이 사건이 이재명 지사 및 경기도와 사전에 협의가 이뤄진 것이라면 민주당 전체의 사법적 위기로 비화할 위험이 있다.

김영삼 정권 말기 한나라당은 북한에 판문점에서 총격을 요청한 사실이 드러났다. 언론은 이 사건을 '북풍' 혹은 '총풍(銃風)'이라 불렀다. 총풍은 공산당과 내통하여 정권을 잡으려는 용서할 수 없는 범죄라고 김대중은 생각했다. 우리 국민이 공산당에 맞서 전쟁까지 치르며 지킨 나라인데 더 이상 공산당과 싸울 명분까지 앗아가 버리는 천인공노할 일이라 생각한 것이다. 이런 김대중 총재의 강도 높은 비판을 생각할 때, 혹여라도 최근 논란이 되는 특정 기업의 대북송금 사건이 '신북풍'과 같은 사태로 진전되는 일은 결코 없어야 할 것이다. 민주당의 고위인사가 깊숙이 관여했을 의혹이 제기되고 있기 때문이다.

왜 이런 문제가 생기는 것일까? 남북문제를 30년 넘게 연구한 처지에서 보면, 보수든 진보든 '북한'이라는 '아주 특별한 국가'에 대해서 철저하고도 객관적인 인식이 부족하기 때문이다. 때로는 당장 정치적 목적에 집착해서 '남북관계의 특수성'을 무시하고 '북한문제를 정치적으로 활용하고자 하는 욕심'이 앞서기 때문에 생기는 문제다. 과거에는 정통성을 상실했던 수구 정권이 선거 때마다 '북풍' 공작을 통해 자신들의 정치적 야욕을 달성하기 위해 무리수를 두었지만 말이다.

나아가 대법원에서 대장동, 백현동 개발 의혹과 관련해 이재명 대표의 공직선거법 위반 혐의를 유죄로 확정한다면 434억 원에 달하는 선거비용 보전금은 민주당이 부담해야 한다. 그러면 민주당은 국민의힘 내부 분열과 함께 정치권의 대대적인 지각변동을 일으키게 될 개연성이 높다.

이런 정부 여당과 야당의 총체적 위기, 사법 리스크가 계속 악화한다면 신당 창당을 향한 강력한 욕구가 분출될 것이다. 마치 김대중 대통령이 '민주당의 혁명적 혁신'을 위해 혼신의 힘을 기울이다가 이런 시도가 좌절되자, 새정치국민회의를 창당했던 것처럼 말이다.

민주당 역사에서 김대중의 정신은 큰 교훈을 준다. 민주당이 특정 개인을 위한 정당이 되거나 시대정신과 민심을 저버리는 정당이 되어서는 안 된다는 것이다. 더불어 김대중 정신과 사상은 민주당이 민주개혁진영의 생명줄인 '도덕성'과 '청렴성'을 기본으로 환골탈태해야 함을 시사한다. '당내 민주주의와 민생우선의 개혁정책', '국민과 민심을 두려워하는 수권 정당의 비전'을 지니는 방향으로 나아가야 한다.

특히 연방제 수준의 자치분권 개헌, 책임총리제 강화를 통한 분권형 대통령제 강화, 심각한 저출산 고령화 문제의 해결, 지구 온난화에 따른 탄소 제로화 구현, 청년 실업의 근원적 해결, 지구상에서 가장 위험한 북핵문제의 일괄 타결, 우크라이나 전쟁으로 인한 한반도 주변 4국과의 실사구시 외교, 포스트 코로나 시대, 국민들의 새로운 요구에 부응할 수 있는 정치권의 혁명적 변화 등 대한민국의 향후 100년의 미래를 좌우할 핵심적 현안에 대한 책임 있는 정책 대안을 제시하지 않으면 안 된다.

김대중은 민주당 총재 시절 정치생명을 걸고 각고의 노력을 기울였다. 그런데도 도저히 가망이 없다고 판단되면 가차 없이 신당 창당이라는 결단을 내렸다. 1987년 대선 당시의 평화민주당, 1997년 대선 승리의 주역인 새정치국민회의가 바로 그 결정체였다.

나는 <최성TV>를 통해 최대한 공정하고 객관적인 입장에서 시민들과 자유롭게 열린 소통을 이어가고 있다. 하지만 이미 보수와 진보, 윤석열 대통령과 이재명 대표로 갈린 진영논리는 균형 잡힌 시각을 허용하지 않는 상황으로 치닫고 있다.

분노하라! 그리고 선택하라!

김대중 서거 12주년을 앞둔 2021년 8월 14일, 이재명 민주당 대선 후보는 처음 하의도를 방문했다. 이 자리에서 이재명 후보는 "온 몸을 던져 대한민국의 민주주의를 회복하고 새로운 개혁의 길, 남북 평화의 길을 열어낸 위대한 여정을 존경한다."라며 "저도 그 길을 따라 멈춤 없이 가도록 하겠다."라고 말했다. 동행한 김홍걸 의원은 "자기가 한 말을 실천할 수 있는 이재명 지사와 같은 정치인이 한반도 평화를 이뤄나가는 데에 꼭 필요하다고 생각한다."라며 그에게 힘을 실어줬다.

이 후보는 목포행 배에서 "김 대통령은 민주개혁진영의 대들보이자 노무현, 문재인 대통령으로 이어지는 큰 물줄기의 원점 같은 분"이라고 평했다. 이어 "평화적 정권교체를 해냈고, 그 과정에서 정말 무수한 간난신고(艱難辛苦)가 있었음에도 국가와 국민을 향한 애정을 한 번도 버린 적이 없다."라고 덧붙였다. 또한, "이번 대선에서도 이분이 가진 상징성, 개혁성, 국민과 나라를 향한 열정이 가장 크게 영향을 미치리라 생각한다."라며 "제가 그 은혜를 조금 누리고 싶다."라고 솔직한 심정을 내비쳤다.

이에 대해 장성민 국민의힘 예비후보는 자신이 DJ의 적자라며 반발했다. 그는 이 후보에 대해 "DJ의 철학과 사상에 관한 이해 없이 정치적 유산만 탐닉하고 있다. DJ 팔이 정치장사를 그만하라."라고 목소리를 높였다. 장 예비후보는 이에 그치지 않고 "이 후보는 정치를 논해서는 안 된다. 도덕을 논할 자격도 없다. 가족과 형제애를 논할 자격이 없다. 끝으로 호남과 DJ를 논할 자격이 없다."라고 일갈하며 "DJ 철학 없는 빈곤한 행태로 더는 민주주의, DJ, 호남에 또 하나의 오점을 남기지 않기를 바란다."라고 덧붙였다.

사실 장 예비후보도 국회의원 시절 선거사무장이 선거법 위반으로 유죄 판결을 받아 당선무효가 된 전력이 있었다. 그리고 김대중 정신과는 무관한 윤석열 후보를 지지했다는 점 등을 미루어보면 그의 비판도 설득력은 없어 보인다.

한편 윤석열 대통령은 후보 시절이던 2022년 2월 23일 김대중 대통령 생가를 방문했다. 이 자리에서 "저와 국민의힘이 이재명의 더불어민주당보다 김대중 정신에 더 가깝다. 김 전 대통령의 국민통합 정신을 계승하겠다."라고 밝혔다. 윤 후보는 약 15분 동안 생가를 둘러본 뒤 기자들과 만나 "며칠 전 박정희, 김영삼 전 대통령 생가를 찾았다."라며 "김대중 정신은 자유민주주의와 시장경제에 기반한 국민통합 정신이다. 우리가 이 위대한 정신을 잘 계승해야 할 것"이라고 다짐했다.

윤 후보는 이에 앞서 박주선, 이정현 전 의원 등이 참석한 목포역 유세에서 "지난 5년 동안 민주당 정권의 외교, 안보, 경제, 정치를 보면 이게 김대중 대통령의 DNA가 담긴 당이 맞나."라며 민주당을 거듭 비판했다. 나아가 "대장동 부정부패 몸통을 대통령 후보로 세운 민주당은 김대중 대통령의 민주당이 아니다"라고 덧붙였다. 하지만 윤석열 대통령은 다른 정치인의 김대중 사상 계승 여부를 비판할 때가 아니다. 그보다 윤석열 후보의 국민통합 정신은 어디에 있고, 본인이 김대중 사상의 어떤 부분을 계승하고 있는지 반성과 성찰하는 것이 우선되어야 한다.

이와는 별개로, 수많은 정치인이 선거 때만 되면 'DJ 팔이 정치장사'에 나서고 있으며 앞으로도 더욱 심해질 것이라는 점이 심히 우려스럽다. 박지원 전 실장과의 논쟁 당시에도 하고 싶은 말이 많았지만, 개인적 논쟁은 큰 의미가 없다고 판단했다. 박 전 원장의 해명도 수용할 수 없었다. 백번 양보해 이 대표와 김 전 대통령을 비교한 것이 왜곡된 보도라고 인정한다 해도 마찬가지였다. '김대중 대통령이 살아 계신다면 이재명 대표를 중심으로 단결해서 윤석열 정부를 향해 싸워나가라고 주장하셨을 것'이라는 일관된 주장을 받아들일 수 없었다.

'이재명의 민주당'은 여기에 그치지 않는다. 정청래 최고위원은 자신의 페이스북에 김대중 대통령이 80년 5월 신군부에 의해서 내란 조작 음모 사건으로 사형선고를 받을 당시의 사진을 싣고 "김대중 대통령이 죄가 있어서 사형선고 받았습니까?"라는 물음을 던졌다. 이와 함께 이재명 당 대표에 대한 구속영장 청구과 국회 체포동의안 역시 "박정희 전두환 정권의 김대중 죽이기"에 비유하는 글을 다음과 같이 올렸다.

"김대중 대통령이 죄가 있어서 사형선고를 받았나? 김대중 대통령이 무슨 큰 잘못이 있어서 동경에 납치되어 수장될 뻔했는가? 박정희 전두환의 김대중 죽이기도 실패했듯이 '이재명 죽이기 작전'도 실패할 것이다. 김대중을 죽이려 했던 독재자 박정희, 전두환의 비참한 최후를 똑똑히 기억하기 바란다. 오히려 김대중이 역사의 승자가 되었다.

이재명 구속영장 청구, 국회 체포동의안은 일고의 가치도 없다. 윤석열 검사독재 정권이 아무리 발악을 해도 이재명은 죽지 않는다. 윤석열 대 이재명의 싸움에서 승자는 이재명이 될 것이다."

'이재명의 민주당'에 있는 '수석 최고위원의 김대중과 이재명에 대한 비교평가'이다. 유시민 작가 역시 "상대는 짱돌·잭나이프 동원하는데 우리는 양복 입고 품격 지키자고"라면서 "이재명 대표의 수모를 견디는 힘은 뛰어나다. 수모를 견디는 능력이 없이 진보 정치의 지도자가 된 사람은 없었다"라는 조언을 아끼지 않았다. 그 역시 김대중~노무현~문재인으로 이어지는 민주당 출신의 대통령을 언급하면서 "불체포특권을 포기하지 말고, 재판정을 드나드는 것을 부끄러워하지 말고, 당 대표와 국회의원의 권한을 충분히 행사하면서, 윤석열 대통령이 가하는 '조리돌림'을 인간적, 정치적, 법률적으로 견뎌내기 바란다. 정치인 이재명은 생존이 곧 승리인 싸움을 하고 있다"라고 까지 했다. 참 놀랍고 충격적인 발언이다.

아무리 선의로 해석하고 이해하려도 도저히 납득할 수없는 비약이요 억측이다. 어떻게 5번 죽을 고비를 넘기며 사형선고를 받은 '김대중'과 성남

시장과 경기도지사 시절에 저질렀던 10가지의 범죄 의혹 등 사법 리스크로 국회에 구속영장 청구 및 체포동의안 청구를 받은 '이재명'을 이런 식으로 비교할 수 있단 말인가?

김대중은 자신의 자서전에 "신념이 흔들리는 지도자 주변에는 간신배가 들끓게 마련이다. 그것은 뜨거운 권력을 향해 생명을 걸고 달라붙는 나방들의 어지러운 곡예일 뿐이었다. 나라는 이렇듯 어지러웠다."라고 회고하고 있다. 어쩌면 오늘의 정치 현실을 예상하고 던진 충고가 아닐듯싶다.

김대중 대통령은 생전에 자신의 측근을 상대로 많은 문제가 제기되자, "물은 사람이 먹으면 약이 되지만, 독사가 먹으면 독이 된다"라는 함축적인 말로 대신 답변한 적이 었다. 사람은 쓰기에 따라 다르다는 것이 핵심 요지였다. 누가, 어떤 지도자가, 어떤 시스템 속에서 어떻게 활용하느냐에 따라 그 개인과 조직은 물이 될 수도 독이 될 수도 있다는 그분 특유의 대인관계 처세술이었다. 쉽게 이해하기 힘든 거인의 용인술이었지만, 이제는 어느정도 이해할 듯 싶다.

사상 최초의 야당 대표 체포동의안 요청서

2023년 2월 16일 서울중앙지방검찰청은 피의자 이재명의 이름으로 특정경제범죄가중처벌등에관한 법률위반(배임) 등의 혐의로 서울중앙지방법원에 사전 구속영장을 청구하고 뒤이어 국회에 체포동의안 의결을 요청하기에 이른다.

서울중앙지검은 구속을 필요로 하는 사유와 관련해서 "헌법과 법률에 따라 위임된 지방자치권을 사유화한 고질적인 지역토착비리이자 시정농단 사건"이라고 규정하였다. 이 대표의 배임 액수를 4895억원으로 특정한 검찰은 "범행이 중대하고 증거인멸 우려가 있다"며 구속 필요성도 주장했다. 그리고 법정형 및 양형 기준에 따른 범죄의 중대성을 구체적으로 언급하면서 "피의자가 저지른 본건 각 범행은 법정형과 양형기준만 고려하더라도 징역 11년 이상의 징역형이 선고되어야 하는 중대범죄에 해당한다"고 구체적으로 적시하고 있다.

이재명 당 대표에 대한 구속영장 청구서에 담긴 혐의는 크게 다섯 가지다.

첫째, 위례신도시 개발 사업 관련해서 (구)부패방지법 위반 혐의이다. 위례신도시 사업 공모 전 직무상 비밀을 민간사업자에게 제공해 211억원의 부당이득을 얻게 한 혐의다.

둘째, 대장동 개발 사업에서 알게 된 직무상 비밀을 이용해 민간업자를 시행자로 선정되도록 해 7886억원의 이익을 취득하도록 한 이해충돌방지법 위반 혐의다.

셋째, 성남도시개발공사에 적정 배당이익 6725억원이 아닌 확정이익 1830억원만 배당받도록 해 4895억원의 손해를 가한 배임 혐의다.

넷째, 기업들로부터 인허가 관련 부정한 청탁을 받고 성남FC에 133억 5000만원의 뇌물을 공여하거나 공여하도록 요구한 뇌물 협의다.

다섯째, 네이버 등으로부터 받은 뇌물을 기부단체를 통해 받은 것처럼 꾸민 범죄수익은닉규제법 위반혐의다.

서울중앙지검은 사전 구속영장을 청구하면서 "위와 같은 혐의에 대해 녹음 파일, 성남시 등의 각종 지시·보고문건, 이메일 등 객관적 증거들과 그에 부합하는 사건관계인들의 일관되고 일치된 각 진술 등에 의할 때, 피의자에게는 본건 범죄를 범하였다고 의심할만한 충분한 이유가 있다"고 결론지었다.

이에 대해 이재명 대표는 국회 앞에서 개최된 독재검찰정권 성토대회 등을 통해 "민생에 무심한 정권이 정치검찰을 총동원해 정적 죽이기, 전 정권 지우기 칼춤을 추고" 있다면서 "유권무죄(有權無罪) 무권유죄(無權 有罪)의 검사독재정권에 의연하게 맞서겠다"고 강력히 비난하였다.

보다 구체적으로는 "성남FC 사건은 아직까지 뚜렷한 증거 하나 제시 하지 못하고 있고, 검찰에 조종되는 궁박한 이들의 바뀐 진술 외에 그럴 싸한 대장동 배임증거는 나오지 않고 있다"면서 모든 혐의를 전면 부정 한 바 있다. 2023년 1월 10일과 1월 28일 두 차례에 걸친 검찰 조사에서 도 별도의 검찰진술서를 제출하였을 뿐, 구체적인 혐의에 대해서는 사실 상의 묵비권을 행사한 것으로 보도되었다.

이재명 당 대표에 대한 이상의 5가지 혐의는 <위례신도시 개발 사업> 과 <대장동 개발 사업> 그리고 <성남FC 후원금 의혹 사건> 등 3가지 사 건에 대한 범죄 의혹일뿐이다.

아직도 진행중인 사건만 해도 <쌍방울 그룹 횡령 및 대북송금 사건> <변호사비 대납사건> <백현동 개발 특혜 의혹> <경기주택도시공사 합

숙소 선거캠프 의혹> <지역화폐 운용사 '코나아이' 특혜 사건> <배우자 김혜경씨 법인카드 유용 의혹> 등 여러가지 범죄 혐의가 아직 남아있는 상태이다.

이상과 같은 이재명 대표의 사법 리스크는 앞서 살펴본 것처럼 박지원 전 비서실장과 정청래 최고위원이 강도 높게 주장한 것처럼 '김대중 대통령이 역대 군사정권에 의해서 사형선고까지 받은 정치탄압에 버금가는, 아니 훨씬 더 대단한 정치보복 사건'으로 규정되고 있는 실정이다. 이에 그치지 않고 민주당을 포함한 진보진영의 반(反)검찰 독재투쟁으로까지 이어져 윤석열 정권의 탄핵 및 사퇴주장과 김건희 여사 특검 등과 맞물려 한치 앞을 내다 볼 수 없는 총성없는 전쟁으로 치닫고 있다.

따라서 김대중 대통령 탄생 100주년을 앞에 두고 전개되는 작금의 현실은 현재 구속영장이 청구된 이재명 대표의 범죄혐의에 대해서 그리고 앞으로 지속될 각종 사법리스크의 위법성 여부에 대한 법치주의적 시각에서 공정하게 접근하여야 할 것이다. 그렇지 않을 경우 만약 이재명 대표의 각종 범죄의혹이 김대중 대통령을 향한 역대 독재정권의 불법적인 정치탄압과 달리 명백한 범죄혐의가 구체적으로 드러나고 대법원에 의해 최종 확정판결이 날 경우 민주당의 미래와 운명은 그날로 조종(弔鐘)을 울려야 하는 심각한 상황이기 때문이다.

동시에 이재명 대표의 사법 리스크에 대해서 "하늘을 우러러 한 점 부끄럼이 없다"는 이재명 대표의 발언만을 절대적으로 신임하면서, 민주당의 혁명적 혁신과 당내 민주주의 실현 그리고 청렴성과 도덕성을 토대로 한 새로운 지도부의 구성 요구에 대해 "이적(利敵) 행위"로 비난하는 특권적인 기득세력에 대한 국민적 심판도 반드시 이루어져야 할 것이다.

이재명 대표에 대한 국회 체포동의안이 부결된 이후 민주당을 중심으로 한 국민적 여론은 크게 악화하고 있다. 친이재명적 행보를 보여 온 민주당의 원로들과 현역 국회의원들은 "불체포특권을 포기하고 영장실질심사를 받으라", "조건없는 조기 사퇴만이 답이다"라는 강력한 입장을 피력하고 있다. 심지어 최근에는 전직 비서실장의 극단적 선택이 발생하자 "한국 정치에서 본 적이 없는 죽음의 정치를 당장 중단하고 사법절차에 순순히 따르라"는 비난이 쏟아지고 있다. 이재명 대표와 직간접적으로 연관된 인사의 자살 또는 사망사건이 이번까지 5명에 이르고 있기 때문이다. 반면 이재명 대표를 지지하는 세력들은 직·간접적으로 "당대표직 사수"와 "필요시 옥중 공천 불사"와 같은 초강경 입장을 피력하고 있다.

부정부패 혐의로 기소된 당직자 직무를 정지하는 내용의 '당헌 80조'를 삭제하는 방안을 검토하는 것으로 알려진 민주당의 정치혁신위원회는 이재명 대표의 국회 체포동의안 표결에 대한 일부의 우려를 의식하여 '공천제도가 마무리된 이후 검토를 시작할 것'이라고 밝혔다. '정치적 보복일 경우 당무위의 의결을 거친다'는 수정 당헌이 이미 통과되었기 때문에 별로 실익이 없을 것이라는 자체 판단 때문으로 보인다.

하지만 민주당의 청년위원장 출신으로 민주당의 최고위원이자 정치혁신위원장을 맡고 있는 사람이 이재명 대표의 최측근으로 분류된 인사고, 더욱이 '민주당의 혁신'과는 정면으로 배치되는 '민주당의 퇴행'과 연결되는 반민주적 조치의 이행에 앞장서는 모습을 보면서 참으로 착잡하다. 내가 17대 국회의원 시절 대학 총학생회장 출신으로 나의 의정활동을 열심히 도왔던 후배 청년정치인이기 때문에 더욱 그렇다.

여기서 관건은 민심이다. 계속되는 국회 체포동의안의 요구와 그에 따른 사법 리스크의 가시화 속에서 언제까지 민심을 외면한 채 "이재명의 민주당"으로 버틸 수 있는가 하는 점이다. 헌정사상 최초의 "제1야당 대표에 대한 잇따른 검찰과 사법부의 법적 심판 과정"이 민주주의와 사회정의를 가장 중요한 가치로 내세웠던 민주당의 운명에 어떤 영향을 미칠 것인지 주목된다.

"지금 DJ라면" 분노했을 홍위병의 범죄적 행동들

이재명 대표에 대한 국회 체포동의안이 근소한 차이로 부결된 이후에도 이런 시도는 그치지 않고 있다. 문재인 전 대통령을 비롯하여 이낙연 전 대표와 당내 비판적 목소리를 내는 국회의원 등에 대한 소위 "개딸"들의 영구제명 촉구 및 "여당과 내통한 국짐 첩자인 수박 7적을 처단하자", "조폭만도 못한 배신자들의 이적 행위를 한 살생부 명단"이라는 극단적인 악마화 시도는 민주주의의 근간을 흔드는 중대 범죄 행위가 아닐 수 없다. 심지어는 직접 전화를 걸어 "결혼하는 딸이나 자녀를 가만두지 않겠다"라는 노골적인 협박까지 서슴지 않고 있다.

더욱이 소위 당권파에 속하는 일부 정치인들이 '김대중 정신의 계승'을 공개적으로 운운하면서 "적과 내통한 배신자" 프레임을 씌워 "민주당을 떠나라"라는 공개적인 협박을 하는 작금의 실태는 참으로 분노스럽고 견디기 힘들다. 이성을 잃은 극한적인 투쟁과 이데올로기적인 집단 따돌림을 가하는 극성 펜덤 세력을 자제시키기보다는 "당 대표 사퇴 여부까지 당원 투표로 정하자"라는 주장에서부터 공천 평가 과정에 당무 기여

활동에 대한 권리 당원들의 평가를 최대한 반영하는 기형적인 편법이 적극적으로 검토되고 있다.

어떤 면에서는 지난 민주당 경선 과정에서 '헌법정신과 법치주의 그리고 당헌·당규에 위반된다'라는 사사오입 결정보다도 훨씬 더 중대한 위법행위에 들어간다고 할 수 있다.

문제의 심각성은 여기에 그치지 않는다. 일부 정치인들과 "개딸"들이 자신들과 정치적 견해를 달리하는 세력에 대해서 과거 일베 세력들이 5·18 민주화 운동으로 희생된 광주시민들을 향해 모욕적인 언사로 사용했던 "수박"과 같은 모멸스러운 표현을 사용하면서 패륜적 막말을 하는 처사는 도저히 묵과할 수 없다. 이들의 행위를 윤리적으로 심판해야 할 책임적 위치에 있는 인사들도 당대표의 최측근이 전면 배치되었다는 언론보도까지 나오고 있다. "국회 체포동의안에 찬성한 반란표 38명은 민주당 이름으로 총선은 못 나온다. 당을 떠나라"라는 최후통첩까지 공공연히 회자하고 있다.

이에 대해 일부 의원들은 '헌법과 국회법이 보장한 비밀투표의 원칙과 정면으로 배치되는 강성 지지층의 소위 수박 색출 행태'에 대해 "나치 시대에 기독교 신자를 색출하려 십자가 밟기를 강요한 것과 같은 것으로 민주정당에서는 있을 수 없고, 헌법에 보장한 양심의 자유와도 정면으로 배치된다"라며 강력히 반발하고 있다.

80년 5월 신군부의 개머리판에 의해 머리가 깨져 피를 흘리는 무고한 시민들의 희생적 모습을 "수박"에 비유하면서 홍위병과 같은 이데올로기적 공세를 하는 것은 명백한 명예훼손이요, 범죄행위가 아닐 수 없다. 아무리 이해심 있게 평가한다고 하더라도, 민주당 출신의 전직 대통령과 전직 당 대표에 대해서 "적과 내통한 이적 세력으로 영구 제명해야 한다"라는 주장을 당원 게시판과 공개적인 소셜 네트워크상에 지속해서 주장하는 행위를 허용할 수 있단 말인가? 당 대표와 지도부 그리고 윤리위원회는 누구를 위해 존재한단 말인가?

이 모든 일이 "지금 DJ라면 천인공노할 범죄라며 분노할 사안들"이다. 차제에 김대중 정신을 계승하는 민주당의 정체성을 사수하기 위해서라도 뜻을 같이하는 양심 세력들과 사법적 대응을 불사할 것이다.

이처럼 '민주당의 총체적 위기와 그에 대한 이재명 대표의 책임 있는 대응'에 대해 나는 깊은 고민을 하다가 <이재명 대표에게 보내는 공개서한>을 통해 '민주당이 보이는 반민주적인 행태에 대한 지적과 함께 즉각적인 사퇴'를 촉구하였다.

이재명 대표는 나의 유튜브를 보았는지, 당 대표직 사퇴에 대한 언급은 전혀 없이 "문재인 대통령과 이낙연 전 총리를 향한 개딸들의 공격을 중단해달라. 그 부담이 나에게 온다"라고 호소했지만, 소용이 없었다. 오히려 동료 의원은 "개딸들의 정치적 공세는 자유로운 의사 표현"이라며 반대 의사를 피력했고, 개딸들은 일부 의원들 사무실 앞에서 전광판 트럭을 가지고 가서 공세 시위를 높여갔다. 지금도 이낙연 전 총리를 비롯하여 이재명 당 대표의 정치적 반대 세력을 향한 근거 없는 악마화는 유튜브 여기저기서 더욱 심화되고 있다.

과거 김대중·노무현 전 대통령의 경우는 측근들이 비리 혐의 등으로 구속되어 갇힐 경우, 자신이 책임을 지겠다는 당당한 모습을 보인 것과는 너무도 다른 태도라는 비판 또한 일고 있다. 단순히 당대표직 사퇴만이 아니라 정계를 은퇴하라는 요구도 더욱 드세지고 있고 앞으로 확산할 가능성이 크다. 가장 심각한 것은 이재명 대표가 격주로 재판을 받으러 갈 때마다, 또 검찰이 추가적인 기소를 할 때마다 이재명 대표의 사법리스크와 당 대표적 사퇴에 대한 국민 여론은 최악으로 치달을 가능성도 크다. 최근의 시점만 보더라도 강성 당원의 여론과 민심은 크게 돌아서 "당 대표직을 사퇴하고 법원의 영장실질심사에 당당히 임하라"라는 여론이 훨씬 앞서기 때문이다.

김대중은 역사의 고비마다, 민주당의 위기때마다 당내의 일부 홍위병과 같은 친위세력에 따라 자신의 정치적 행보를 정하지 않았다. 시대정신과 민심과 역사를 바라보며, 정의로운 방향으로 행동하는 양심을 결행하였다. 그리하여 새롭게 창당한 정당이 새정치국민회의였고, 결국은 해방이후 최초의 여야간 정권교체를 실현한 것이다.

국민을 진심으로 두려워하라

내가 <최성TV>에서도 여러 차례 언급한 것처럼 김대중 대통령이 살아 돌아오신다면 우리를 준엄히 꾸짖을 것이다.

"국가와 국민이 최우선이고 개인보다 당이 우선이다. 지도자가 여러 범죄적 의혹을 받는다면 즉시 당 대표직을 사퇴하고 정정당당히 조사받고 무혐의를 받아 돌아오면 된다. 이재명 후보 스스로 국회의원의 불체포 특권의 폐지를 강력히 주장하지 않았는가? 뭘 두려워 하는가? 민주당은 절대 특정 개인의 정당이 되어서는 안 된다. 국민을 진심으로 두려워하라. 그렇지 않으면 국민은 그 정당을 버릴 것이다."

오랫동안 김대중 가문과 연결된 선후배로 잘 지내왔으며 발언이 언론에 의해 왜곡되었다고 박지원 전 원장이 직접 설명하셨기에 나는 공개 발언을 통해 이 논쟁을 잠시 중단했다.

"언제라도 김대중 대통령의 청와대 비서실장이었던 박지원 전 원장과 김대중 가문의 막내, 최성의 끝장토론을 희망한다."

소강상태기는 하지만, 언제든 터질 우려가 있는 화약고인 것은 분명하다. 그 상대가 박지원 전 비서실장이든 이재명 대표든, 혹은 윤석열 대통령이든 말이다. 그래서 나는 대외적으로 이렇게 천명했다.

"김대중 가문의 자랑스러운 막내로서, 김대중 사상의 계승을 위해 가짜 김대중 팔이 세력과 단호히 맞서 싸우겠다. 진정한 김대중 사상의 계승을 위해서는 초당적 협력을 아끼지 않겠지만, 정치적 기득권에 김대중 정신을 이용하는 세력과는 절연하겠다."

내가 이 책을 출간하는 가장 중요한 원인 중 하나이기도 하다. 이제 김대중 탄생 100주년을 전후해 윤석열 대통령과 이재명 당 대표, 그리고 여러 여야 정치인들에게 묻고 싶다. 비단 남에게 던지는 질문이 아니다. 오히려 나 자신에게 가하는 혹독한 반성의 물음이기도 하다.

"당신은 DJ의 핵심 정신과 철학이 뭐라고 생각하십니까? 당신은 DJ의 사상을 실천하기 위해 어떤 노력을 했습니까? 당신이 진정 DJ의 계승자입니까? 그리고 그것을 자랑스럽게 생각합니까?"

우리는 '명백한 위법적 범죄행위'와 '정치공작에 의한 정치보복'을 명확히 구분해야 한다. 이 둘의 차이는 특정인의 의혹에 위법성이나 부도덕성 측면에서 명확한 실체적 진실이 있는지, 혹은 근거 없이 상대를 죽이기 위한 공작에 불과한지에 있다. 물론, 사법부의 최종 판결이 나기 전까지는 무죄 추정의 원칙에 따라 신중한 자세를 보이는 것이 당연한 일이다.

하지만 지도자라면 책임정치를 구현하는 것이 바른 자세다. 국민적 여론과 당심, 시대정신에 따라 중대한 사법 리스크에 대한 진퇴를 분명히 해야 한다. 삼풍백화점이 붕괴되고, 성수대교가 무너지면 왜 해당 장관이 사퇴하겠는가? 전방에서 총기 사건이 발생하면 사단장이 책임을 지는 것도 같은 이치이다. 김대중이 주요 선거에서 패할 때마다 정계에서 은퇴하거나 당 총재직을 내려놓았던 것이 좋은 사례다. 책임정치가 사라지고 내로남불과 책임 전가 정치가 횡행하는 오늘의 정치 현실을 보면 '시대정신에 따른 책임정치 구현'을 외치던 DJ의 음성이 더욱 가슴에 사무친다.

민주당의 향후 진로와 관련해서는 17대 국회의원 시절 동료였던 김형주 전 의원이 TV토론에 나와 '과거 통진당 계열의 급진좌파 세력이 민주당을 점령하려고 할 것이기 때문에, 그 향배에 따라 민주당의 분당 여부가 결정될 것'이라는 취지의 진단을 하였다. 그렇지 않아도 언론을 비롯

시크릿 노트 : 절망에서 성공하는 비결

한 정통 민주당의 지지자들은 이미 오래전부터 "중도개혁 성향의 민주당과는 노선이나 정책에 있어서 상극적인 급진운동권 세력이 개딸들과 함께 586 운동권 카르텔을 형성했기 때문에 민주당의 혁신은 거의 불가능하다"는 입장을 제기한 적도 있어 김형주 전 의원의 발언은 예상보다 파장이 더욱 컸다.

설상가상으로 윤석열 정부가 강력히 추진하고, 김진표 국회의장을 비롯한 여·야 의원의 상당수가 '중대선거구제로의 선거구제 개편'과 함께 '분권형 대통령제 개헌'을 주장하고 있어 향후 정계 개편의 가능성은 상당히 크다고 할 수 있다. 여기에 국민의힘 전당대회가 윤석열 대통령의 과도한 개입 속에서 "친윤 지도부"가 구성되었기 때문에, 민주당의 소위 "개딸"세력이 당내 정치적 반대 세력에 대한 영구 제명 및 탈당을 요구하고 있어 '파격적인 정계 개편의 가능성'은 매우 높다고 할 것이다.

여기서 가장 중요한 점은 누가, 어떤 정치세력이, 언제 분당하고 창당하느냐 하는 것이 중요한 것이 아니다. 진정 중요한 것은 김대중 대통령이 중요한 역사적 국면마다 자신의 정치적 행보를 결정할 때 가장 중요시했던 시대정신과 역사적 소명일 것이다. 특히 해방 이후 민주주의와 사회정의 그리고 한반도 평화 정착을 중심으로 하여 중산층과 서민을 위한 중도개혁정당의 기치를 지속해서 강조해 왔던 민주당의 처지에서는 김대중 정신과 사상의 발전적 계승 여부가 가장 관건이 되는 것으로 중요할 것이다. 여기에 노무현·문재인 대통령의 깨어있는 시민의 위대한 힘이 결합하는 형태로 이루어져야 할 것이다.

유감스럽게도 김대중 대통령 탄생 100주년을 눈앞에 둔 대한민국의 현실은 윤석열 정부의 국정운영도, '이재명의 민주당'이 가고 있는 길도 김대중 대통령이 누누이 강조했던 '국민을 진정 두려워하면서, 국민보다 반보만 앞으로 가는 실사구시의 민주개혁 정당의 길'과는 정면으로 배치되고 있는 현실이다. 세계사에서 심각한 해악을 저질렀던 히틀러와 무솔리니 등에 의해 추진된 포퓰리즘은 물론이고 스탈린과 스페인의 프랑코 등 극단적인 좌·우파 독재 역시 극도로 경계해야 한다. 김대중 대통령의 경고처럼 "민주주의의 구축 과정은 지난한 과정을 거치지만, 그것이 무너지는 데는 순식간이기 때문"이다.

이제 우리가 가야 할 길은 김대중 대통령이 정계은퇴를 하고 새롭게 정치에 입문하면서 내걸었던 그 기치처럼 <다시, 새로운 길을 위하여> 우리가 가진 모든 열정과 지혜를 집중하여야 할 것이다. 최성의 <다시, 새로운 시작을 위한 프로젝트>도 김대중 대통령 탄생 100주년을 앞두고 거침없이 진전할 것이라 스스로 다짐해 본다. 뉴욕에서 농아인 교회를 섬기는 이철희 목사와 IT개발 전문가인 문대열 이사가 동행해 주기로 약속하였다.

김대중 대통령과 이희호 여사는 우리 곁을 떠났지만, 그 정신은 우리 삶 속에 오롯이 살아있다. 한국 민주주의는 아직 완성되지 않았고, 어쩌면 도로 퇴보하고 있다. 한반도 평화정착 역시 한 걸음도 진전하지 못하고 있다. 이런 상황에서 '행동하는 양심이 됩시다.', '행동하지 않는 양심은 악의 편입니다.'라던 김대중 대통령의 피맺힌 절규는 여전히 국민의 심장에 남아 있다.

특히 두 번의 공천학살을 경험하고 뒤이은 민주당 대선 경선과 본 선거를 치르면서 내 고민은 더욱 깊어졌다. 정치를 완전히 정리하고 싶다는 생각이 절실했다. 일국의 대통령이 가져야 할, 준비된 지도자의 자질과 비전은 차치하고, 정치인이 지녀야 할 최소한의 도덕성도 훼손된 상태였다. 여기서 국민은 '최악의 선택'을 강요받고 있었다. 누구보다도 김대중 정신을 외치고 '행동하는 양심'을 실천하기 위해 발버둥 쳤던 나였기에 민주당 경선과 본 선거에서 정치적 결단을 내리기는 매우 힘들었다.

그로 인해 하의도를 몇 번이나 방문하며 김대중 생가에서《김대중 잠언집: 배움》과《김대중의 3단계 통일론》등을 뜻하지 않게 발견했다. 그렇게 나의 새로운 시크릿 노트는 다시 차곡차곡 정리되었다.《김대중 잠언집: 배움》은 내가 쓴 '행복과 성공을 위한 1차 시크릿 노트'였다. 김대중 대통령을 오랫동안 지켜보며 당신의 정치철학과 삶의 가치, 미래 청년과 후손들을 위한 지혜를 담은 것이기 때문이다. 하지만 이번에는 전혀 다른 상황에서 김대중 대통령을 만났다. 견디기 힘든 고통과 좌절, 절망에서 한 줄기 희망을 찾으려는 간절함과 비장함이 컸다.

그렇게 나는 내 저서, 김 대통령과 이희호 여사의 자서전을 읽고 또 읽으며 나의 새로운 시작을 모색했다. 이 과정에서《분노하라! 그리고 선택하라!》를 출간했다. 김대중 대통령의 정신과 철학에 기반하여 한국의 대선과 시대정신에 관한 국민적 소통을 재개하려는 의도였다.

결국, 내가 김대중 대통령과 소통하며 얻은 답은 깨어있는 시민으로서, 책임 있는 정치인으로서 모범이 되어 행동하는 양심을 보여야 한다는 것이었다. 눈앞의 정치 권력이나 이해관계에 얽매이지 않고 눈앞의 경제적 반대급부에 소탐대실하지 않고 민주주의와 사회정의, 한반도 평화정착을 위해 묵묵히 나아가야 한다는 진리였다. 김대중 대통령은 30년이 넘는 박정희 정권의 군사독재를 경험하며 '글로벌 민주주의자'로서 민주주의의 존폐를 좌우하는 세 가지를 강조했다.

"민주국가에 있어 언론과 사법부는 민주주의의 존폐를 좌우하는 관건이다. 어떠한 독재나 부패도 언론이 살아있는 한 영속될 수 없고, 어떠한 부조리나 인권 침해도 법관이 건재하는 한 묵과할 수 없다. 그런데 언론과 법관보다 더 중요한 것은 권리와 책임의식으로 무장하고 필요하다면 희생을 무릅쓰고 행동하는 시민계급의 존재다. 이러한 시민계급의 존재야말로 민주주의의 알파이자 오메가이며, 공산주의를 극복하는 원동력이다."

이는 김대중 사상의 핵심적 뿌리다. 김대중 대통령의 '행동하는 양심', 그리고 훗날 노무현 대통령의 '깨어있는 시민의 조직적인 힘'이라는 시민참여 민주주의 정치철학과도 깊이 연관되어 있다.

"한 사람이 사회에서 인정받을 정도로 성장하는 데는 수십 년이 걸린다. 그러나 이를 망치는 것은 한순간으로 족하다."

국민을 이끄는 지도자의 중요성을 알려주는 김대중 대통령의 통렬한 말씀이다. 오늘날 대한민국 정치지도자의 현실은 도덕적으로도, 정치, 행정적 역량도 국민적 기대에 크게 부응하지 못하고 있다. 이러한 상황에서 매우 소중한 말씀이 아닐 수 없다. 김대중 대통령은 여기에 그치지 않고 시대정신과 민심을 거역한 정치지도자들에게 뼈아픈 충고를 덧붙였다.

"많은 사람, 국민의 존경이나 기대를 받던 사람들이 압력이나 유혹에 못 이겨 자신을 망치는 것을 보며 우리는 얼마나 가슴 아파했는가! 그런 변절의 인사들이 아직도 국민이 자기를 예전처럼 인정한다고 착각하고 지도자인 척하고 설치는 것을 볼 때 얼마나 불쌍하고 민망하던가!"

김대중 대통령은 40년 전에 이미 최근 우리가 겪는 '정치권과 사회의 심각한 도덕적 위기 현상'을 진단했다. 그야말로 선견지명이다.

"정직하고 양심적인 자보다 악하고 부정직한 자가 성공하는 사회 기풍 속에 양심과 전통성이 파괴되고 기회주의와 출세주의가 판을 쳐온 사실을 본다. 지도층들이 정직, 언행일치, 검소, 청렴, 근면, 봉사 등의 모범을 보이지 못했을 뿐만 아니라 그 반대의 경우가 허다했다는 사실이 도덕적 위기를 초래한 아주 큰 원인이다."

김대중 대통령은 오늘날 정치권에서 일어나는 아전인수격의 심각한 도덕성 붕괴 현상 원인을 정확히 진단했다. 그 해법도 지도층의 정직과 청렴, 언행일치의 모범에서 찾았다. 윗물이 맑아야 아랫물이 맑은 법이다. 김대중 대통령이 시종일관 강조하는 '가화만사성', '수신제가 치국평천하'의 철학과도 일맥상통하는 김대중 사상의 핵심이다.

김대중은 평생을 독재 권력과 싸우며 권력이 가진 정경유착과 기득권 특유의 자만감, 도덕성의 상실을 심각하게 경계했다. 오늘날 '조국 사태'의 발생에서부터 '이재명의 사법 리스크' 논란에 이르기까지 민주당과 일부 진보진영이 보이는 '내로남불식 도덕적 해이 현상'을 통렬히 질타하는 것 같다.

"니체는 '괴물과 싸우는 사람은 자신이 괴물이 되지 않도록 주의해야 한다. 심연(深淵)을 너무 오래 들여다보면 심연이 당신의 영혼을 들여다본다.'라고 말했다. 황금을 얻고자 싸운 사람은 황금에 먹히지 않도록, 권력에 집착한 사람은 권력의 노예가 되지 않도록, 범인 잡는 데 종사한 사람은 자기 마음이 범인처럼 사악해지지 않도록 해야 한다. 그리고 우리가 명심할 것은 공산당과 싸운다면 공산당의 수법을 닮아가는 일이 절대로 없도록 해야 한다는 점이다."

역대 사회주의 정권이 자본주의 사회의 병폐를 혁명적으로 공격하다가 스스로 자멸하며 붕괴했던 것도 이런 경고를 지키지 않았기 때문이다. 김대중 대통령의 사상과 철학을 공부하다 보면 그의 심오한 사유체계를 확인할 수 있다. 또한, 이를 실천하는 과정에서 '민주주의와 사회정의를 행동으로 옮기는 실천철학 운동가'의 면모도 곳곳에서 엿보인다.

정치적 기득권을 위해 국민을 볼모로 삼아 극단적 투쟁을 일삼는 사이비 정치세력은 언제나 존재했다. 그런 상황에서도 다수 국민만 바라보며 국민을 위해 행동하는 양심을 실천한 중도 개혁주의자의 면모를 보여주는 대목이다. 김대중 대통령은 '진정한 자유'를 이렇게 설명한다.

"자유는 지키는 자만의 재산이다. 그러므로 자유는 권리가 아니라 의무다. 자유는 방종도 아니고 모든 원리를 거부하는 것도 아니다. 자유는 인간이 인간답게 살고 전인적 완성을 이루는 데에 필요한 제약과 조건을 자발적으로 받아들이는 행위다."

최근 일부 세력은 편협한 집단 이기주의에 갇혀 무리한 요구를 내세우는 세력도 있다. 이런 현상을 보면 법치주의에 입각한 '의무로서의 자유'에 대한 김대중 대통령의 철학이 민주주의를 지키는 데에 소중한 가치임을 절실히 느끼게 된다.

한편 김대중 대통령은 당리당략에 따른 패거리 정치도 통렬히 질타했다. 김 대통령은 "조선조 500년 당쟁의 참극과 그 정신적 악의 유산이 아직도 우리 사회에 배회하고 있다는 사실을 잘 알고 있다."라고 언급한다. 그러면서 정치 인생 내내 민주당의 정체성을 굳건히 지키면서도 국가와 민족, 국민을 위해서라면 '통 큰 역사적 대타협과 초당적 협치'를 마다하지 않았다.

윤석열 대통령 탄핵 논란과 민주개혁진영의 새로운 길

해방 이후 김대중 대통령은 여러 문제를 겪었다. 일본과의 국교 수교 문제, 집권 과정에서 자민련과의 공동 정부 수립 공약, 대통령 취임 후 일본 문화 개방 논란 등 다양한 이슈가 있었다. 역사적인 남북정상회담 과정에서도 소속 정당의 당리당략적 이해관계보다는 거시적 안목으로 시대정신을 살피고 주어진 소명을 바라보며 협치를 이어갔다.

하지만 안타깝게도 김대중 대통령 탄생 100주년을 앞둔 한반도의 현실은 암울하다. 일본 정부의 역사적 사죄가 전혀 없는 상황에서 일본 전범기업의 직접적 참여 없이 우리 기업의 출연만으로 피해 배상을 시행하는 도저히 이해할 수 없는 '강제징용 판결 문제 해법'이 윤석열 정부에 의해 버젓이 발표되고 있다. 정부가 강제동원 피해자의 강력한 반발에도 불구하고 일본의 반성이나 피고 기업의 배상이 빠진 일방적 해법을 발표한 것이다.

그것도 '김대중-오부치' 선언의 역사성을 계승한다는 명분 속에서 말이다. 김대중 대통령은 일본 정부의 '통절한 사죄'의 토대 위에서 진정성 있는 미래를 위한 역사적 화해 선언이 이루어졌기에 가능했다. 그런 점에서 윤석열 정부의 굴욕 외교와는 질적으로 너무도 다르다.

윤석열 정부의 대일 저자세 굴욕 외교는 향후 강제동원 판결 문제로 비롯된 일본의 수출규제 조치와 후쿠시마 원전 오염수 방류, 한국의 일본산 수산물 수입 금지 조처, 한·일 군사정보보호협정(GSOMIA)의 불안정한 지위 등에도 크게 영향을 미칠 것으로 본다. 일각에서는 윤석열 정부가 일본 정부에 뭔가 크게 약점을 잡힌 것이 아니냐는 우려도 확산하고 있다. 자칫하면 "친일파 대통령"이라는 오명(汚名)을 받게 될 위험성도 배제할 수 없다.

일각에서는 "김건희 대통령 시대"라는 비난도 거세지고 있다. 그뿐만 아니라 지금처럼 국정운영을 '검찰에 의한, 검찰을 위한, 검찰 공화국' 형태로 운영할 경우 그 후폭풍은 예상보다 빨리, 훨씬 강도 높게 불 것임을 명심해야 한다.

최근 '제3자 변제'를 핵심으로 하는 윤석열 정부의 일제 강제징용 배상 해법은 일본 전범 기업인 미쓰비시가 12년 전 스스로 합의안에 담았던 진심 어린 사죄 표명과 강제성 인정조차 배제된 굴욕적 해법이 아닐 수 없다. 한일 양국은 '미래지향적인 김대중-오부치 선언의 발전적 계승'이라 자평하기도 하지만, 일본 정부와 가해 기업의 진심 어린 사죄가 전혀 없는 상황에서, 그것도 한국 기업을 통해 제3자 변제를 하는 굴욕적 방식은 '김대중-오부치 선언'에 정면으로 배치되는 것이다.

이에 대해 윤석열 대통령은 일본 요미우리 신문과의 인터뷰에서 "우리 정부의 배상안은 자신이 생각한 것이고 합리적인 해법"이기 때문에 "일본은 걱정하지 않아도 된다. 구상권도 행사하지 않겠다"라고 당당히 말했다고 언론은 보도했다.

이러한 윤석열 대통령의 결정과 발언이 갖는 문제의 심각성은 2011년의 헌법재판소의 위헌 결정과 2018년 이루어진 대법원판결을 무시하고 제3자인 우리 기업이 배상한다는 것은 헌법상 엄격히 규정된 삼권분립에 입각한 법치주의를 위반한 직권남용의 가능성이 크다는 점이다. 일부에서는 "대법원판결을 무시한 배임" 혹은 "피해자에 대한 2차 가해"라는 주장까지 제기되고 있다. 더욱이 일본이 강제동원 자체를 부정하고 있고 가해 기업의 사과도 없고, 강제동원 피해 생존자는 정부 배상안에 대한 거부 의지를 명백히 밝힌 상황이기 때문에 과연 정부가 이런 외교적 합의를 할 수 있는 법적 위치인가도 논란의 대상이다. 원칙적으로 법원의 확정판결로 생긴 개인의 권리를 정부가 침해할 수 없고, 정부가 대신 변제할 의무가 없으므로 '피해자의 의사에 반한 공탁'이 법적으로 성립할 수 없다는 법률 전문가의 견해도 있다.

이 밖에도 정부가 외국과 맺는 각종 외교적 합의사항에 대해서는 그 내용이 국민주권과 직결된 중대 사안인 경우는 국회의 비준 동의를 받아야 해서 이에 대한 위법성 여부도 국회에서 꼼꼼히 따져 봐야 할 것이다.

이와 관련해서 최근 국회 외교통일위원회 전체회의에 참석한 대한변호사협회 일제피해자인권특위 위원장인 최봉태 변호사는 "제3자 변제안을 헌법소원할 경우 인용될 가능성이 많다"라고 답변하면서 "헌법정신과 법치주의 위반으로 대통령의 탄핵조차 충분히 가능하다"는 진술을 하여 크게 논란이 되었다.

다른 한편으로는 지난 국민의힘 당대표 경선 과정에서 윤석열 대통령과 대통령실 수석비서관과 비서들이 조직적으로 특정 후보의 찬성 및 반대 심지어는 강제적 사퇴를 주도했던 의혹 역시 향후 헌법상에 보장된 정당법 제49조 논란이 일어날 가능성이 크다.

이미 윤석열 대통령에 대한 탄핵을 주장하는 일부 세력은 헌법 제65조 "대통령 및 기타 법률이 정한 공무원이 그 직무집행에 있어서 헌법이나 법률을 위배할 때는 국회는 탄핵의 소추를 의결할 수 있다"라는 규정과 함께 정당법 제49조(당대표경선등의 자유방해죄)의 법적 근거인 '후보자가 되고자 하는 자를 협박하거나 부정한 방법으로 당대표 경선의 자유를 방해한 자'라는 규정을 강력히 앞에 내세우고 있다.

설상가상으로 김건희 여사가 천공 등의 외부 세력과 다양한 수준에서 국정개입 논란이 일어나면서 "김건희 대통령"이라는 비난이 거세지는 상황까지 고려하면 예상치 않은 돌발변수가 윤석열 정부 내부에서 터져 나오면 사태는 매우 심각해질 수 있다.

실제 노무현 대통령의 탄핵 당시에는 "특정 정당에 대한 지지를 호소한 것을 두고 "법률 위반이자 삼권분립 위반"이라는 취지에서 탄핵안이 국회에서 가결된 바 있다. 물론 최종적으로 헌재에서 "위법성은 어느 정도 인정했지만 탄핵할 정도의 사유는 되지 않는다"는 판단에 따라 기각되었다.

박근혜 대통령 탄핵의 경우는 더욱 문제가 심각하다. "대통령은 여당의 정책을 집행하는 기관이 아니라, 행정권을 총괄하는 행정부의 수반으로서 공익실현의 의무가 있는 헌법기관"임을 전제로 하여 <특정 국회의원의 당선 지원> <여론조사 및 경선전략 수립> <새누리당 공천관리위원회 구성 개입> 등의 범행을 저질렀다고 판단했다. 이런 판단하에 <공직선거법 위반 혐의>로 서울고등법원에서 징역 2년이 확정되었다. 당시이 사건을 수사 기소하여 최종 유죄판결을 얻어낸 장본인이 바로 윤석열 검사팀이다. 따라서 '대통령 탄핵'의 법적 요건과 위법성의 범위를 너무도 잘 알고 있는 윤석열 대통령이지만 무소불위의 검찰총장 출신이라서 그런지 일부에서 주장하는 "탄핵"을 너무 쉽게 생각하는 경향이 있다.

하지만 그동안 독재정권 시절의 권위주의적 대통령과 헌법과 법치 정신을 무시한 역대 대통령의 대부분을 외국 망명, 법정 구속 혹은 탄핵 등의 절차를 무려 다섯 차례 이상이나 경험한 대한민국 국민의 민주 헌정사를 고려한다면, 매우 신중하고 철저하게 헌법정신과 법치주의를 지켜야 할 것이다.

현재의 민주당이 이재명 대표의 사법리스크로 인해 정통민주야당으로서의 정체성과 진면목을 보여주지 못하고 있지만, 새롭게 '혁명적으로 혁신된 민주개혁진영'이 김대중 정신의 가치를 계승하는 정책과 행동하는 양심을 실천할 경우에는 민심과 역사가 우리들의 새로운 길을 전폭적으로 지지하게 될 것이다.

한편 김정은 위원장은 한일 정상회담이 열리는 날, 대륙간탄도미사일

(ICBM) 화성-17형을 발사하였다. 발사의 목적은 "우리 공화국을 노골적으로 적대시하며 조선반도 지역에서 대규모 군사연습을 빈번히 벌리고 있는 미국과 남조선에 그 무모성을 계속 인식시킬 것"이라고 언급하며 ICBM의 발사 목적이 한미 견제에 있음을 분명히 했다.

이러한 북한의 핵미사일 위협에 대해 윤석열 대통령은 '한미 핵 실행체계로 확장 억제를 강화'하겠다는 기본 입장을 견지하고 있다. 금년 3월 해군사관학교 임관식에서 윤 대통령은 "북한의 핵미사일 위협에 대해서는 한미 핵 기획 및 실행체계를 확립하여 확장억제를 더욱 강화해 나갈 것이다. 한국형 3축 체계를 포함해 압도적인 대응능력과 응징태세를 구축할 것이다. 아울러 한미 연합연습과 훈련을 더욱 강화하여 '행동하는 동맹'을 구현하겠다"라는 견해를 밝혔다.

윤 대통령은 북한이 실질적 비핵화에 나서면 정치적, 경제적, 군사적 분야를 포괄하는 상응 조치를 제공하겠다는 견해를 간헐적으로 표방해 왔다. 아마도 여기에는 북한이 요구해 온 미북관계 정상화 및 한반도 평화체제 구축방안도 포함될 것으로 보인다. 그러나 북핵문제 해결 및 한반도 평화정착 방안이 너무도 추상적이고 기본적으로는 역대 보수정권이 견지해 온 전쟁불사론에 입각한 대북강경정책이 그 뿌리를 이루고 있다.

최근 선출된 국민의힘 김기현 당대표는 "필요하다면 핵무장"을 하겠다는 위험천만한 발언을 한 바 있다. 윤석열 정부와 국힘당의 지도급 인사들에 의해서 최근 주창되는 "대한민국의 핵무장화 주장"에 대해서는 이낙연 전 총리가 "위험천만한 발상"이라고 강도높게 비판하면서 윤석열 정부의 합리적이고 현실주의적인 외교정책의 추진을 김대중 대통령의 실사구시적 균형외교를 구체적으로 예를 들면서 워싱턴에서 SNS를 통해 충고해 준 바 있다.

그런데도 탈북자 출신으로 국민의힘 최고위원에 당선된 태영호 의원은 북한의 대륙간탄도미사일 발사 이후 "미친개에겐 몽둥이찜질이 약"이라면서 김정은 위원장을 원색적으로 비난하였다. 향후 윤석열 정부의 대북정책이 가진 구조적 위험성이 모두 망라된 모습이다. 북한은 '지구상에서 가장 다루기 힘든 존재'이다. 자칫 전쟁불사론에 입각한 대북강경정책으로만 대응하면 한반도는 순식간에 전쟁의 위험 속으로 빠지고 이 과정에서 대한민국의 국제경쟁력은 크게 실추할 위험성이 높다. 외교는, 특히 대북정책은 단호하되, 신중을 기해야 하는 이유이다.

최근 북한의 동향 중에서 특이한 것은 이날 ICBM 발사 현장을 10살에 불과한 둘째 딸 김주애가 참관했다는 사실이다. 국정원의 최근 내부 정보에 따르면 "김주애가 최근 전면에 나타난 배경은 김정은 위원장이 아직 젊고 건강해 후계자를 조기에 구상할 필요는 없고, 후계 지침과 선전 동향도 없기 때문에 4대 혈통 세습에 대한 당위성을 각인하는 목적이 가장 높다고 파악"하는 것으로 알려져 있다. 김주애가 우표에까지 등장한 것은 북한당국의 우상화작업이 속도를 내는 것으로 보인다.

일부 북한문제 전문가들에 의해서 제기되는 "김정은 건강 이상설", "여동생 김여정 견제설", "4대 조기 부자세습설" 모두를 부정하는 국정원발 시크릿 노트이다. 특히 김정은의 건강이상설은 이제 마흔 살이 되는 김정은이 할아버지와 아버지 모두 심근경색으로 급사한 가족력에, 한때 140kg에 육박할 정도로 심각한 체중 증가로 그동안 여러 차례 중병

설에 반신불수설, 심지어 사망설까지 제기되어 왔다. 최근 일부 전문가들은 김여정의 영향력이 커지자 이를 우려한 리설주를 안심시키기 위한 것이라는 분석을 내놨다. 국정원은 베일에 싸인 김정은 위원장의 첫째는 아들이라는 첩보가 있어 계속 확인하는 중이라고 한다.

권영세 통일부장관 역시 이와 관련 "북한이 4대 세습을 미리부터 준비하고 김정은과 소위 백두혈통을 중심으로 한 체제결속을 단단하게 하기 위한 조치"로 해석하였다. 권영세 장관의 해석도 현재 10살에 불과한 김주애에게 당장 세습하기보다는 4대 세습체제의 공고화를 위해 사전 정지작업을 일찍부터 시작했다고 보는 것이다.

어떻든 78년 가까이 유지되어온 북한의 3대 세습체제가 이제 근현대사에 전무후무한 4대 부자세습 체제를 공고히 하기 위한 초기 작업이 진행되고 있다는 사실이다.

한편 이낙연 전 총리는 김대중 대통령이 워싱턴 망명 시절 최초의 시국 강연을 했던 조지 워싱턴 대학에서 "단계적 비핵화와 북미 외교관계 수립을 동시에 추진하는 NY식 북핵 일괄타결방안"을 제안하여 국내외적으로 큰 관심을 가졌다는 사실이다. 김정은 정권 출범 이후 오바마~트럼프~바이든 대통령으로 이어지는 미국 행정부가 한반도 문제를 주도적으로 풀어가는 데 있어 만족할 만한 성과가 없는데 대한 나름의 창조적 해법을 제시한 것이다. 당시 이 전 총리는 미국 역대 행정부가 과거에는 적대시했던 독일, 일본과 협력해 소련을 견제하고 베트남, 쿠바와도 수교한 사실을 거론하면서 "지금이라도 미국이 북한과 수교하면 미·중 경쟁에서도 게임 체인저 역할을 할 수 있을 것"이라고 주장했다. 이 전 총리는 북한에 대해서도 바로 한국, 미국과 다시 대화하고 미국과 조건없는 협상을 시작할 것을 강력히 촉구하였다. 김대중 선생이 워싱턴 망명 시절 최초의 시국 강연을 했던 조지 워싱턴 대학에서, 'DJ식 북핵 문제의 포괄적 일괄타결 방안'을 이낙연 총리가 오늘의 현실에 맞게 실사구시적으로 제안한 것이다.

나는 아태평화재단 책임연구위원이던 시절, 김대중 이사장을 모시고 미국 방문을 하는 과정에서 <북핵문제의 포괄적 일괄타결 방안>을 제안하는 데 깊이 참여하였다. 당시에는 '카터 미국 전 대통령의 대북 특사' 제안을 포함하여 북한의 단계적 핵 포기와 더불어 북미관계 및 남북관계의 개선을 함께 포괄하는 포괄적 해법이었다. 당시 DJ 해법은 미국 정부는 물론 국제사회의 큰 공감을 일으켰다.

그렇다면 오늘의 해법은 무엇인가? 나는 지금도 여전히, 아니 지금이야말로 <DJ식 북핵문제의 포괄적 일괄타결 해법>이 정답이라고 생각한다. 그동안 북한의 핵 개발 수준도 더욱 심각해졌고, 유엔을 비롯한 국제사회의 대북 제재도 훨씬 강고해졌다. 여기에 미·중갈등과 우크라이나 전쟁 등으로 사태는 더욱 복잡해졌다. 그런데도 북핵 문제는 이낙연 전 총리의 지적처럼 미국 정부가 주도적으로 나서지 않으면 안 된다. 지금처럼 북한에 대해 '의도적으로 무시하거나 방관'하는 사이에 북한의 핵 능력은 감당하기 힘든 상태로 치닫기 때문이다.

따라서 <DJ식 북핵문제의 포괄적 일괄타결 방안(Comprehensive Package Deal)>을 위해서 나는 몇 가지 제안을 하고자 한다.

첫째, 미국을 비롯하여 유엔 등 국제사회가 비공개적인 합의를 통해 대북특사를 파견해야 한다. 북한이 신뢰할 수 있는 국제사회의 인사, 특히 바이든 정부의 고위급 인사가 적합할 것이다. 예를 들면 바이든 행정부의 초대 국무장관인 토니 블링컨 같은 분이 적임자일 수 있다. 블링컨 국무장관은 빌 클린턴 행정부에서부터 오바마 행정부에 이르기까지 요직을 맡았고, 바이든 당선인과 10년 가까이 함께 한 폭넓은 경험을 지녔기 때문이다. 북한에 대한 강경한 태도를 가진 것도 대북 협상력을 높이는 데 오히려 장점이 될 수 있다.

둘째, 미국을 비롯한 6자 회담 대상 국가와 유엔 그리고 EU와 같은 국제사회의 핵심 관계국들이 <북핵문제의 포괄적 일괄타결 해법>을 위한 구체적 프로그램을 마련해야 할 것이다. 북한에는 <북핵 개발의 완전한 포기를 위해 강력히 요구할 종합적 리스트>와 함께 그에 상응하는 <국제사회의 대북지원 리스트의 마련>이 시급하다. 여기에는 단순히 경제적이고 인도주의적 지원뿐만 아니라 트럼프 행정부 시절 북미 간에 합의했던 <북미관계 개선 및 한반도 종전선언의 시기와 방법> 역시 포함되어야 할 것이다. 물론 이 과정에서 중국과 러시아는 국제적 합의구조에 쉽게 참여하지 않을 것이지만, 그들의 반대 입장 역시 포괄적 해법 속에 소수의견으로 남겨두면 될 것이다.

셋째, 남북관계의 개선 및 한반도 평화 해법을 위해 미국을 비롯한 국제사회가 윤석열 정부에게 <북핵문제 및 한반도 평화 정착을 위한 주도적 역할>을 부여해야 할 것이다. 물론 현재의 윤석열 정부의 대북 인식 및 외교·안보 진용이 이런 중차대한 문제를 풀어갈 수 있는 주체적 역량이 거의 부재하다. 하지만 '북한문제' 및 '북핵문제'는 더 이상 미룰 수 없는 우크라이나 사태 버금가는 중대한 문제이다. 이를 위해 미국과 유엔 그리고 EU를 포함한 국제사회는 윤석열 정부를 향해서 '북핵문제 및 한반도 평화 정착을 위한 창조적 해법 마련에 적극적으로 나설 것'을 강력히 주문해야 한다.

북핵문제 해결과 한반도 평화 정착을 위한 중심적이고 창조적 역할 수행을 위해 윤석열 정부는 '대북 특사 파견'도 적극적으로 검토해 볼 필요가 있다. 윤 대통령의 신임을 받는 권영세 통일부장관이 적임자 중 한 사람으로 보인다.

넷째, 국제사회는 유엔을 중심으로 <코로나19 바이러스를 비롯한 각종 신종 감염병 예방의 국제적 예방 및 해결>, <러시아의 우크라이나 침공으로 인한 세계 평화의 위협 및 심각한 인권 유린 사태의 해결> 그리고 <북핵문제 해결을 중심으로 한 한반도 평화 정착 실현> 등을 위해 김대중 사상의 핵심처럼 '실사구시적 상생 해법'을 전 세계 평화애호 시민에게 제시해야 할 것이다. 그 중심에는 안토니우 구테흐스 유엔 사무총장이 글로벌 평화 지도자로서의 적극적 역할을 해야 할 것이다.

끝으로 이렇게 종합된 <북핵문제의 포괄적 일괄타결 방안>을 토대로 점진적이고 단계적인 과정을 거쳐 합의점을 찾아가면 될 것이다. '포괄적 일괄타결 방안'이라고 해서 짧은 시간에 일괄타결 될 수는 없다. 상호 간에 우선 합의하기 쉬운 것부터, 그리고 다양한 대북협상 채널을 가동하여 실현 가능한 공동 해법부터 풀어가되, 전체적인 해결 과정을 종합적인 컨트롤 타워와의 연계성 속에서 중장기적인 플랜을 가지고 접근해야 한다. 이 과정에서 사안별로, 시기적인 완급이 달라질 수는 얼마든지 있다.

글로벌 평화 시스템의 구축과 중장기적인 프로그램의 마련이 절박한 이유이고, 그 중대한 책임은 대한민국 정부의 외교안보 시스템이 수행해야 하는 것은 너무도 당연한 이치라 할 수 있다.

<DJ식 포괄적 일괄타결 방안>의 방식과 절차는 대체로 다음과 같은 경로를 예상해 볼 수 있다.

① 북핵문제 해결을 위한 국제사회의 공감대 형성
② 다양한 채널을 통한 대북 특사의 파견
③ 점진적 단계적 포괄 타결 해법의 추진
④ 한국 정부의 대북 특사 파견 및 5차 남북정상회담의 재개
⑤ 우선 합의 가능한 사안부터 실행 프로그램 가동
⑦ 6자회담, 북미 직접 대화 등 국제적 회의체 동시 가동
⑧ 북미 외교관계 수립 및 한반도 정전선언
⑨ 동북아 평화 정착 방안 마련
⑩ 국제적인 핵 군축 및 글로벌 평화선언

이와 같은 <DJ식 북핵문제의 포괄적 일괄타결 방안>이야말로 김대중 대통령 탄생 100주년을 맞이하는 오늘의 시점에서 '역사적인 남북정상

회담의 개최' 및 '세계 평화를 위한 노벨평화상 수여'라는 역사적 행보를 걸었던 김대중 사상의 계승을 위한 첩경이 아닐 수 없다. 그뿐만 아니라 국제적 분쟁의 와중에서 여성들과 아이들, 노약자 등 사회적 약자의 인권을 위해 전 생애에 걸쳐 모든 열정을 바친 이희호 여사의 뜻을 계승하는 길이기도 하다.

나는 비록 특별한 권력과 지위는 없지만, 30여 년 전 김대중 대통령과의 운명적 만남을 계기로 <해방 이후 최초의 여야 간 정권교체>와 <한국인 최초의 노벨평화상 수상>이라는 영광스러운 과정에 동행했던 것처럼, 남은 인생 기간 동안 <김대중-이희호 사상의 발전적 계승>과 <대한민국의 민주주의 회복과 한반도 평화 정착>을 위해 남아있는 모든 열정을 쏟아붓고자 한다.

지금까지도 나는 하의도 생가와 목포 민주화 운동 현장, 동교동 김대중 도서관과 김대중평화센터, 일산 대통령 사저, 워싱턴 망명 시절의 여로를 따라가 보았다. 그리고 뉴욕과 LA의 원로 민주화 동지들을 만나서 김대중 대통령 탄생 100주년을 맞아 '김대중 정신의 현재적 의미와 향후 김대중 사상의 계승발전을 위한 구체적 실천 방향'을 모색하고 있다.

이 과정에서 나는 김대중 대통령 생가가 있는 하의도의 명예 면장으로 위촉되었다. 이후 2천여 명도 채 되지 않는 하의도의 어르신들과 청년들, 하의초등학교에 재학 중인 '미래의 김대중 소년'들과 즐거운 대화와 소통을 이어가고 있다.

에필로그

다시,
연꽃 섬에
피어나는 꿈

김대중 이희호 대통령 부부
탄생 100주년 기념
전기(傳記)

에필로그 : 다시, 연꽃 섬에 피어나는 꿈

하의도는 김대중 대통령과 이희호 여사가 서거한 이후에도 여전히 아름답고 정감이 넘친다. 갯벌에서 뛰노는 아이들과 김대중 대통령 내외에게 쓴 편지를 낭독하는 하의초등학교 학생들의 모습에 절로 미소가 떠어진다.

"저도 김대중 할아버지처럼 육지로 나가 대통령이 되고 싶어요."

노인의 날 행사에는 하의도 어르신들이 운집했다. 이 자리에서 신안군수와 하의도 면장, 그리고 명예 면장인 나는 하의도와 육지를 잇는 국민통합대교(가칭) 완공을 위해 최선을 다하겠다고 다짐했다. 가칭 국민통합대교는 하의도로 연결되면 국민의힘 출신 대통령과 민주당 출신 국회의원과 도지사, 군수가 힘을 합쳐 개통함으로써, 영호남의 상생발전을 위한 명실상부한 국민통합의 대교가 되기를 바라는 하의도 주민들의 열망을 반영한 것이다. 그리고 웃으며 서로를 위로하는 선하고도 순박한 어르신들의 간절한 외침이 하의도 하늘을 가득 메웠다.

이 자리에서 저혈압으로 지병을 앓던 한 어르신에 대한 가슴 아픈 이야기도 전해 들었다. 병이 도졌을 때 응급처치를 받았으면 생명을 구할 수 있었겠지만, 육지로 연결되는 연도교가 없어 결국 돌아가셨다는 이야기였다. 그런 일이 있었기 때문이었는지, 코로나19로 중단되었다가 모처럼 축제 분위기에서 열린 노인의 날 행사에서 어르신 몇 분은 달력을 찢어 만든 플래카드를 들고 소리 높여 외치셨다.

시크릿 노트 : 절망에서 성공하는 비결

"하의도에도 다리 좀 놓아 주세요. 우리도 육지에 나가 치료받고 싶어요."

하의도는 큰 꿈을 가진 정치인들이 우선하여 방문하는 명소가 되었다. 특히 대권을 꿈꾸는 자들은 앞다투어 하의도를 방문해 김대중 사상을 계승했다고 힘주어 주장한다. 2021년 대선도 예외는 아니었다. 이재명 민주당 후보는 김대중 전 대통령의 삼남 김홍걸 의원과 하의도 김대중 생가를 방문해 김 대통령의 정신과 철학을 계승하겠다고 목소리를 높였다.

2022년 2월 23일에는 당시 윤석열 대선후보가 하의도 생가를 방문해 김대중 정신의 가치를 언급하며 이 위대한 정신을 잘 계승해야 한다고 역설했다. 두 달이 지난 4월 26일에는 인천 영종도와 옹진군 신도를 잇는 연도교 건설 현장을 방문해 지역경제와 관광 활성화에 기대감을 드러냈다. 윤 당선인은 건설 상황을 보며 이렇게 말했다.

"전남 신안도 섬이 많은데 다 연결되어 있습니다. 그래서 배 타고 거의 2시간을 가야 하는 하의도까지 700m만 더 연결하면 전부 다리로 갈 수 있게 됩니다."

이 발언으로 하의도 주민들은 장산과 신의를 잇는 연도교 건설사업이 조속히 확정되어 하의도와 육지를 잇는 다리가 조속히 개통되기를 간절히 바라고 있다. 2017년 6월 26일에는 신안의 하의도와 신의도를 잇는 삼도대교가 7년의 공사 끝에 개통했다.

에필로그 _ 다시, 연꽃 섬에 피어나는 꿈

하의도로 연결되는 마지막 연도교 건설 계획

하의도 주민들은 하루속히 목포에서 하의도로 연결되는 마지막 연도교 건설사업이 조기에 완공되어, 더이상 연로하신 어르신들이 긴급한 의료지원을 받지 못해 소중한 생명을 잃는 일은 없기를 간절히 바라고 있다. 사진은 신안군이 추진하고 있는 하의도로 마지막 연결되는 연도교 건설 청사진이다.

2,500억 원 정도의 예산만 투입하면 김대중 대통령의 생가가 있는 하의도에서 목포~대전~서울~고양~개성~평양까지 이어진다. 여기에 더해 시베리아를 횡단할 수 있는 철의 실크로드 완성을 위한 절호의 기회가 될 수도 있다. 하의도는 반도 남쪽의 고립된 섬이 아니라 세계 평화의 실현을 상징하는 섬이 될 것이다. 이를 간절히 바라는 하의도 주민들은 오늘도 하의도로 연결되는 마지막 다리를 꼭 놔달라는 간절하고도 절박한 편지를 쓰고 있다.

그리고 한편에서는 김대중 대통령 탄생 100주년을 맞아 '김대중 사상 계승발전을 위한 글로벌 시민모임' 회원들이 기념 사진전을 열었다. 2022년부터 하의도 명예 면장에 위촉된 나도 김대중 대통령과 희로애락을 함께한 하의도 주민들과 함께 하는 자리에 감회가 새로웠다.

신안군민과 함께하는 한마당 자리에서 박우량 신안군수가 말했다.

"최성 전 고양시장은 김대중 대통령의 특별한 신임을 받아온 김대중 대통령 사상 계승발전 위원장인디요. 저분이 인구 110만에 가까운 고양시 시장을 두 번이나 헌 사람인디 2천 명도 못 되는 하의도 명예 면장을 부탁해서 허벌나게 미안해부요. 근디 저 사람이 능력이 좀 있어서 여러분들 육지랑 연결되는 다리도 놓고 하의도를 세계적인 평화의 DJ섬으로 만들어줄 거요. 그러니까 하의도에서 만나걸랑 산낙지든 뭐든 맛있는 것 좀 공짜로 줘 부시오."

실제로 그날 이후 나는 하의도를 방문할 때마다 주민자치위원장을 비롯해 환갑을 앞둔 형님 같은 청년위원장에게 환대를 받고 있다.

‘연꽃 섬’이라는 의미의 하의도에서 섬마을 소년 김대중은 다시 연꽃으로 피어나고 있었다.

글로벌 평화의 섬, 김대중 대통령 생가가 있는 하의도. 여기서 시작해 목포와 부산, 서울의 동교동과 고양의 일산, 나아가 파주, 개성, 평양, 하얼빈, 시베리아를 거쳐 파리와 런던까지 길이 이어질 수 있을까. 김대중 대통령이 꿈꾸었던, 그리고 지금도 꿈꾸고 있을 ‘철의 실크로드’는 하의도와 육지를 잇는 국민통합대교(가칭)에서 시작될 것이다.

이제 김대중은 분단된 국가의 한 섬마을 소년이 아니다. 5번의 죽을 고비를 넘긴 ‘인동초 김대중’은 해방 이후 최초의 여야 간 정권교체를 실현하고 한국 최초로 노벨평화상을 수상한 ‘글로벌 리더’다. 이희호 여사도 마찬가지다. 단순히 김대중 대통령의 부인이 아니라 여권신장과 남녀평등을 위해 헌신한 ‘국제적인 여성 인권운동가 이희호’다.

이제 우리에게 주어진 책무는 국내는 물론 해외에서도 글로벌 리더이자 멘토로서 ‘김대중’과 ‘이희호’의 위상과 역할을 강화하는 것이다. 이는 포스트 코로나 시대 글로벌 민주주의와 세계 평화를 이루는 데에 기여할 것이라고 믿어 의심치 않는다.

그 중심에는 ‘김대중 팔이 정치인’이 아니라 ‘김대중의 행동하는 양심을 실천하는 깨어있는 시민들’의 위대한 힘이 있어야 한다. 그리고 구체적인 실천 방안도 각국의 실정에 맞춰 창조적인 방식으로 구현해 민주주의와 평화정착이라는 과제를 이뤄내야 할 것이다.

2023년 1월, 김대중 대통령 탄생 99주년 행사를 마치고 설날을 맞았

시크릿 노트 : 절망에서 성공하는 비결

다. 늦은 시간에 술 한 잔을 얼큰히 걸친 한 젊은 청년 동지에게서 전화를 받았다. 그는 엉엉 울며 고맙고 미안하다고 말했다. 그리고 그간의 고통을 딛고 성공하라며 신신당부하는 덕담도 덧붙였다. 그의 말은 여기서 끝나지 않았다. 자기가 존경하는 김대중 대통령의 정신을 꼭 계승해 달라는 말과 함께 정말 돕고 싶지만 그럴 여유가 없는 자신의 처지를 한탄하며 도울 일이 있으면 언제든 불러 달라고 했다.

나도 눈물이 나왔다. 함께 자리한 친지들은 당황스러운 표정을 지었지만 아랑곳하지 않았다. 당신 같은 청년이 있기에 대한민국의 미래와 민주당의 앞날이 밝다고 화답했다. 그리고 그 청년 동지에게, 그리고 나 자신에게 다짐하고 또 다짐했다.

힘들겠지만, 나의 마지막 열정과 정치생명을 진짜 김대중 정신을 계승하는 데에 바칠 것이라고 말이다.

오랜 동안 과분한 사랑을 받은 두 분께 하의도의 아름다운 바다가 내려다 보이는 인동초의 집에서 '세상에서 가장 아름다운 부부를 위한 편지'를 써 보았다.

1.
바다가 놀이터였고,
한때 임금의 꿈을 가졌던 섬마을 소년
눈부시게 아름다운 첫 사랑은
아픈 추억만을 남긴 채 떠나버렸고
조국과 민족을 향한 열정은 뜨겁게 타올랐다오.

전쟁과 뒤이은 죽음의 공포속에서
다시 만난 새로운 인연과 운명적 만남
염색한 군복을 입고,
DAS라는 희귀한 별명을 가졌던 그녀
그들은 사랑하는 연인과 미더운 동지가 되었다오.

다섯차례가 넘는 죽음과 같은 절망속에서
그들은 비밀스런 러브 레터를 주고 받았지요.
흔들리는 믿음과 유혹속에서도
하나님과 역사와 국민을 믿으며
간절히 기도하고 노래했다오.
제발 민주주의를 지켜달라고
제발 행동하는 양심이 승리케 하라고.

2.
모든 이들에게 누님 같았던
"희희호호"라는 재미난 별명을 가졌던 그녀,
절망속에서 세상을 구해보겠다는
애국심으로 가득찬 청년을 만나
모든 것을 바쳤다오.

때론 간절한 기도로,
때론 못으로 쓴 사랑의 비밀편지로

시크릿 노트 : 절망에서 성공하는 비결

절망속에서 희망을 찾는 남편을 향한

그대의 그윽한 향기, 뜨거운 사랑은

결국 우리 모두의 꿈을 이루는 원동력이 되었다오.

세상에서 가장 아름다운 부부여

세상에서 가장 행복했던 부부여

이제 하늘에서 이 땅의 민초들을 굽어 살피소서

그리고 건강하고 행복하고

정의로운 공동체가 되도록 인도하소서

분단된 조국이 평화적으로 통일되게 하소서

김대중·이희호 대통령 부부 탄생 100주년 연보(1922-2024)

1922. 9. 21.	이희호 출생(서울 종로구 수송동 외가에서 6남 2녀 중 넷째)
1924. 1. 6.	김대중 출생(전남 신안군 하의면 후광리)
1933.	서당에서 초암 김연 선생에게 한학 수학(受學)
1934. 5. 12.	4년제 하의공립보통학교 2학년에 편입
1936. 9. 2.	목포로 이사하여 목포제일공립보통학교로 전학
1939. 4. 5.	목포공립상업학교에 수석으로 입학
1940.	이희호, 이화고녀(이화여고) 졸업
1942~44.	이희호, 이화여전 문과 재학
1943. 12. 23.	목포공립상업학교 졸업
1944. 5.	전남기선주식회사에 취업, 이후 회사 관리인으로 회사를 경영하는 등 청년 사업가로 활동
1944.	이희호, 충남 예산 삽교보통학교 부설 '여자청년연성소' 지도원으로 활동 중 해방을 맞음
1945. 4. 9.	차용애 여사와 결혼, 슬하에 홍일과 홍업 두 아들
1945. 8. 19.	8·15 해방 후 여운형 선생이 이끄는 건국준비위원회에 참여
1946. 2.	목포 신민당 지부에 참가했으나, 좌경화 움직임이 보여 탈퇴
1946.~48.	이희호, 서울대학교 영문과 사범대학 재학
1947. 2.	'목포해운공사'라는 회사명으로 연안 해운업 시작
1948~50.	이희호, 서울대학교 사범대학 교육학과로 전과후 졸업
1950~52.	이희호, 대한여자청년단 활동
1950. 6. 25	사업 관계로 서울 출장 중에 6·25를 맞은 뒤 8월 10일경 걸어서 목포로 귀가
1950. 9. 28.	공산군에 체포되어 목포형무소에서 총살 직전에 탈출
1950. 10.	목포일보를 인수하여 1952년까지 사장으로 재임
1950. 11.	해상방위대 전남 지구대 부대장으로 임명되어 1951년 10월까지 활동
1950~52.	이희호, 대한여자청년단(YWCA) 총본부 외교국장으로 활동
1952. 5. 25	부산 정치파동 발생. 이 사건을 계기로 반독재 민주화를 위하여 정계 진출 결심
1953.	이희호, 여성문제연구원 간사
1954. 5. 20.	제3대 민의원 선거에서 무소속으로 목포에서 출마하여 낙선
1955. 4.	서울로 상경. 이후 한국노동문제연구소 주간으로 활동하는 등 다양한 사회 활동 전개

시크릿 노트 : 절망에서 성공하는 비결

1955. 10. 1.	<사상계> 10월호에 '한국 노동의 진로' 기고
1956. 6. 2.	명동성당에서 김철규 신부의 집전으로 영세. 대부는 장면 박사이며 세례명은 '토머스 모어'
1956. 9. 25.	민주당에 입당. 장면 박사의 지도하에 민주당 신파로 활동
1956.	이희호, 미국 렘버스대학에서 사회학 수학
1958.	이희호, 미국 스카릿대학 대학원 사회학과 졸업, 귀국 후 이화여대 사회사업과 강사
1958. 4. 8.	강원도 인제 선거구에 민주당 민의원 후보로 등록. 그러나 자유당의 방해 공작으로 등록이 무효 처리되어 선거에 출마하지 못한다.
1959. 6. 5.	제4대 민의원 선출을 위한 강원도 인제 재선거에 출마, 낙선
1959. 8. 28.	차용애 여사 병사
1959~62.	이희호, 대한YWCA연합회 총무
1960. 9.	민주당 대변인으로 임명
1961. 5. 13	강원도 인제에서 보궐 선거로 국회의원 당선. 네 번째 도전에 성공했으나 5·16 쿠데타로 국회의원 선서조차 하지 못하다.
1961~70.	이희호, 한국여성단체협의회 이사
1962. 5. 10.	김대중-이희호 여사와 재혼. 슬하에 홍걸을 두다.
1963~65.	이희호, 이화여자대학교 사회사업과 강사
1963. 7. 18.	민주당 재건에 참여. 대변인이 되다.
1963. 11. 26.	제6대 국회의원 선거, 목포에 출마 당선
1964.~70.	이희호, 사단법인 여성문제연구원 회장
1964.~82.	이희호, 대한YWCA연합회 상임위원
1965. 5. 3.	민중당 창당. 민중당에서 대변인과 정책심의위원회 의장으로 활동
1967. 2. 7.	신민당이 창당되어 대변인으로 활동
1967. 5. 15.	제7대 국회의원 선거에서 박정희 정권의 집중적인 '김대중 낙선 전략'에도 불구하고 목포에서 당선
1969. 7. 19.	효창운동장에서 열린 3선 개헌 반대 시국 대연설회에서 역사적인 명연설로 박정희의 대항마로 떠오르다
1970. 9. 29.	신민당 전당대회에서 제7대 대통령 후보로 선출
1970. 10. 16.	대통령 후보 기자회견을 통해 '한반도 평화정착을 위한 4대국 보장, 비정치적 남북 교류 허용, 평화통일론, 예비군 폐지'를 제창
1971. 2. 13.	미국 방문 중 워싱턴 내셔널 프레스클럽에서 3단계 통일방안 제시

1971. 4. 18.	100만 군중이 운집한 장충단 공원에서 대통령 선거 유세
1971. 4. 27.	제7대 대통령 선거에서 낙선(46% 득표)
1971. 5. 24.	제8대 국회의원 선거 신민당 후보 지원 유세차 지방 순회 중 무안에서 교통사고
1971. 5. 25.	제8대 국회의원(전국구)에 당선
1972. 5. 10.	어머니 장수금 여사 사망
1972. 7. 13.	7·4 남북 공동 성명 발표 후 기자회견에서 남북한 유엔 동시 가입 제창
1972. 10. 18.	신병 치료 차 일본 체류 중 유신 선포를 듣고 유신 반대 성명을 발표한 후 망명 생활을 시작
1973. 8. 8.	'도쿄 납치 살해 미수 사건' 발생. 중앙정보부 요원에 의해 일본 그랜드 호텔에서 납치되어 수장될 위기에서 극적으로 생환
1973. 8. 13.	납치된 후 동교동 자택에 귀환, 귀국하자마자 가택연금과 동시에 일체의 정치 활동 금지
1974. 2. 25.	아버지 김운식 옹 사망
1976. 8. 13.	윤보선, 정일형, 함석헌, 문익환 등 재야 민주 지도자들과 '3.1 민주 구국 선언' 주도
1977. 3. 22.	대법원에서 징역 5년, 자격 정지 5년 형 선고
1977. 5. 17.	진주교도소 수감 중 접견 제한에 항의하며 단식 투쟁
1977. 12. 19.	서울대학병원으로 이송, 수감. 얼마 후 교도소 때보다 제약이 더욱 심하자 항의 단식
1978. 12. 27.	옥고 2년 10개월 만에 형 집행 정지로 가석방된 후 장기 가택연금
1979. 12. 8.	박정희 대통령이 시해당한 10·26 사태로 긴급 조치 9호가 해제되고 가택연금에서 해제
1980. 3. 20.	사형에서 무기징역으로 감형
1980. 3. 1.	사면 복권
1980. 5. 16.	김영삼 신민당 총재와 공동 기자회견. 시국 수습 6개 항(계엄령 해제, 정치범 석방, 정치 일정 연내 완결 등)을 제시
1980. 5. 17.	신군부의 비상계엄령 전국 확대 조치로 동교동 자택에서 연행
1980. 8. 19.	군 교도소에 수감
1980. 9. 11.	'내란음모 결심 공판'에서 용공 분자와 제휴하여 정권 탈취를 기도한 '내란음모' 혐의로, 국가보안법 등 위반에 따라 군 검찰로부터 사형을 구형
1980. 9. 13.	'내란 음모 사건' 18차 공판에서 1시간 48분에 걸친 최후 진술
1980. 9. 17.	군사 재판에서 사형을 선고

1981. 1. 23.	대법원 전원합의체는 김대중이 제기한 상고를 기각하고 사형을 확정. 그러나 1시간 뒤에 열린 국무회의에서는 '특별 감형에 관한 건'이 의결되어 김대중의 형량이 사형에서 무기징역으로 감형
1981. 1. 31.	육군교도소에서 청주교도소로 이감
1982. 3. 2.	무기징역에서 20년형으로 감형
1982. 12. 23.	형집행정지로 석방, 가족과 함께 신병 치료차 미국 워싱턴으로 출국
1983. 1.	이희호, 미국 교회여성연합회에서 '용감한 여성상' 수상
1983. 5.	이희호, 미국 스카릿대학에서 '탑상(Tower Aword)' 수상
1983. 7.	미국 인권문제연구소 창립
1983. 7.	워싱턴, 뉴욕에서 김영삼 단식 투쟁 지원 데모
1983. 9.	하버드 대학 국제문제연구소에서 객원 연구원으로 활동. 이듬해 논문 <대중 참여 경제론> 제출
1984.	이희호, 북미연합으로부터 '1984 인권상' 수상
1985. 2. 8.	망명 2년 2개월 만에 당국의 반대와 주위의 암살 걱정을 무릅쓰고 귀국. 김포공항에서 대인 접촉이 봉쇄된 채 격리조치, 가택연금
1985. 2.~87. 6.	수시로 가택연금에 처해 총 55회의 가택연금
1985. 3. 6.	정치 활동 규제에서 해금되었으나 사면복권이 되지 않아 여전히 정치 활동은 금지
1987. 4. 6.	김영삼과 신당 창당 선언
1987. 7. 10.	민정당 노태우 대표의 '6.29 선언' 후 '김대중 내란음모 사건' 관련자 전원 사면복권
1987. 9.	이희호, 미국 노스이스턴대학에서 명예박사학위(인문학) 받음
1988. 5.	이희호, 미국 워시본대학에서 명예박사학위(인문학) 받음
1987. 9. 8.	16년 만에 광주를 방문해 망월동 묘역에 참배. 28년 만에 목포와 하의도를 방문
1987. 11. 12.	평화민주당을 창당. 대통령 후보 지명 전당대회에서 당 총재 및 제13대 대통령 후보로 추대
1987. 12. 16.	제13대 대통령 선거에서 낙선
1988. 4. 26.	제13대 국회의원 선거(전국구)에서 당선
1989. 8. 12.	서경원 방북 사건 혐의로 강제 구인되어 심야 수사를 받고 불구속 기소
1990. 1. 22.	노태우-김영삼-김종필 3당 야합 반대 투쟁을 시작
1990. 10. 8.	'지방자치제 실시, 내각제 포기, 보안사 해체' 등을 요구하며 13일간 단식투쟁
1991. 4. 9.	평민당, 이우정 등 재야 구야권 출신 등을 영입해 신민주연합당(신민당) 창당

1991. 9. 10.	이기택 총재와 신민당-민주당 통합 선언
1992. 3. 24.	제14대 국회의원(전국구)에 당선
1992. 5. 26.	민주당 전당 대회에서 제14대 대통령 후보로 지명
1992. 9. 6.	러시아 외무성 산하 외교대학원에서 정치학 박사학위 취득
1992. 12. 18.	제14대 대통령 선거에서 낙선
1992. 12. 19.	정계 은퇴를 선언
1993. 1. 26.	영국으로 출국. 케임브리지 대학 객원 연구원으로 연구 활동 시작
1993. 7. 4.	영국에서 귀국
1993. 12. 10.	<새로운 시작을 위하여> 출간
1994. 1. 27.	아시아의 민주주의와 민족통일을 연구하기 위하여 <아태평화재단> 설립
1994. 5. 12.	미국 내셔널프레스클럽에서 북핵문제 해결을 위한 '일괄타결 방안' '카터 방북'을 제안
1994. 9. 20.	7월 8일 김일성 주석 서거 후 악화된 남북-북미 관계 회복을 위해 미국 방문. 헤리티지 재단 초청으로 '강한 의지에 입각한 태양 정책'을 주제로 연설
1994.12. 2.	아시아-태평양 평화재단 이사장
	아시아-태평양민주지도자회의 설립. 상임공동의장에 취임
1995. 7. 13.	정계복귀 선언
1995. 9. 5.	새정치국민회의를 창당, 새정치국민회의 총재
1996. 4.	제15대 국회의원 선거 새정치국민회의 전국구 14번(낙선)
1996.	이희호, 중국 톈진대학교 명예교수
1997. 5. 19.	새정치국민회의 전당대회에서 제15대 대통령 후보로 선출
1997. 6.	이희호, 미국 코럿리지베스트대학교에서 명예박사학위(종교교육학) 취득
1997. 10. 27.	김종필 자민련 총재와 후보 단일화에 합의
1997. 12. 18.	대한민국 제15대 대통령에 당선
1997. 12. 20.	김영삼 대통령과의 회담에서 전두환, 노태우 두 전직 대통령의 특별사면 복권에 합의
1998. 2. 25.	제15대 대통령에 취임
1998.~2002.	이희호, 사단법인 '사랑의 친구들' 명예 총재
1998. 5.	이희호, 이화여자대학교 명예박사 학위(철학), 미국 워시본대학교 명예박사학위(종교교육학) 취득
1998. 10. 8.	한일 정상회담을 통해 '21세기를 향한 새로운 파트너십을 위한 공동선언'에 합의

1999. 7. 4.	필라델피아 자유 메달 수상
2000. 1. 20.	새천년민주당 창당. 총재에 취임
2000. 3. 9.	독일 베를린 자유대학에서 '한반도 냉전 구조 해체와 항구적 평화 및 남북 간 화해 협력을 위한 베를린 선언'을 발표
2000. 6. 13.~15.	분단 55년 만에 평양에서 남북정상회담 개최, 6·15 공동선언 발표
2000. 10.	이희호, 서울대학교 '자랑스러운 서울대인상' 수상
2000. 12. 10.	노벨평화상 수상
2001.	이희호 펄벅 인터내셔널 '2000 올해의 여성상' 수상
2001. 8. 13.	당초 계획보다 3년 앞당겨 IMF 극복
2002. 5.	이희호, 미국 스카릿베넷센터 '평화와 정의를 위한 탁월한 지도자상' 수상 미국 벤터빌크대학교 '도덕적 인권지도자상' 수상 유엔 아동특별총회의 사회화 주제 강연
2003. 2. 24.	제15대 대통령 퇴임 후 동교동으로 돌아오다.
2006.	김대중평화센터 이사장
2007. 5. 18.	《김대중 잠언집: 배움》 출간
2008. 2. 25.	이명박 정부 출범
2008. 4. 22.	24년 만에 하버드 대학을 방문해 "햇볕정책이 성공의 길이다."라는 주제로 강연
2008. 11. 11.	이희호 자서전 <동행-고난과 영광의 회전무대> 출간
2009. 4. 24.	고향 하의도 방문
2009. 5. 29.	고 노무현 대통령 영결식 참석
2009. 6. 11.~15.	남북공동선언 9주년 기념행사에 참석해 "행동하는 양심이 되자"를 주제로 연설
2009. 7. 13.	폐렴 증상으로 연세대 세브란스 병원에 입원
2009. 8. 18.	김대중 대통령 서거
2010. 8.	<김대중 자서전> 1, 2권 출간
2011. 12.	북한 김정일 국방위원장 사망(이희호, 육로 통해 조문 방북)
2011. 12. 30.	북한 김정은, 제3대 조선로동당 총비서에 취임
2013. 2. 1.	아웅 산 수치 동교동 방문 이희호 면담
2013. 2. 25.	박근혜 정부 출범
2015. 8. 14.	이희호 여사, 세 번째 방북
2017. 3. 10.	헌법재판소, 박근혜 대통령 탄핵심판 청구 전원일치로 인용 결정
2017. 5. 10.	문재인 정부 출범

김대중·이희호 대통령 부부 탄생 100주년 연보(1922-2024)

2018. 3. 22.	이명박 전 대통령 구속
2018. 7. 1.	민선 7기 지방선거 실시
2019. 4. 20.	김홍일 의원 사망
2019. 6. 10.	이희호 여사 서거(향년 96세)
2020. 4. 15.	21대 국회의원 총선 실시
2022. 5. 10.	윤석열 정부 출범
2022. 8. 13.	김대중 대통령 서거 13주기 행사(현충원, 워싱턴 D.C., 뉴욕, LA)
2022. 9. 21.	이희호 여사 탄생 100주년 기념일
2023. 1. 6.	김대중 대통령 탄생 99주년 기념 국회 세미나 및 (사)한반도평화경제연구원 산하 김대중·이희호 대통령 부부 탄생 100주년 기념 글로벌 민간위원회(최성 상임위원장) 출범
2023. 3. 24.	김대중·이희호 대통령 부부 탄생 100주년 기념 전기 <시크릿 노트> 출간
2024. 1. 6.	김대중 대통령 탄생 100주년 기념일

시크릿 노트 : 절망에서 성공하는 비결

참고문헌

김대중 대통령 집필 저서

연세대학교 김대중도서관 편, 《김대중 전집 II》(전20권), 연세대학교 대학출판문화원, 2019.

연세대학교 김대중도서관 편, 《김대중 전집 I》(전10권), 연세대학교 대학출판문화원, 2015.

김대중, 《김대중 자서전 1, 2》, 삼인, 2010.

김대중, 《옥중서신 1- 김대중이 이희호에게》, 시대의창, 2009.

김대중, 《21세기와 한민족-김대중 전 대통령 주요 연설·대담》, 돌베개, 2004.

김대중, 《김대중옥중서신》, 한울, 2000

김대중, 김용운 편역, 《김대중 자서전 1,2-역사와 함께 시대와 함께》, 인동, 1999.

김대중, 《다시, 새로운 시작을 위하여》, 김영사, 1998.

김대중, 《나의 삶 나의 길》, 산하, 1997.

김대중, 《내가 사랑한 여성》, 에디터, 1997.

김대중, 《대중 참여 경제론》, 산하, 1997.

김대중, 《김대중의 21세기 시민경제 이야기》, 산하, 1997.

김대중, 《이경규에서 스필버그까지》, 조선일보사, 1997.

김대중, 《나의 길 나의 사상- 세계사의 대전환과 민족통일의 방략》, 한길사, 1994.

김대중, 《새로운 시작을 위하여》, 김영사, 1993.

김대중, 《후광 김대중 대전집》(전15권), 중심서원, 1993.

김대중, 《김대중 연설문집 1991~1992-사랑하는 젊은이들에게》, 광장, 1992.

김대중, 《한국: 민주주의의 드라마와 소망》, 청도, 1992.

김대중, 《대중경제론》, 청사, 1986.

김대중, 《행동하는 양심으로》, 금문당, 1985.

김대중, 《내가 걷는 70년대》, 범우사, 1970.

김대중, 《분노의 메아리》, 한국정경사, 1967.

이희호 여사 집필 저서

이희호, 《옥중서신 2-이희호가 김대중에게》, 시대의창, 2009.

이희호, 《동행-고난과 영광의 회전무대》, 웅진지식하우스, 2008.

이희호, 《이희호의 내일을 위한 기도》, 여성신문사, 1998.

이희호, 《나의 사랑 나의 조국》, 명림당, 1992.

이희호, 《어둠에서 빛을 향해》, 송건호문고, 1987.

김대중 대통령 관련 저서

최성 엮음, 《김대중 잠언집: 배움》, 다산책방, 2007.

아태평화재단, 《김대중의 3단계 통일론-남북연합을 중심으로》, 아태평화출판사, 1995.

장신기, 《성공한 대통령 김대중과 현대사》, 시대의창, 2021.

황보윤식, 《동아시아 평화공동체-안중근, 조봉암, 김대중, 함석헌의 평화사상》, 동인, 2021.

최영태, 《빌리브란트와 김대중-아웃사이더에서 휴머니스트로》, 성균관대학교출판부, 2020.

정진백 엮음, 《김대중 대화록 1973-2008》, 행동하는 양심, 2018.

김하중, 《증언-외교를 통해 본 김대중 대통령》, 비전과리더십, 2015.

김택근, 《새벽-김대중 평전》, 사계절, 2012.

정진백 엮음, 《김대중 어록》, 사회문화원, 2010.

최성 엮음, 《김대중 잠언집: 배움》, 다산책방, 2007.

김대중평화센터, 《통일 지향의 평화를 향하여》, 한겨레출판, 2007.

가쿠마 다카시, 추성춘 옮김, 《아시아의 리더1-김대중 대통령》, 창작시대, 2000.

김대중 외, 《각계 명사들이 말하는 나의 아버지》, 문학사상사, 2000.

이문영 외, 《김대중 내란음모의 진실》, 문이당, 2000.

동북아평화연구회, 《대북포용정책(국민의 정부)》, 밀레니엄북스, 1999.

문명자, 《내가 본 박정희와 김대중》, 월간말, 1999.

강준만, 《김대중 죽이기》, 개마고원, 1995.

김대중선생납치사건 진상규명을 위한 시민의 모임, 《김대중납치사건의 진상》, 푸른나무, 1995.

평화민주당총재비서실, 《김대중 연설문집-민족의 내일을 생각하며》, 학민사, 1990.

이희호 여사 관련 저서

고명섭, 《이희호 평전-고난의 길, 신념의 길》, 한겨레출판, 2016.

김재원, 《이희호의 메이 아이 헬프 유?》, 태일출판사, 1999.

피천득 외, 《내가 만난 이희호》, 명림당, 1997.

김대중·이희호 대통령 부부 및 한국 현대사 관련 저서

권노갑, 《누군가에게 버팀목이 되는 삶이 아름답다》, 살림, 1999.

류상영, 《박정희와 김대중의 대화》, 논형, 2022.

주성영, 《한국 문명사의 두 거인 박정희와 김대중》, 누벨끌레, 2022.

임동원, 《피스 메이커-남북관계와 북핵문제 25년》, 창비, 2015.

도널드 그레그, 차미례 옮김, 《역사의 파편들-도널드 그레그 회고록》, 창비, 2015.

윌리엄 글라이스틴, 황정일 옮김, 《알려지지 않은 역사-전 주한미국대사 글라이스틴 회고록》, 알에이치코리아, 2014.

문동환, 《문동환 자서전-떠돌이 목자의 노래》, 삼인, 2009.

조봉암, 《우리의 당면과업》, 범우, 2009.

계훈제, 《흰 고무신-계훈제, 미완의 자서전》, 삼인, 2002.

돈 오버도퍼 · 로버트 칼린, 이종길· 양은미 옮김, 《두 개의 한국》, 길산, 2002.

김홍일, 《나는 천천히 그러나 쉬지 않는다》, 나남출판, 2001.

김옥두, 《고난의 한길에도 희망은 있다》, 인동, 1999.

김활란, 《그 빛 속의 작은 생명-우월 김활란 자서전》, 이화여자대학교출판부 1999.

서중석, 《조봉암과 1950년대 상·하》, 역사비평사, 1999.

김옥두, 《든든해요 김대중-김대중 대통령 97 대선 집권 드라마》, 나남출판, 1998.

김옥두, 《다시, 김대중을 위하여-김대중과 함께 30년, 그 격동의 현장》, 살림터, 1995.

노무현, 《여보, 나 좀 도와줘》, 새터, 1994.

장준하, 《돌베개》, 세계사, 1992.

박구용, 《문파, 새로운 주권자의 이상한 출현》, 메디치, 2018.

J. 네루, 곽복희 & 남궁원 옮김, 《세계사 편력 1, 2, 3》, 일빛, 2004.

최성의 관련 저서

최성, 《분노하라 그리고 선택하라》, K-크리에이터, 2021.

최성, 《K-방역의 진짜 힘》, K-크리에이터, 2020.

최성, 《위기관리 시스템 혁명》, 다산초당, 2019.

최성, 《도전에서 소명으로》, 다산지식하우스, 2018.

최성, 《나는 왜 대권에 도전하는가》, 다산 4.0, 2017.

최성, 《작은 움직임이 고양을 바꿉니다》, 스토리3.0, 2014.

최성, 《울보시장》, 다산북스, 2013.

최성, 《대통령은 어떻게 탄생하는가》, 다산북스, 2012.

최성, 《큰 강과 바다는 물을 가리지 않는다》, 다산초당, 2010.

최성, 《오바마와 김정일 그리고 이명박의 위험한 선택》, GPC, 2008.

최성, 《아내만큼 경의선이 좋은 남자》, 연인M&B, 2007.

최성, 《부자 엄마, 행복한 아빠 프로젝트》, 연인, 2003.

최성, 《금강산에서 패션쇼를 하고 싶다》, 청아출판사, 1999.

최성, 《북한학개론》, 풀빛, 1997.

최성, 《북한정치사:김정일과 북한의 권력엘리트》, 풀빛, 1997.

최성, 《소련 공산당의 해체와 북한사회주의의 진로》, 한울, 1991.

최성."스마트 국가위기관리시스템의 도입 및 정착방안 - 4차 산업혁명의 성과를 중심으로".한양대학교 대학원 행정학박사 학위논문, 2019.

최성."수령체계의 형성과정과 구조적 작동 메카니즘에 관한 연구".고려대학교 대학원 정치학박사 학위논문, 1993.

김대중·이희호 관련 논문

김귀옥."김대중의 화해의 사상: 형성과 실천". 통일인문학, vol.90, 2022, pp. 159-196.

김귀옥."김대중 평화사상의 형성과 정치적 실천". 통일과 평화, vol.12, no.2, 2020, pp. 7-51.

김동노."김대중의 민족주의와 세계주의". 통일과 평화, vol.12, no.2, 2020, pp. 103-140.

김병문."김영삼, 김대중, 노무현 정부의 개혁 정책 비교". 비교민주주의연구, vol.8, no.1, 2012, pp. 125-156.

김영미."외교문서를 통해서 본 김대중 납치사건과 한·일 연대". 한국근현대사연구, no.58, 2011, pp. 214-251.

김용철."경제민주주의의 관점에서 본 김대중의 인식과 철학". 아세아연구, vol.62, no.3, 2019, pp. 209-244.

김학재."김대중의 통일·평화사상". 통일과 평화, vol.9, no.2, 2017, pp. 59-90.

노명환."한류를 위한 김대중의 기여와 미완의 김대중 사상 정책의 완성을 위한 한류의 의미와 역할: 민주주의 평화 상생 한반도의 분단극복과 세계시민주의를 위하여". 역사문화연구, no.83, 2022, pp. 171-236.

노명환."김대중과 빌리 브란트의 '다양성 속의 통일' 사상과 남한과 서독의 정치·사회·문화적 토양". 역사문화연구, no.75, 2020, pp. 127-176.

노명환."서신 왕래를 통해 본 빌리 브란트와 김대중의 관계 1973-1992". 독일연구 - 역사·사회·문화, no.40, 2019, pp. 195-249.

류시현."김대중의 역사인식과 한국사 이해". 역사학연구, no.80, 2020, pp. 71-92.

민준기."김대중 정부의 개혁 평가". 아태연구, vol.14, no.1, 2007, pp. 19-31.

손호철."김대중정부 복지개혁의 성격: 신자유주의로의 전진?". 한국정치학회보, vol.39, no.1, 2005, pp. 213-232.

신진."김대중 정부의 햇볕정책과 구조적 한계". 국제정치논총, vol.43, no.1, 2003, pp. 295-316.

윤종성,김영오."대통령 국정과제 수행 리더십 연구: 박정희·김대중 리더십 비교를 중심으로". 사회과학연구, vol.38, no.3, 2012, pp. 201-228.

이광일."신자유주의시대 한국의 '포퓰리즘'-김대중, 노무현 정권에 대한 논의를 중심으로". 민족문화연구, no.68, 2015, pp. 507-540.

임윤서."정치리더의 메타포 : 김대중 전 대통령의 자서전에 나타난 정치리더의 정체성". 국제정치연구, vol.14, no.1, 2011, pp. 125-159.

장윤서."민간대통령기록관 김대중도서관 기록정보서비스 현황과 과제". 한국기록관리학회지, vol.22, no.3, 2022, pp. 151-156.

최두현."김대중의 변증법적 신앙과 사회선교". 신학논단, vol.95, 2019, pp. 347-396.

최정기."'5·18'왜곡과 '김대중 내란음모' 조작사건". 민주주의와 인권, vol.20, no.1, 2020, pp. 53-85.

영문 도서

Kim Dae Jung, 《Kim Dae-jung's "Three-Stage" Approach to Korean Reunification: Focusing on the South-north Confederal Stage》, The Center for Multiethnic and Transnational Studies University of Southern California, 1997.

Kim Dae Jung, 《Prison Writings》, University of California Press, Berkeley·Los Angeles·London, 1987.

Kim Dae Jung, 《Mass-Participatory Economy : A Democratic Alternative for Korea》, The Center for International Affairs, Harvard University and University Press of America, 1985.

Choi Sung, 《The Sunshine Policy》, Millennium Books Press, 1999.

Choi Sung, 《The Inter-Korean Summit and The Sunshine Policy》, Millennium Books Press, 2000.

시크릿노트 텀블벅 프로젝트 후원자

김대중-이희호 대통령 부부 탄생 100주년 기념 전기 〈시크릿 노트〉 시리즈
크라우드 펀딩에 참여해 주신 모든 후원자님께 깊이 감사드립니다.

강정순, 강혜정, 고순희 이지현, 구름위지안, 구영손, 구현주, 권준열, 기도하는사람, 김경숙,
김귀경, 김기훈, 김남훈, 김상범, 김성천, 김승호, 김애라, 김연희마리아, 김영란, 김은주, 김은혜,
김제현, 김종수, 김종옥, 김주연, 김지연, 김진숙, 김태영, 김현수, 김환진, 김희진, 나경아,
나승화, 내사랑딱풀, 노해섭, 대한민국만세, 도토리깍쟁이, 디언니, 류승헌Rufino,
마나스튜디오 대표 공성술, 만세, 만덕 아빠, 문유정, 문파마왕, 문파자매, 민주주의,
바다로흐르는달빛, 바다시인, 박갑술, 박경진, 박나영, 박남수, 박민우,
박상하 사회경제연구원 대표, 박서정, 박서형, 박세환, 박영애(요양보호사), 박정희(전 대구북구
의원), 발막마을 김수진, 백승협, 백재성, 백종인, 보령할배, 봉영근, 북유게, 사랑해요양산킹카,
서니뱅크, 서동욱, 서혜민, 성신미, 손지혜, 송성구, 시연 승유 유강, 신영미, 신유진, 신정화,
신혜란, 아미가되고픈애미, 안병수, 안태경, 양미례와 김용재, 양미용, 양승안, 양주열, 엄은희,
여호와로이, 유하은, 윤원호, 윤진희, 이강석(거성환경), 이근규 전 제천시장,
이낙연응원하는오돌돌, 이남진, 이미자, 이석기, 이소영, 이수창, 이유동, 이윤교, 이윤석,
이정기 , 이정란, 이정아, 이정옥(따뜻한마음), 이철희, 이충화, 이현애, 이화(은혜), 이휘나,
일산아지매, 임선영, 임채영, 장성철, 전창민, 전혜림, 절세미인, 정미영, 정백, 정은숙,
정치신세계, 정태곤, 정흥진, 조일화, 진돌스, 채정훈, 청보리, 최경은, 최성웅, 최욱태, 최유섭,
최윤화, 최진영, 최혜진집사, 춘하추동, 코코사랑달, 쿨타운, 퀴달리에,
필로스페이스 대표 황필호, 한국공간정보통신 김인현, 한국중소기업경영자협회, 한방울,
한영식, 한유미, 홍성원, 홍정민, 황금산, 황연순, 힐데가르트, Ahn, Gil dreamer, hey,
SKS, sora, zzomthe

저자소개

92년 대선에서 패하고 정계 은퇴를 선언한 김대중 대통령이 영국에서 유학 중일 때 직접 발탁한 최성 박사. 김대중 대통령에게서 〈3단계 통일론〉을 비롯한 다양한 시크릿 노트를 전달받고 아태평화재단 책임 연구위원과 김대중 후보 안보보좌역 및 TV토론 총괄팀장으로 활동하며 해방 이후 최초의 여야 정권교체에 힘을 보탰다. 이때부터 김대중 대통령의 지근거리에서 보고 들은 바를 엮은 베스트셀러, 《김대중 잠언집: 배움》을 출간했다. 김대중 정부에서는 청와대 외교안보비서실 통일담당행정관으로 근무하면서 남북정상회담 준비접촉 대표단의 전략담당 보좌역으로 남북정상회담의 성사에도 이바지했다.

최성은 30대 초반 김대중 전 대통령과의 운명적 만남을 시작으로 이후 오늘에 이르기까지 김대중의 철학과 사상을 계승하고 있다. 17대 국회의원, 재선 고양시장, 그리고 전국 대도시시장협의회장으로 재직했다. 최성의《시크릿 노트》시리즈는 김대중 대통령 탄생 100주년을 맞아 김대중·이희호 부부의 자서전을 비롯하여 《김대중 잠언집: 배움》의 전면 개정판 출간 그리고 다큐 영화 및 드라마, 웹툰 소설, 국제 학술회의 등 다양한 글로벌 기념사업을 포함하고 있다.

최성은 현재 김대중 정부 출범에 크게 이바지했던 (사)한반도평화경제연구원의 이사장이자 1인 유튜브 〈최성TV〉대표, 그리고 (재)김대중기념사업회 김대중 사상 계승발전위원장과 (사)한반도평화경제연구원 산하 김대중 대통령 탄생 100주년 기념 글로벌 민간위원회 상임위원장을 맡고 있다. 최성은 미국 존스 홉킨스대학의 Visiting Scholar 와 한양대 공공정책대학원 특임교수를 역임하였으며, 세계 3대 인명사전 중 2곳에 이름을 올린 글로벌 리더이기도 하다.

대표적인 저서로는 베스트셀러인《김대중 잠언집: 배움》을 비롯해 《분노하라, 선택하라!》,《The Sunshine Policy》,《The Inter-Korean Summit and The Sunshine Policy》등이 있다.

* 저자 최성과의 소통 및 김대중 대통령 100주년 기념사업 관련 문의는 choisung21@daum.net와 1인 유튜브〈최성TV〉를 통해서 가능합니다.
연락처 : 최성 010-8963-8201